辋川寻踪

一个王维隐迹探考者的十年总结

张效东
著

陕西新华出版
陕西人民出版社

图书在版编目（CIP）数据

辋川寻踪：一个王维隐迹探考者的十年总结/张效东著.--西安：陕西人民出版社，2025.--ISBN 978-7-224-15701-7

Ⅰ.K825.6

中国国家版本馆 CIP 数据核字第 202545UV22 号

出 版 人：赵小峰
总 策 划：关　宁
出版统筹：彭　莘
责任编辑：晏　藜
封面设计：杨亚强
版式设计：建明文化

辋川寻踪：一个王维隐迹探考者的十年总结
WANGCHUAN XUNZONG: YIGE WANGWEI YINJI TANKAOZHE DE SHINIAN ZONGJIE

著　　者	张效东
出版发行	陕西人民出版社
	（西安市北大街 147 号　邮编：710003）
印　　刷	西安市建明工贸有限责任公司
开　　本	787 毫米 ×1092 毫米　1/16
印　　张	25.75
字　　数	270 千字
版　　次	2025 年 8 月第 1 版
印　　次	2025 年 8 月第 1 次印刷
书　　号	ISBN 978-7-224-15701-7
定　　价	79.80 元

如有印装质量问题，请与本社联系调换。电话：029-87205094

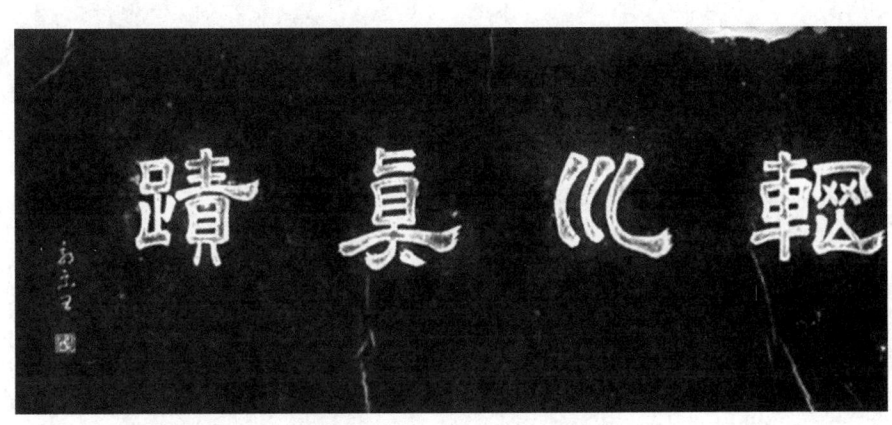

郭宗昌题"辋川真迹"

郭宗昌（？—1652），字胤伯，华州（今华县）人，明末清初学者，擅书法、篆刻。此四字为郭宗昌为明万历年间蓝田县令沈国华刻立的仿王维《辋川图》六块碑石中的题首一块。这组碑刻系由石刻专家郭世元临摹于郭忠恕原图。由于名字近似，历代蓝田县志记载中和研究学者引用时，皆将此4字的书者误为"郭忠恕"。2018年，经蓝田县王维文化研究会同仁多方查找文献资料和仔细甄别，终于纠正了这个近200年的历史误会。

［北宋］郭忠恕《临王维辋川图》，绢本设色，29 厘米 ×490.4 厘米，台北故宫博物院藏

〔元〕王蒙《仿王维辋川图卷》，绢本设色，36厘米×1358.66厘米，美国弗利尔美术馆藏

〔明〕文徵明《辋川别业图》，纸本设色，30 厘米 ×905 厘米

〔明〕仇英《辋川十景图》，绢本青绿，28厘米×428厘米，吉林省博物馆藏

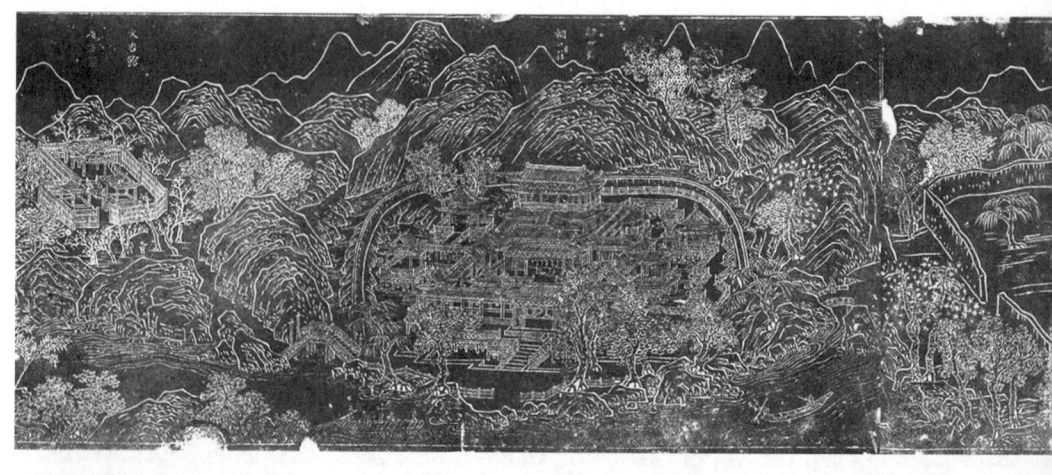

〔明〕郭世元《仿郭忠恕辋川图》，石刻墨拓本，31厘米×825.5厘米，蓝田县文管所、日本大阪美术馆、美国芝加哥东方图书馆藏

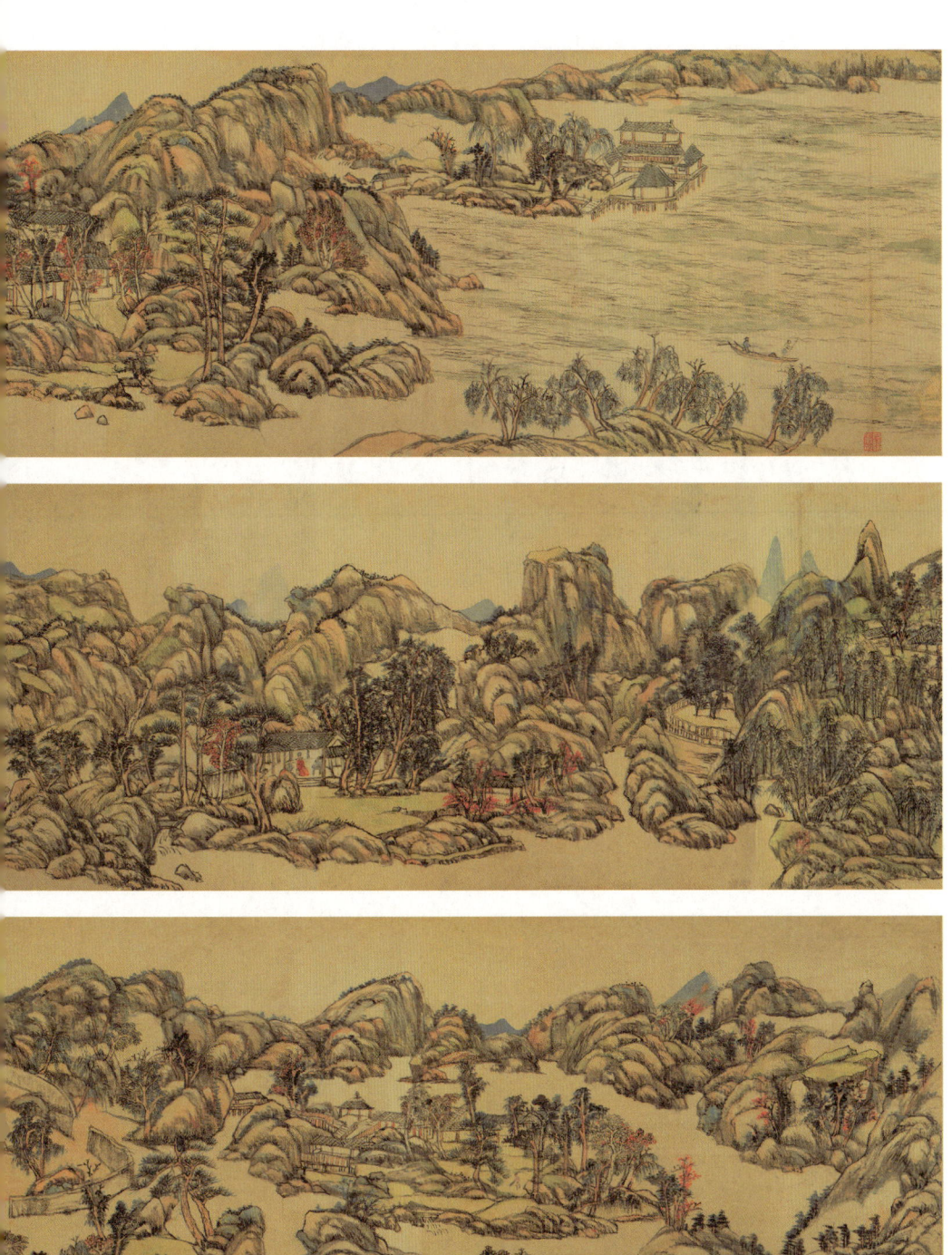

〔清〕王原祁《辋川图卷》，纸本水墨，35.6厘米×545.5厘米，美国大都会博物馆藏

[北宋]秦观《摩诘辋川图跋》，纸本，纵25.2厘米，横39.4厘米，台北故宫博物院藏

释文：余襄卧病汝南。友人高符仲携摩诘辋川图。过直中相示。言能愈疾。遂命童持于枕旁阅之。恍入华子冈。泊文杏竹里馆。与斐（应作裴）迪诸人相酬唱。忘此身之匏系也。因念摩诘画。意在尘外。景在笔端。足以娱性情而悦耳目。前身画师之语非谬已。今何幸复睹是图。仿佛西域雪山。移置眼界。当此盛夏。对之凛凛如立风雪中。觉惠连所赋。犹未尽山林景耳。吁。一笔墨间。向得之而愈病。今得之而清暑。善观者宜以神遇而不徒目视也。五月二十日。高邮秦观记。

辋川四季图（春）

辋川四季图（夏）

辋川四季图（秋）

辋川四季图（冬）

《辋川四季图》石刻，长74厘米，宽56厘米，共4方。青石质地，上画（浅浮雕）下诗（阴刻楷书），明嘉靖九年（1530），蓝田知县韩瓒刻立。蓝田籍监察御史李东作跋。这是蓝田地方为王维辋川最早一批的石刻。据跋所云，此石刻的蓝本，为李东托人从邠州觅得的王维真迹。该组石碑现陈列于蓝田县蔡文姬纪念馆。

御史台精舍碑

王维在御史台精舍碑上的签名

　　御史台是唐代的监察机关，此碑记述御史台设有监狱，并在狱旁设精舍（即佛堂），以便利用佛法感化和超度囚徒。碑阴及两侧刻满曾做过监察御史的近千人的签名，其中就有王维的签名〔王维曾于开元二十五年（737）至二十七年（739）担任过三年监察御史〕。

[明]陈文烛《游辋川记》碑拓片

纸本，长105厘米，宽63厘米。原石碑为万历四十五年（1617）知县沈国华刻立，现石碑已毁。

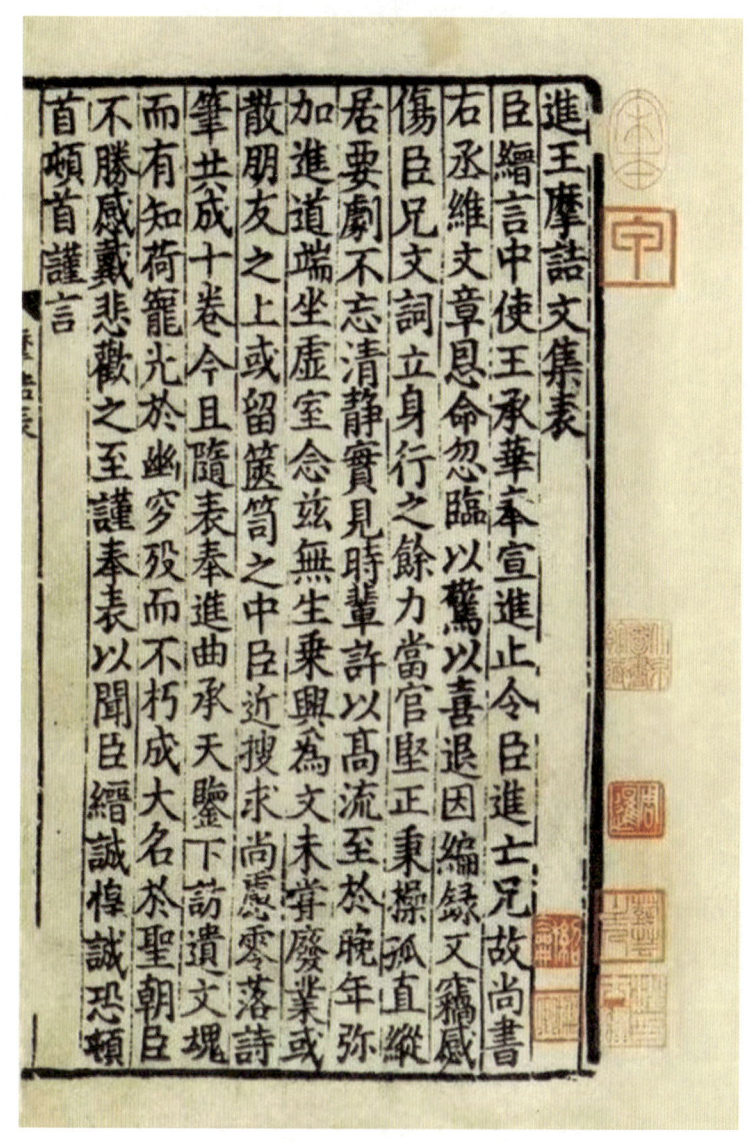

存世最早的北宋蜀刻本《王摩诘文集》书影

"辋"之图解

笔者本来想在辋川盆地中心处，航拍一张"四山环列如辋"的全景鸟瞰图，遗憾的是无人机的升空高度达不到拍摄要求。央视纪录片《诗画终南·辋川行》解释"辋"时演示的这个图片，虽不是辋峪山谷的实景，却也形象直观。

存世最早的北宋蜀刻本《王摩诘文集》（十卷）书影

唐诗小镇辋川的巨型岩壁宣传画

王维石

这尊神似王维坐像的天然山石，位于辋峪口的群峰之巅。宽衣广袖，安闲自在。

王维手植银杏树

此树相传为王维手植，迄今1200余年，虽经岁月沧桑、风摧电击，却仍耸然挺立，枝繁叶茂，果实累累。清《重修鹿苑寺并王右丞祠》碑记载：乾隆四十八年修建王右丞祠时，鹿苑寺门前，高逾数丈、大可十围的"古银杏树，枯毙已久，萌蘖无存"，而待是年祠成后，忽又"发秀重荣，开花再实。居人叹美，邑里称奇"。现为西安市一级古树名木，并建档挂牌保护。

王维辋川别业二十景平面图

序

　　张效东同志是蓝田县王维文化研究会会长，这个研究会成立于2018年，当时他热情地邀请我参加研究会的成立大会，我们就是在这次会上相识的。在一个县里成立王维文化研究会，这在全国范围内堪称独一无二，但山水田园诗的艺术大师、中国水墨山水画的创始者王维，曾于蓝田辋川隐居了十多年，在此地创作了许多不朽的诗篇与画作，所以蓝田成立王维文化研究会，自有它的道理。研究会的成立大会开得隆重而热烈，那景象至今仍留在我的记忆里。

　　在研究会成立前后的近十年里，效东同志带领研究会同仁，对王维辋川的历史文化遗存和文化遗产，作了系统、全面的挖掘、考察和梳理，他们探考的重点，是王维诗文解读鉴赏之外的内容，例如辋川的地理环境、辋川山谷二十处游止的所在位置、王维辋川居第的位置、王维及其母崔氏的坟墓所在、王维《辋川图》的流传情况及各种摹本与原图的差异、辋川的碑石文物、王维辋川的闲适生活方式及其对后世的影响，等等。这些正是古典文学研究者较少涉及的。在近十年时间里，每作一次考察、梳理，效东同志皆撰文加以总结，并将文章刊载于《蓝田文化研究》，以听取意见。现在则将这些文章修订后汇总为一书，以方便读者阅读、参考。

本书对上述问题的研究，采用的是将王维诗文的记述、有关的历史文献记载和实地考察三者结合的方法，尤其重视实地考察。说到实地考察，我不禁想起自己曾几番过访辋川的经历。我未到过辋川以前读王维诗，对诗中辋川别业具体面貌的认识是很模糊的，几次访过辋川后，获得了两点新的认识：一是辋谷（辋川所在地）自古就是秦岭南北的一条通道，这里的山林土田、河流湖泊，不大可能属于王维一人所有，辋川别业也不可能是一座有围墙的庄园。二是辋川山谷的二十处游止中，有不少游止属自然景观，并非为王维所营造，并不归王维所有。我将上述认识，写成《辋川别业遗址与王维辋川诗》一文，刊载在《中国典籍与文化》1997年第4期上。不过我的考察基本上是走马观花式的，不可能弄清二十处游止的所在位置。而效东同志与研究会同仁则不然，他们都是蓝田本地人，熟悉蓝田的环境，开展辋川田野考察，可谓得天独厚，具有外地学者所不可能具有的特殊条件。十年间，他们不畏辛劳，走遍了辋川的每个角落。不计时日，数百次对二十处游止的遗址反复考察和勘定，直到得出符合实际的结论方才罢休。同时他们还注意对地方文献进行发掘，以为考察结论的佐证。我觉得本书中的考察结论，可信度、可靠性都比较高，对于我们解读王维辋川诗很有帮助，古典文学研究者理应加以参考。

作者在对辋川山谷二十处游止所在位置进行全面考察的基础上，对学界流行的王维建造了辋川园林的说法，提出了质疑，颇有见地。

也是在田野考察的基础上，作者提出《辋川图》（郭忠恕摹本）所画，与辋川的实际地形、地貌有不小出入，与二十处游止的实际分布也有很大差异，由此对郭忠恕摹本是否忠实于王维原图提出质疑，亦不无道理，这一切都反映了作者敢于打破陈说、大胆怀疑、自出新见、不人云亦云的精神。

本书的论述注意通俗化与可读性，不摆出一副僵硬的学术面孔，大抵具有中等文化程度的读者就能读懂，这是它的又一长处。

以上所言，是我读过本书后的最突出印象，现在将它写出来，供读者参考。不当之处，欢迎读者批评、指正。总的说来，我觉得本书内容丰富、扎实，很有特色，王维研究者读了一定会有收获。大家切不要因为作者是业余研究者而轻视其书，更不要苛求完美。

陈铁民
2023年6月于中国社会科学院文学研究所

（作者为中国社会科学院荣誉学部委员文学研究所研究员、博士生导师，王维研究权威专家，中国王维研究会首任会长、名誉会长）

前　言

如今我已满80岁了。我是70岁后才开始专注于王维辋川文化研究的。在这之前，我只是一个古典文学爱好者，仅仅是因为知道王维曾在我们蓝田县辋川隐居过，便对其诗歌的关注相对多一点而已。对于王维隐居辋川之事的了解，也仅限于坊间流传的一星半点传闻，进行专门的研究根本想都没想过。

我是土生土长的蓝田人，初中毕业后即参加了教育工作，后在岗进修了中师文凭。但爱读书、读书杂、兴趣广是我的优点。读王维诗时，面对《辋川集》中一个个诗题地名，如华子冈、欹湖、金屑泉、栾家濑等，我就想：这些名胜古迹到底在哪里？现在是个什么样子？王维在辋川还留下些什么？也曾经冒出过淘一淘这些东西的念头，但在当年"我是革命一块砖，哪里需要哪里搬"的体制和氛围里，加之长期以来不是在教育一线"驾辕""背重头"，就是在教育局担负五六千名教职工职称评定的繁重担子，当年我是没有精力和自由摊功夫去"不务正业"的。

但我爱读古典诗词的习惯却一直保持着，而且特别留意跟蓝田有关的历代诗作，见了就抄、就记，发现与这些诗作有关的资料、信息也一点一滴地收集起来。2004年退休后，可自由支配的时间多了，在身边朋友纷纷出书的影响下，于是我有了编集、解评这些古诗的想法。在接下来三四年时间里，我集中翻检县志等地方历史文献，在省市和大学图书馆搜集资料，而后对其进行梳理、研究、撰写、修改，终于在2013年出版了一本20万字的《历代蓝田诗选析》。解评王维辋川诗和历代辋川题咏是这本书的重点之一，这就不可避免地接触、搜集、研究了许多有关王维隐居辋川的史料，但还算不上是专门的、系统的研究，却为后续工作奠定了基础。

《历代蓝田诗选析》是蓝田县第一本比较深入解读和鉴赏蓝田古诗的书，面世后反响不错，被县政府作为文化名片用于各种活动，我也因此有了点"名气"，于是顺理成章地被卷进了2015年县上开展的全域旅游文旅开发热潮之中。我先是主持研讨、编撰了《蓝田文化专题调研资料》《蓝田地域文化概览》《蓝田文化读本》等书，接着又于2018年7月牵头组建了"蓝田县王维/四吕文化研究会"，同时还主编出版了泛学术期刊《蓝田文化研究》。对于王维辋川文化的专门、系统的研究，就是从这期间开始的。

研究会成立后，在政府职能部门的支持下，我们对于王维辋川文化遗产和遗迹作了较为系统、全面的挖掘、梳理和研究。经过近10年艰苦细致的工作，我们基本摸清了王维辋川文化遗产的底子，取得了一系列重要研究成果，包括：通过反复深入的田野及社会调查，找到了已湮灭在历史尘埃中的王维墓遗址；通过文献考证和实地勘察，确定了王维孟城坳故居遗址的具体位置和绝大部分"辋川二十景"的原址，其中就有按照王维、裴迪诗文线索，奇迹般地从地下挖出了王、裴饮用过的金屑泉；紧扣王维诗文，梳理和还原了王维隐居辋川期间母丧丁忧、迫受伪职、表庄为寺、回捐职田、责躬荐弟等重大事件的原委真相；对历代有关辋川纪念碑石和名人游记作了重点介绍和解读。在厘清王维辋川隐居生活状态、文化历史遗存、文学绘画作品的同时，对王维隐居辋川留下的精神遗产，也开展了深入研究，如剖析、诠释历代文人雅士普遍赏慕、追摹王维的"辋川现象"背后的文化成因；总结王维"辋川样"所代表的文采风流、山水吟游、桃源情结、仕隐相谐、恬静闲适等雅文化精神内核和人格范型；启动了将王维辋川恬静、闲适生活方式申报为国家级非物质文化遗产代表性项目的工作程序。在此基础上，我们还为党政机关和王维辋川景区文旅开发提供了几十万字的文宣和背景资料；经常到学校、机关、社区等地开展文化讲座；业余编辑了7个年度共计100多万字的会刊文稿；编发了几百期数百万字的公众号宣传文章；组织了有数千人次参加的辋川、蓝关古道文化考察活动；支持、参与了10余次国家和省市电视、广播、报纸有关王维辋川文化的节目摄制、新闻编采、现场直播等。目前，我们正在推进以王维名诗原创地深度体验为特色的"唐诗寻根"研学、游学活动等。

  我们的上述工作，推动王维辋川文化的研究和宣传出现了新局面，大大提高了辋川的知名度和影响力，多次受到国家级媒体和社会各界的肯定和赞扬。央视9台、10台以我们的研究工作为重点素材摄制了4部纪录片；《人民日报》《光明日报》以及省市媒体多次刊发辋川采访报道或进行现场直播；我本人还应邀到西安交大、山西祁县

（王维故里）作学术报告和学术交流。2022年11月，我与研究会3位副会长携带以研究成果撰成的4篇6万余字的专业论文，参加了在西安举行的"中国王维研究会第九届年会暨国际学术研讨会"，我应邀在大会上作了主题报告。我们的辋川研究成果被认为是本届大会和全国王维研究的一个亮点。

在上述文化挖掘、研究工作中，每一阶段的研究课题，只要有所发现，有了进展，有了成果，我都会将其梳理总结，然后撰成文章。这些文章大都会在研究会的公众号"蓝田文化研究"和同名会刊上发表，并收集反响，予以完善修改。这本书里的20多篇文章，正是这样积累而来，可视为我们多年研究工作的汇报与成果结晶。

由于受客观条件和学识能力的制约，王维辋川文化学术研究对于我们这些"土八路"而言殊为不易。书中文章是在长达10年间陆续撰写的，因此未预设纲目体系，而是各自成篇。全书围绕王维辋川隐居情踪与重大事件、历史文化遗存、精神文化遗产三大重点，基本覆盖王维辋川文化各方面，旨在通过史料挖掘、文献梳理、现地考辨与学术研讨，为读者还原真实的辋川、王维及其精神形象。行文力求兼顾学术严谨性与通俗可读性，既为王维研究等文史工作者提供参考，也让普通读者易于理解、有所获益。

需特别说明的是：王维辋川诗文绘画是其遗产中最重要的部分，古今学者对其解读阐释的文献浩如烟海，读者获取方便。而王维隐居辋川的相关问题，如地理环境、遗址位置、生活状态等，反而是读者更感兴趣却不易获取的内容。因此，本书重点并非王维诗文的文学解读，而是聚焦"文化王维"，尤其是辋川文化语境中的王维。不过，目前成果仍属初步阶段，受史料缺失、参考文献不足及学识所限，部分课题尚未突破："二十景"中5处原址未寻得，王维进出辋川路径、化感寺等地名地望未确定，王维诗文系年、文学地理、交往圈及墓葬文物考辨，历代辋川题咏书画搜集等，均为后续研究重点。

王维隐居辋川，是蓝田历史文化厚重的一页。蓝田地方史志对王维辋川文化的正式记载，始于16世纪初明弘治年间荣察纂修的《蓝田县志》，可惜该志早已失轶，造成原始史料难以弥补的缺憾。由于地方经济贫穷和文化教育落后，嗣后330多年都没再编纂过辋川专志，仅在几部明清县志的有关门类里相沿保留了少量有关辋川的诗文游记等。直到晚清道光年间，才有了知县胡元煐主持编纂的《重修辋川志》。但由于事隔久远，原始资料断代，这本专志虽勉为其难作出了一定努力，但资料的丰富性、完整性、准确性等方面，都是差强人意的，诸如关于王维墓址都没有明确的记载而直接空缺；"二十景"的记载连20个数目都凑不齐，且大都是只记其名而不志其址；其他记载空缺、模糊、矛盾、混乱之处也不少。民国文史考古专家陈子怡批评其志"考订舛竦……张冠李戴，触处皆是"。本轮王维辋川文化研究就是在这样的一个基础上起步的，其困难程度可想而知。

现在，这本凝结着王维辋川文化研究成果的《辋川寻踪》终于与大家见面了。这本书能够出版，得益于我们研究会团队的共同努力和各级领导的支持。我们团队由包括研究会正副会长、秘书长在内的近20位会刊编辑组成。全体成员在没有一分钱经费和无任何经济回报的情况下，积极工作，无私奉献。多年来，无数次深入王维辋川遗址区，跑遍了辋峪和蓝关古道几乎所有的沟沟岔岔，正如央视纪录片《跟着唐诗去旅行·王维》中所评价的："硬是用脚丈量出诗中每一处地点的原址"。春华秋实，硕果累累，承载我们团队成员多年来研究成果的7部学术著作均已成稿待出版，有《辋川寻踪》（张效东）、《新编辋川志》（韩诠劳）、《重修辋川志校注》《钱起蓝田诗校注》和《钱起研究》（刘弈）、《历代辋川诗集注》（朱永林）、《音乐家王维》（韩念龙）等。群众这样评价我们这支团队：无论目标之执着，还是作风之扎实和工作之高度，都是最棒的。

此外，县委、县政府和宣传部、文旅局等政府职能部门，也给予我们的研究工作以大力支持。时任县委、县政府主要负责同志几次在研究会的有关报告上作过"研究会需要什么样的支持，我们就尽最大可能给予什么样的支持"这样的批示。2018年研究会成立时，时任文化局（现名文旅局）主要负责同志策划主持了成立大会，组织全局干部为会议服务提供经费支持，聘请了陈铁民、刘学智、费秉勋、张进、杨军（因故未与会而作了书面发言）等一批国内知名专家学者莅临指导，把成立会开成了一次蓝田旅游的高层专家研讨会。先后继任文旅局主要负责人的相关同志，在办公经费困难的情况下，一直想方设法保证会刊印刷发行所需费用。县文物管理所为研究工作提供了大量的文物资讯和照片。可以说，没有团队成员的团结合作，没有各级领导的大力支持，没有相关部门的积极配合，就不会有今天王维辋川文化的研究成果，就不会有这本书的成功出版。

促成这本书成功出版的，还有一股强大的正能量，这就是众多文朋网友的关注、鼓励和支持。这些朋友有县内、市内、省内的，也有天南地北和海外的。这些活跃在现实和网络世界里的各个行业的王维文化爱好者，包括有不少的专家、教授、学者、作家、画家等，虽然年龄、职业、学历各不相同，但因共同热爱王维，大家的心同我们的心连在了一起。他们是本书文章最早的阅读者、点赞者、转发者，曾给文章初稿提出过很多有见地的意见，或写下过令我热血沸腾、热情洋溢的留言。他们关注着王维辋川研究的点点滴滴，积极参与我们组织的辋川文化考察活动，有时一场活动参与人数竟至过百。每当接收到朋友们发来的节日问候和保重身体的叮咛，或是随时转给我的他们在网上见到的有关王维的星星点点，我的心里都霎时涌起一股暖流。每当我们的研究有新发现、新收获、新突破，或上了广播、电视、报纸，他们或写诗撰句祝贺，或在自己朋友圈转发扩散，就像自己家里有了喜事一样。不断有人惊诧问我：你一个将近耄耋的老人，哪来这么大的精神？我想，除了对王维与辋川怀有的神圣使命感以外，很重要的一点，是因为拥有这样一个令人时时感动着、感恩着的朋友圈。自从开始王维辋川文化研究以来，以前退休后不时冒出的空虚、茫然、失落、懒散等负面情绪不见了，朋友们热情持续地关注、点赞、分享和鼓励，给我温暖，给我力量，催我奋进，使我坚持，令我时时都有充实感、成就感和荣誉感。这种情谊和这份好心情，是我伴随这本书的诞生而得到的额外收获，也是我暮年人生最难得的正能量。有网友给我留言："辋川成就了王维，王维成就了辋川，王维的辋川成就了张老师。"我哪敢贪天之功？但王维、辋川以及众多热爱王维辋川的文朋网友，确是实实在在地给了我人生的第二个春天，这也使我得以顺利完成了这项既用脑又用腿，还要用到电脑网络技术的艰巨任务。在这里，我要真诚地说一声：感谢王维，感谢辋川，谢谢热爱王维辋川的所有朋友们！

  本书初稿即将杀青之际，接连传来了两大喜讯：长期占用王维故居、墓葬遗址的航天四院军工厂（库）房因故要迁走了，这真是令人喜出望外！1991年首届全国王维学术研讨会就发出修复王维辋川别业的呼吁，30多年了，虽经地方政府和有识之士的多方努力，但终因核心遗址被占用而一直无进展。现在，保护王维辋川历史文化遗迹并建成王维纪念馆的最大障碍就要解除了。就在得知这个消息的那天，刚巧西安市委主要负责同志带队来王维辋川别业遗址区进行调研，我受命全程担任讲解，并聆听了领导同志的明确指示："蓝田文化底蕴深厚，丰富的历史文化遗产是一张金名片。要本着对历史负责、对人民负责、对未来负责的精神，深入挖掘文化价值，弘扬中华传统文化，让历史文化遗产绽放时代光彩。"随后我们以研究会名义，向县委、县政府写了关于抓住历史机遇、加速推进王维辋川旅游景区开发建设的建议报告，县领导随即批示作出了明确、积极回应，几位主要县级领导又带队前往遗址所在厂区，就项目开发建设、老旧厂区改造利用协商洽谈并签订了战略合作协议。

王维辋川的春天就要到来了，就让这本小书，化作春天里的一片芳草、一缕彩云吧！

张效东

2025年4月于蓝田古城枕葷轩

目 录

本 编

003　第一章　辋川地名钩沉
013　第二章　王维隐居辋川原因探考
027　第三章　王维隐居辋川时间探考
032　第四章　"隐居辋川"和"隐居终南"
050　第五章　"辋川二十景"考辨（上）
066　第六章　"辋川二十景"考辨（中）
082　第七章　"辋川二十景"考辨（下）
093　第八章　王维墓，湮讹与发现
103　第九章　王维进出辋川路径考察纪实
113　第十章　"辋川园林"考辨

130　第十一章　王维隐居辋川期间的两大不幸遭遇
141　第十二章　王维临终前紧急处理的三件大事
154　第十三章　细说《辋川图》
181　第十四章　"辋川样"：后世文人的精神范式与生活理想
192　第十五章　裴迪，王维辋川的烟霞知音
202　第十六章　蓝田夜空的两颗璀璨诗星
213　第十七章　江南玉山雅集的原始样板
225　第十八章　辋川文物趣谈

附编

241　古、近代辋川游记选读
263　《山中与裴秀才迪书》详注

270　王维辋川轶事

287　王维辋川20问

298　王维辋川诗存目

303　历代仿王维《辋川图》名作辑目

306　王维辋川大事记

325　擦亮王维辋川这块唐诗丰碑

330　行冬日辋川，品山中色彩

333　蓝田，从诗里走来（节录）

336　《蓝田白鹿魂·诗出辋川》旁白、对话录（节录）

343　《跟着唐诗去旅行·王维长安》旁白、对话录（节录）

351　《诗画终南·辋川行》（上、下）旁白、对话录

369　后　记

本编

第一章
辋川地名钩沉

辋川，原本是秦岭北麓一个不足 20 里长的寻常峪道，但却因盛唐大诗人王维曾在此隐居而驰名古今中外。在蓝田，乃至西安、陕西，提起辋川，几乎无人不知。即使在全国范围，知道辋川的也不会少，因为人们在中小学课本上读到王维的诗，则必定会涉及辋川。但是，若要问这个峪道为什么要叫"辋川"？辋川这个地名的具体含义是什么？这，恐怕就鲜有人知了。

辋川地名最早出现于唐代

由于蓝田县地方志肇始于明中叶，"辋川"这个地名是什么时候命名的，已荒远不可考究。在我国古代文献资料记载中，涉及辋川地域的重大历史事件，唐代以前的有两条：

一是《汉书·高帝纪》记载，汉高祖刘邦在灭秦战争中于

今日辋川

清代《重修辋川志》中的《辋川全图》局部

公元前207年"引兵绕峣关,逾蒉山,击秦军,大破之蓝田南。"按此记载,刘邦带兵要绕过秦军重兵把守的峣关(今蓝桥附近)和竹蒉山(竹蒉山北侧的薛家村与营上村之间有古代军事要地青泥城)而与秦军战于蓝田南(应是南原、焦汤一带),则必然要横穿辋川腹部,但《汉书》记载时并没直接提到辋川。

另一条是南北朝时,宋武帝刘裕于公元417年征战关中时,在辋川建了座兵城,叫思乡城(遗址在今辋川镇官上村)。这个关城至王维入住辋川时还有城郭残存,王维、裴迪在诗中称其为"古城""孟城"。现在官上村的村名,在20世纪50年代以前本来写作"关上"。关于这座关城的所在,也并没有指明是"辋川",而是以距离县城东南方向多少里的坐标点来表示。

刘邦逾蒉山和刘裕建思乡城这两件事都发生在辋峪地面,但古籍记载中却并没有出现"辋川"地名,或许其时这个峪子还没有"辋川"这个名字呢。现在,我们见到的最早的"辋川"文字,是在先于王维卜居辋峪的初唐诗人宋之问的一首写于辋川的诗《蓝田山庄》里,有"辋川朝伐木,蓝水暮浇田"之句。自王维、裴迪隐居辋川后,辋川地名便频频出现在王维、裴迪以及因王维而与辋川有所交集的众多唐代诗人的诗文中,如王缙、钱起、白居易、元稹、李端、耿湋、岑参等。王维的诗、画作品题目就有《辋川集》《辋川别业》《归辋川作》《辋川闲居》《辋川图》等。由于王维隐居辋川的名人效应,王维身后,历代慕名前来辋川凭吊古迹、欣赏山水的官吏、文人络绎不绝，王维的辋川诗、文、画也成为历代不断被热捧和广泛研究的对象，这样，在相关的诗文游记和学术论著中大量出现辋川字样就是必然的了。时至今日，你若在百度键入"辋川"二字，就会出现海量的与辋川有关的网络信息，"辋川"一词绝对称得上是永恒的热搜了！

文献典籍对"辋川"的诠释

如前所述，辋川已成文学圣地而驰名于中国文学史并为世人所广知，"辋川"二字也成为在文化典籍中出现频率很高的地名。这样，关于辋川地名的由来问题，就成为相关著作中必然要回答的一个问题。梳理古今有关文献资料，可以看到，对辋川地名内涵的解读，多是从描摹辋河河流或水波的形态得出。如：明代万历年间蓝田知县王邦才在他的辋川游记《辋川图赋》中说："夫川胡以'辋'名也？水不直行，迤逦为湾，傍湾为田。"此说强调了辋河河道的弯而不直。宋董迪《书辋川图后》曰："古传辋水如车辋头，因以得名。"直接用圆框状的车辋比喻弯曲的辋河。来游辋川的清代某县吏周焕寓在其《游辋川记》中说得更具体、更明白："（辋水）……环凑沦涟如车辋，故曰'辋川'。"清代道光年间蓝田知县胡元煐所纂《重修辋川志》，更是从官方层面，给辋川下了一个权威的定义："辋川，在县南峣山口，水沦涟如车辋，故名。"这些说法都是对辋河河道和水波形态特点的描摹和形容，关键词有两个：环凑，沦涟。环凑，是拼合成圆圈的意思。说辋河如车辋环凑，是说辋河河道的走向呈现车轮一样的圆圈状。沦涟，水波起伏状。

水沦涟如车辋,是说辋河水的波纹像车轮一样一圈一圈的。

近年出版的《中华人民共和国政区大典·陕西省卷》对辋川地名由来的说法是:"古时,川水流过川内欹湖之际,峡谷两侧山间众多溪流汇入欹湖,由高山顶俯视,川流逶迤弯曲,环凑涟漪,好似车轮辋状,因而叫作'辋川',辋川镇亦因此得名。"这个解释,显然是把以上几种说法糅合在一起,并加以想象、描绘而综合得出的。

然而,我们如果对辋川的"辋"的词义来一番刨根究底,就会发现,以上的解释都不准确。

查字典,辋,指旧式车轮周围的框子。车轮周围的框子,不用说,就是一个封闭的圆圈状。

诚然,辋河和它的一众支流都不是端直的,一路流来,曲折绵延,这点和常见的山区水流并没有特别的不同,所以人们常用"蜿蜒""逶迤"等词语形容山间溪流河道弯弯曲曲的形态。但要说辋河河道和它的支流都弯曲得像车轮一样,这不管是从情理上,还是在实际考察中的所见,都是不可能、也不存在的。

至于说辋河水波"沦涟如车辋",也是不符合实际的。常识告诉我们,往静止的水体例如水潭、涝池中丢进一块石头,水面就会泛起一圈圈圆形的涟漪。但流动的河水,只会出现曲线状的横波和起伏状的纵波,一般情况下是不会出现车辋状的圆圈样波纹的。

《中华人民共和国政区大典》解释"辋"时所描绘的从高山俯视众溪汇湖的形状,细细想来,其实并不像"辋",倒像是连接车轴和车轮外框的辐条所呈现的辐射状水"网"。但此"网"非彼"辋",这两个字虽读音相同、繁写字形相近(网字繁体为"網"),但意思却完全不是一回事。"辋"是指车轮框子,而"网"则是指用绳、线等结成的捕鱼捉鸟的器具,或像网一样的东西。例如我们现在正是用其来称呼像网一样的纵横交错的组织或系统,如网点、通信网、关系网、互联网等。所以稍有文字修养的人,也不会把"网"和"辋"混为一谈。近年见网上有文章解释辋川的"辋",用的是《清一统志·西安府》引明代学者何景明《雍大记》里的一段话:"商岭水流至蓝桥,复流至辋谷,如车辋环凑。"这里的"车辋环凑",是指车轮的辐条聚集到车轮中心的轴,其核心意思还是说河道形如"辐网",而不是如"辋"。

可见,广泛流行的各种关于辋川地名的解释,其实并不准确。

辋川之名真谛

说到这里,读者一定会问,那么辋峪当初为什么会起这样一个名字呢?

地名的得来,有各种因素,与当地的社会、经济、人文、历史、地理甚至神话传说等都有关系,而其中就有与其地形地貌有关的,辋川地名就属于这种。那么问题又来了:辋川的地貌特征,到底哪点像车辋呢?为了彻底弄清这个问题,笔者利用这些年考察研究王维辋川文化之便,从检阅古籍文献和实地考察两个方面做了些功课,辋川地名的奥秘,终于被揭开了。

明朝中叶，蓝田出了个有名人物叫李东。他是正德十二年（1517）考取进士，官历江北巡抚、监察御史等，旧志赞颂他为官锄豪奸，表忠良，不畏强暴，所至皆有政声。晚年辞官居家，曾续修隆庆《蓝田县志》（这部县志是蓝田县现存最早的一部地方志书）。旧时，蓝田县曾在文庙将李东入祀乡贤祠。李东在蓝田大灾时写过《悯岁二首》诗，我曾在拙作《历代蓝田诗选析》中，将其与同类题材的名诗——李绅的《悯农二首》（锄禾日当午，汗滴禾下土）、杨万里的《悯农》（已分忍饥度残岁，更堪岁里闰添长）做过比较，并得出结论："（李、杨二诗）只是停留在对农民遭受不幸的同情上，所以二者都表现出一定的思想局限性。而李东却在对农民遭受天灾表示同情的基础上，进一步揭示造成严重后果的责任者是不顾百姓死活的统治阶级。较之前二者，要勇敢得多，也深刻得多。作为一个蓝田人，我为蓝田县历史上曾出现过这样有良心、有胆识的好官而骄傲！"嘿嘿，扯得远了。但我无非是想强调，李东实乃智者，对事物的观察、思辨，绝非一般人云亦云的等闲之辈可比。而正是这个李东，在他的一篇乡土文章中，给辋川地名做出了一个正确的注脚。

历代《蓝田县志》、清《续修辋川志》皆收录有李东写的一篇《辋川记》，文章开篇作者总结辋川的成名历史时说："夫辋川形胜之妙，天造地设，前古载籍无所于考，至唐宋之间侨寓于斯，辋川之名始闻。继而王维作别业于斯，辋川之名始盛。"接下来李东关于辋川地形地貌有一段精妙描述：

川在今县治正南八里，川之口两山壁立，下即辋峪河。（辋峪河）蜿蜒由东南而来，发源蓝水，北行合灞水，达于渭。由口而南，凿山为路，初甚狭且险，计三里许。忽豁然开朗，团转周匝，约十数里，如车辋然。

李东这里说的"如车辋然"的地段，就是过了三里阎王碥后再继续南行"约十数里"的一段山谷，这正是今闫家村到山底村之间的号称辋川盆地的一段。李东描述这里的地形地貌，用了一个形容词"团转周匝"。团转者，绕着周围转圈也；而环绕一周，叫作一匝。团转周匝，是说构成这一段峪道的四周山峦围成了一个圆圈形。无独有偶，北宋著名词人苏舜钦在《独游辋川》诗里对此也有"数里踏乱石，一川环碧峰"的描写。李东说"团转周匝"，苏舜钦说"一川环碧峰"，应当说，二位智者对于这段峪道特点的感受是一致的，正所谓"英雄所见略同"。

四周峰峦"团转周匝""如车辋然"，这才是"辋"的真正内涵（参见彩页19）！用现代白话表达，就是——环列辋峪盆地四周的山峦呈现圆圈状，犹如一个巨大的车轮——这就是"辋"！

读者诸君如果有机会来辋川观光，你站在位于辋川盆地中心地点的河口村辋河大桥上，你会惊喜地看到，大自然在你面前呈现了一个莫大的"辋"——你只消眺望远处并转体一周，就会看到四面列阵的青山手拉手，肩靠肩，围成了一个偌大的圆圈，俨然一个巨大的车轮……看着看着，你就会情不自禁地为先贤大师们观察之细致、描述之精妙竖起大拇指!

辋川地名是量身打造的

站在辋川盆地中央所看到的这种群山环列合围似辋的景象，是辋峪所独有的，在秦岭北麓的其他峪子是见不到这种景象的。因为，辋川号称是秦岭七十二峪最宽最平的峪子，近20里长的峪道，宽度可达300—500米，出口和终端的海拔落差不到100米。宽而平的碥是辋峪最特别之处，其他秦岭北麓大大小小的几百个峪子，都不似辋峪这么宽，这么平。别的峪子，由于都比较狭窄迂曲，没有辋川腹部这样开阔的视野，看到的往往是层峦叠嶂、遮天蔽日，所以就不会有远眺群山环抱似辋的视觉景象。

而辋川的"川"，也为辋峪所独有。秦岭北麓几百个峪子，名称中带"川"字的只有辋峪。查《辞海》，"川"的意思，一是指水道、河流；二是指平野、平地。辋川的"川"，应当就是平川之意。秦岭北麓这么多的峪子，大多崎岖陡峭，也只有一马平川的辋峪，才真正配得上名字中的这个"川"字。

所以，用"辋川"作为这个峪子的名字，真是量体裁衣，量身定制，再恰当不过了!

说到这儿，有朋友可能要问，王维在辋川住了十多年，写了那么多与辋川有关的诗文，咋没见王维有关于"辋"的描写或解读？刚巧，王维在辋川写了他一生中唯一的一篇山水散文——《山中与裴秀才迪书》，此文就是以站在辋川盆地东侧

011

的山峦华子冈俯视辋峪盆地的视角，写了一段非常有名的优美文字："夜登华子冈，辋水沦涟，与月上下。寒山远火，明灭林外。深巷寒犬，吠声如豹。村墟夜舂，复与疏钟相间。"的确，在此文和王维其他辋川诗文中，都没有关于辋川"辋"状地形特征的一言半语。为什么？原来，王维那时的辋川，与宋、明之际苏舜钦、李东时的辋川，虽地形应该一样，但地貌却有云泥之别。在唐代的一个时段里，辋川盆地上曾存在过一面辽阔的山间湖泊，王维在诗文里称其为"欹湖"。欹湖南北长近10里，东西最宽500米，覆盖了多半个辋峪腹部。人若从湖上四望，浩渺的湖面为青山所包围。这种"山抱湖"的景象，为山区中小湖泊所常见，人们司空见惯，所以对辋川地形特点就不会有特别的感觉了。而到李东、苏舜钦时，欹湖早已消失，视野里四周山峦环列的形态就会引起鲜明的视角感受，故而才会有上述那样的观察和描写。

第二章

王维隐居辋川原因探考

　　王维隐居辋川，闻名于世。历代来辋川踏访古迹、凭吊王维者，络绎不绝。人们追寻诗佛的千年足迹，探索王维辋川隐居的过往。来到辋川的游人，也包括蓝田的本地人，恐怕都曾思索过这样一个问题：王维为什么要来辋川隐居呢？长安附近终南山那么多山清水秀的峪谷，达官文人别墅"挤热火，拥堆堆"，而王维为何却唯独对辋川情有独钟呢？

　　对王维生平有所了解的人，都知道王维有着浓厚的隐逸情怀，隐居辋川之前，曾在淇上、嵩山和终南山等地数次隐居过。这几次隐居比起辋川来，时间都不长，算是归隐辋川前的一种尝试和"预演"吧。而最终的卜居辋川，在王维，才算是找到了真正的归宿，他中年后的一二十年一直住此，直至与其母都终葬辋川。

　　那么，王维选择隐居辋川的真正原因到底是什么呢？

为了心中那片桃花源

王维19岁时读陶渊明的《桃花源记》，浮想联翩，心驰神往，激动地写下了一首长诗《桃源行》，用诗的语言重新讲述了一个"王版"的桃花源故事。要说王维诗和陶渊明记的不同，就在于陶渊明是通过对桃花源安宁和乐、自由平等生活的描绘，着重表现了作者追求美好生活的理想和对现实的不满。而少年王维，则更多地表现出对世外幽境山水田园风光的陶醉，和对桃花源般隐逸生活的向往。"月明松下房栊静，日出云中鸡犬喧"，"平明闾巷扫花开，薄暮渔樵乘水入"。王维想象中的桃花源，通过这些令其心醉的田园风光的描写，寄托了他浓厚的隐逸意趣和理想追求——这就是我们所说的王维的"桃源情结"。

这种"桃源情结"，贯穿了王维的全部生命历程。可以说，王维终其一生都在追寻他心目中的桃花源。曾是青年学子的王维，就"南山俱隐逸，东洛类神仙"，在终南山和嵩山进行过隐逸和学仙的尝试。后来又因官场失意而"屏居淇水上"，即在豫北太行山附近有过一段短暂的隐居。之所以没在这些地方长期隐居下去，除了宦海沉浮、身不由己的因素之外，没找到理想的桃源之境恐怕也是重要原因。于是，王维在之后多年的仕途生涯里，始终不忘留意寻找他心中的桃花源。寻寻觅觅，终于在40多岁时，与人间仙境辋川相遇了。

辋川之美，世所共识。《新唐书》说辋川"地奇胜"。《唐国史补》称其"山水胜绝"。清人梁宝常写诗盛赞："终南之秀钟蓝田，茁其英者为辋川。"当初，这块宝地为初唐大诗人宋之问慧眼识珠，营建了他的"蓝田山庄"，过上了"辋川朝伐木，蓝水暮浇田"的田园生活，这恐怕令王维不无向往。后来，宋之问因牵扯到朝廷的宫斗中被唐玄宗赐死，王维盘下了位于辋川腹地的宋氏山庄，终于使自己成为了桃花源中人。

辋川是离长安最近的一处桃花源。说辋川是桃花源，是因其和陶渊明的原创桃花源相类，皆为封闭状态下的山水田园风光，不仅有着幽静出尘、人迹罕至、鸡犬桑麻、民风古朴的"神"似，甚至连入口狭隘、进去则豁然开朗的口小肚大的"形"也完全相似。试比较下面这几段文字：

这是陶渊明笔下的桃花源——

> 林尽水源，便得一山，山有小口，仿佛若有光。便舍船，从口入。初极狭，才通人。复行数十步，豁然开朗。土地平旷，屋舍俨然，有良田、美池、桑竹之属。阡陌交通，鸡犬相闻。其中往来种作，男女衣着，悉如外人。黄发垂髫，并怡然自乐。（《桃花源记》）

这是明人李东笔下的辋川——

> 川在今县治正南八里，川之口两山壁立……由口而南，凿山为路，初甚狭且险，计三里许，忽豁然开朗，团转周匝，约十数里，如车辋然。岩光水色，晃耀眼睫。良田美景，鸡犬相闻。在水之两涯，居人惟五七家，出作入息而已，有太古之风。　（《辋川记》）

这是明人陈文烛笔下的辋川——

出县南门，行八里，饶佳山水。至川口，两山壁立，下即辋峪河也……其路则凿山麓为之，有甚险者，俗号曰三里匾。徒步依匾而行，过此则豁然开朗，山峦掩映，似若无路，良田美地，鸡犬相闻，可渔可樵，可耕可牧，此第一区也。　　　　（《游辋川记》）

这是清人周焕寓笔下的辋川——

出南关，八里至谷口，即蒉山口。两峰对峙，危笋摩天，水声潺潺，从山陾间奔出……余踌蹰四顾，直疑无路通幽，稍折而东，则随山麓高下，凿石为径，约四五里，旧名三里匾。盘折崎岖，怵心骇目。过匾豁然开爽，"山重水复疑无路，柳暗花明又一村"，逼肖斯景。此第一区也。村居数十家，护以乔木。杏红梨白，掩映颓垣门巷。　　　　（《游辋川记》）

比较辋川版的桃花源与陶渊明的桃花源原版，何其相似！另外，据辋川本土文化研究者韩诠劳考证，上述明、清人笔下的辋峪口栈道，是宋代以后才开凿的，唐代时，辋口是压根儿不能通行的，几乎是全封闭的辋峪，只能通过绕开峪口的"望亲坡"和"华子冈"几条崎岖羊肠小道翻山越涧而与外界相通。这样看来，辋川版的桃花源，其幽深封闭之状，与原版相比，实乃有过之而无不及！

王维屏居辋川，归隐田园，梦寐以求地据有了这样一个既是现实中的，又非常理想化的"桃花源"，王维的惬意与得意溢于言表。他在诗里频频"显摆"：

杏树坛边渔父，桃花源里人家。　　（《田园乐其三》）
笑谢桃源人，花红复来觌。　　（《蓝田山石门精舍》）
草色日向好，桃源人去稀。　　（《送钱少府还蓝田》）
悠然策藜杖，归向桃花源。　　（《口号又示裴迪》）

辋川的四面青山环绕着一泓十里澄湖，风光旖旎，地形多样，可耕，可牧，可渔，可樵。在这里，王维饱览山水林泉之美，尽享安闲自在之乐，沉浸在与大自然相亲相近的浓厚情趣和杂处渔樵带来的田园欢乐里。

他静静地欣赏着：

草木蔓发，春山可望，轻鯈出水，白鸥矫翼。
　　　　　　　　　　　　　（《山中与裴秀才迪书》）
竹喧归浣女，莲动下渔舟。　　（《山居秋暝》）
采菱渡头风起，策杖村西日斜。　　（《田园乐其三》）

他甚至还亲自荷锄负担，耘田耕桑：

晨往东皋，草露未晞。暮看烟火，负担来归。
　　　　　　　　　　　　　　　（《酬诸公见过》）

持斧伐远扬，荷锄觇泉脉。　　　（《春中田园作》）

南园露葵朝折，东谷黄粱夜春。　　（《田园乐其七》）

辋川满足了王维的桃源情结和田园牧歌的精神向往，也给了王维以无限的创作激情和灵感。大师王维，为世人留下了《辋川集》等一批卓绝千古的诗篇。而作为唐代山水田园诗派的领军人物王维，其巅峰之作，也大多是在辋川期间完成的。如：

空山新雨后，天气晚来秋。明月松间照，清泉石上流。
　　　　　　　　　　　　　　　　（《山居秋暝》）

空山不见人，但闻人语响。返景入深林，复照青苔上。
　　　　　　　　　　　　　　　　（《辋川集·鹿柴》）

独坐幽篁里，弹琴复长啸。深林人不知，明月来相照。
　　　　　　　　　　　　　　　　（《辋川集·竹里馆》）

木末芙蓉花，山中发红萼。涧户寂无人，纷纷开且落。
　　　　　　　　　　　　　　　　（《辋川集·辛夷坞》）

雨中草色绿堪染，水上桃花红欲燃。　（《辋川别业》）

王维在辋川还写了首纪游长诗《蓝田山石门精舍》。写他于黄昏时驾一叶轻舟，探奇寻源。木秀云闲，路转流折，终于在水流的源头找到了一片世外桃源——石门精舍，即一个名为"石门"的小佛寺。"老僧四五人，逍遥荫松柏……"作者兴致勃勃地描写了山寺的清静幽寂、人们心灵的虔诚净化、恍若世外神仙般的快乐生活。诗结尾"笑谢桃源人,花红复来觌",直接把这里的僧人称作桃花源中人。

但这个蓝田山石门精舍到底在哪儿?千百年来,不光文学界、宗教界渺然不知,就连蓝田本地的研究学者们也一头雾水。

有人说在汤峪,因为汤峪古代叫石门谷。但汤峪那儿的山不叫蓝田山啊,况且汤峪河乃水小流急落差大,从古到今也没听说能行船,王维绝不可能在涓涓细流的山溪驾着船去源头找佛寺。

有人说这个石门精舍就是悟真寺。悟真寺本在蓝峪的西侧半山坡,属于峣山范围,蓝峪东侧的王顺山则属于蓝田山(也叫玉山)范围。白居易由于对蓝田地理不熟,在《游悟真寺》诗中有"我游悟真寺,寺在王顺山"的说法,后人又以讹传讹,认为这个"蓝田山石门精舍"就是白居易所说的位于王顺山(蓝田山)的悟真寺。这从地理位置角度看,也还勉强说得下去。但要说如王维诗中所叙述的寻访路线,王维就要驾舟从辋川出发,走完辋河进入灞河后再逆水上行,接着再溯灞河支流蓝水而上,最后弃舟攀越一面陡崖上到悟真寺——这样的驱舟翻山过水、缘溪进峪,那只能是天方夜谭里才会有的。且不说辋峪口有多险阻,蓝峪水落差有多巨大,就是流量较之它的支流蓝、辋二水大得多的灞河,历史上也从没有过河运行船的记载。可以肯定地说,驾船可溯流至源头附近,这样的河流从古到今在蓝田境内是根本不存在的。既然如此,那么王维笔下溯源可到的"蓝田山石门精舍",究竟是怎么回事呢?

老实说,为考证这个石门精舍的地望,我也没少下功夫,曾经长时间地迷茫和纠结过。后来在研究王维的桃源情结与隐居辋川缘由关系的过程中，终于"顿悟"了——王维的这个蓝田山石门精舍，和陶渊明笔下的武陵桃花源一样，皆是作者按自己的理想愿望虚构出来的文学场景，现实中压根就不存在！蓝田山与武陵源虽确有其名其地，但虚拟的桃花源和石门精舍却只在作者心里。

对了，从虚构的《桃源行》到《蓝田山石门精舍》，再到桃花源写实版——《辋川集》《辋川图》以及称辋川为桃花源的诗什，虚虚实实，虚中见实，这不就是王维有意无意地在向世人坦露他之所以隐居辋川的内心秘密吗？

为了母亲"乐住山林，志求寂静"

除了个人的桃源情结，王维隐居辋川亦与母亲的信仰与生活追求密切相关。

王维与其母均奉佛好静。王维于临终前给唐肃宗上表，把他与母亲晚年禅居之所辋川庄捐为佛寺，他在《请施庄为寺表》中说："臣亡母故博陵县君崔氏，师事大照禅师三十余岁，褐衣蔬食，持戒安禅，乐住山林，志求寂静。臣遂于蓝田县营山居一所。"此表明白地告诉我们，卜居辋川的一个重要原因，就是为了安禅静修的母亲。

王维少时丧父，寡母崔氏领着他和4个弟弟、1个妹妹，辗转迁徙，艰难度日。王维30岁妻亡后没有再娶，与寡母相依为命。王维是出名的孝子，《唐书》说他"事母崔氏以孝闻"。母子远离尘嚣，静修禅悟，王维与母亲佛心相通。因此，王维把寻一处静地作为母亲安度晚年的居所和他自己禅修人生的归宿这件事看作是对"志求寂静"母亲的最大孝心，同时也表现出他供佛的虔诚。

卜居辋川的前一两年，王维曾试图在长安城南的终南山隐居，并筹建了他的终南别业。但显然，那儿的环境并不符合王维及其母的理想追求。因为长安南郊一带，乃京畿风水宝地，麇集着大量的皇戚显贵和官僚文人的园林别墅，风光秀丽的终南山谷，也遍布佛寺道观和僧道隐者。这样的纷杂和喧嚣，王维和母亲如何受得？没过多久他们就从终南山撤离，迁到了辋川（王维短暂隐居终南事，参见陈贻焮《王维生平事迹初探》、陈铁民《王维新论》）。

与京郊和终南山相比，辋川虽距离长安并不算很远，但由于地理闭塞，交通不便，人迹罕至，是一块难得的安静地方。此处有佳山秀水，却"养在深闺人未识"，王维来此之前，谷中的庄园别业只有宋之问独家。

"新家孟城口"，王维最初盘下宋之问别业进驻辋川腹部的孟城坳（今官上村），但时间不久，便南迁到10余里外辋峪尽头的飞云山麓（即今白家坪村大银杏树处）。移居的原因，应该还是为了避繁趋静。

孟城坳地处峪道最宽平、人烟最稠密的辋谷腹部，现今的官上村依旧是辋峪的最大村落。官上村原名关上，其前身是南北朝宋武帝刘裕征关中时所建的军事关城。过了320多年，至王维入住时，这里已成为居民聚集的村落：在《辋川别业》诗中，王维写他离开近一年回到辋川时，众多的乡邻朋友迎接他的画面——"优娄比丘经论学,伛偻丈人乡里贤",宾主"相欢语笑衡门前"。

而飞云山居所是一处远离尘世喧嚣的地方,它位于荒僻无人烟的辋峪南端,再往东南纵深方向,古代时大山阻隔,并不通行。离这里最近的村落白家坪村也将近1000米,是真正的深山僻壤,绝谷幽涧。

辋川虽没有完全与世隔绝,但进出不便,车马更难通行。从现有的史料看,在辋川与王维过从往来的官员、诗友寥寥可数。有一次,有个苏员外来此拜访王维,见王维不在就回去了,王维为此给他写诗致歉说:"贫居依谷口,乔木带荒村。石路枉回驾,山家谁候门。"意思是说,我贫寒的山庄在辋峪尽头的南口,高大的树木荫蔽着荒凉的山庄。委屈您在石头路上远道跋涉而来又不遇而返,但请原谅,我这山野之家,哪里有人候门待客?

官上村(孟城坳)边辋河左岸的半山石壁上,有数处人工开凿的小窟,当地人称"灯盏窑",不知何人所为亦不知何用,更无法弄清其与王维别业的关系。清《重修辋川志》仅记:"相传每月十五夜,崖上有火光,自南而北,谓之送灯。"有网络文章据此附会说,王维居辋川时,别业每月都定期举行大型灯会,歌姬舞女,灯红酒绿,笙歌曼舞,响彻辋谷。这种纸醉金迷、骄奢淫逸的公子哥儿作派,哪里像避世禅修的王维所为?这样的编造和渲染,若不是有意的亵渎,至少也是对王维的无知和误读。

王维居住辋川后不到10年,母亲去世,王维辞官离朝,回辋川为母亲庐墓守孝，其间过了两年多清静寂寥的屏居生活。又过了10年多，61岁的王维去世，被安葬在辋川的青山绿水之间。从此母子二人默默相伴，永久地享受着辋川山林的幽寂与清净。

为了山林富贵两不误

除了以上两个基本的原因之外，还与辋川区位的独特性有关。

王维居住辋川近二十年，除过母丧丁忧的那两年多外，一直在朝廷做官。素有林泉之癖的王维，一边在朝坐班食禄，一边在辋川悠游山水，享受田园。《旧唐书》说他"与道友裴迪浮舟往来，弹琴赋诗，啸咏终日。"《新唐书》说他"别墅在辋川，地奇胜，有华子冈、欹湖、竹里馆、柳浪、茱萸沜、辛夷坞，与裴迪游其中，赋诗相酬为乐。"这种生活状态，被人们称为"半官半隐"，或"亦官亦隐"。这当然是后人的说法，王维可从来没这样说过，他用的词是"屏居"。屏（读音bǐng），意为排除；屏居即谢客独居。而实现半官半隐的前提，是隐居之地必须是山水幽境且距离官衙（朝廷）不能太远。辋川的幽僻就不用说了，离长安也就百二三十里路程，无疑可以满足这两个条件。选择隐居辋川，让王维这种官员＋隐士的双重生活模式的自如切换成为可能。

另外，王维是在张九龄罢相、李林甫等奸佞上台，唐王朝政治由明转暗的情况下退隐辋川的。正直的王维，自然也有不与邪恶同流合污、洁身自好的考虑。这样，既要尽量远离政治漩涡，又要能上班拿工资，即与朝廷保持若即若离的状态，那么，不远不近的辋川就是合适的选择了。

王维隐居辋川，算是隐士中的一个另类，既不同于愤世嫉俗、遁迹山林的那种完全的隐逸，也与那种把隐居当作谋官手段以待价而沽的"终南捷径"完全不一样。于是，有人称这为"中隐"，称王维是"中隐高人"，说他能以高超的人生智慧，调和出仕和归隐之间的矛盾，实现了"仕"与"隐"的完美结合，即所谓的"山林富贵两不误"。但也有人对此不以为然，认为这既是逃避现实，又恋栈徇禄，是一种"混世圆通"的投机。褒贬相异的两种观点，都有不少的拥趸。但我想说的是，王维之所以退隐辋川又留恋官场，其实还真有他的苦衷。

王维写过《偶然作六首》诗，其中第三首写道：

日夕见太行，沉吟未能去。
问君何以然，世网婴我故。
小妹日成长，兄弟未有娶。
家贫禄既薄，储蓄非有素。
几回欲奋飞，踟蹰复相顾。

诗的意思是：我早晚都能望见太行山，却迟疑着不能到山里去隐居。请问你为什么这样？尘世的罗网缠绕着我的缘故。年纪小的妹妹渐渐长大，兄弟已到成家年龄却尚未婚娶。家贫的我俸禄既很微薄，又不是本来就有储蓄。几次想要像鸟儿振翼高飞那样离尘隐居，却又顾及家人而心中犹豫。

看到了吗？王维也是烟火凡人，他也要吃饭，要养活寡母和顾念弟妹。他没有像李白那样恃仗优渥的物质条件而放浪形骸，游走天下；也不赞同陶潜那样稍有不满就辞官归去的做法。他写诗批评陶渊明说："陶潜任天真，其性颇耽酒。自从弃官来，家贫不能有。九月九日时，菊花空满手。"

是的，一方面，王维有浓厚的隐逸情怀，憧憬弃世归隐，浪迹天涯。但另一方面，他从小受儒家教育，以孝悌为本，有很强的家庭责任感。他意识到自己是大哥，是家中的顶梁柱。假如没有了官俸，别说置不起辋川别业，恐怕一家人的生计都难以为继，他哪敢拂袖而去彻底归隐？所以，酷爱林泉的王维，宁愿在辋川—京城的崎岖风尘中跋涉折腾10余年都没有放弃官职，而是辗转于仕途，忍辱负重，如履薄冰。对于王维这种亦官亦隐的处世哲学，赞美他有人生智慧也罢，批评他圆通混世也罢，但我们应看到他选择背后的无奈。

王维的仕途，算不上官运亨通（王维有过涉事贬官和陷贼宥罪的经历），却也一直按部就班，拾级而上。半隐辋川的同时，他历官左补阙、侍御史、库部与吏部郎中和给事中等，直至最高做到正四品下的尚书右丞。铁打的"官饭碗"，使王维拥有较为稳定的物质生活保障，不必为"五斗米"发愁，才能有闲情逸致悠游山水，享受闲适。

当然，王维也绝不像一些网络文章宣扬的那样土豪大款，甚至是据有了整个辋川。相反，由于其居士和隐士的双重身份，以及清心寡欲的禅修生活和安贫尚简的隐逸风尚，王维多年如一日地过着粗粝能甘、纷华不染的日子。据《旧唐书》记载:"维弟兄俱奉佛,居常蔬食,不茹荤血。晚年长斋,不衣文彩……斋中无所有,唯茶铛、药臼、经案、绳床而已。"安史之乱后,民生凋敝,又逢京畿饥馑,王维给肃宗上表,把自己的两份"职分田"(王维当时官中书舍人、给事中,均五品,按规定应有职分田各6顷)合并交回,裨助施粥之所以赈济灾民。

行文至此,有的朋友可能还有这样的疑问:辋川距离长安少说也百二三十里路程,山水崎岖,王维是怎么做到城乡两头兼顾的?的确,王维若骑快马,早发晚归一天到京城打个来回,尚勉强可以,但要能正常在朝房坐班就做不到了。但这个问题倒不用我们多担心,据学者考证,唐朝时官员的假期名目繁多、时间不少。除每旬一天的公休假外,还有田假、授衣假、祭祀假、婚假、冠假、省亲假、侍亲假、病假、拜扫假等事假,再加上朝假和节俗假,正常全年假日超过百天,差不多每3天可休1天。同时,官员也不是整日上班,一般只"视事"半天,有时还会有"间日视事"的情况。隐居辋川期间,王维在朝多任左补阙、库部郎中等侍从闲职,休闲和悠游山水的时间还是有的。台湾学者皮述民说:"王维在长安为官,何以……能常在辋川庄盘桓的原因,那便是探望与陪侍他的老母,这将是同僚甚至唐玄宗都可以理解的。"这话也有一定道理。

王维隐居辋川已经过去了1200多年,王维的辋川隐居生活方式在现代社会已不可复制。但它无疑是王维留给我们的一份有价值的历史文化遗产,仍会带给我们许多有益的启示和借鉴,如:回归自然,崇尚高雅,品味闲适,享受田园……

第三章

王维隐居辋川时间探考

说到王维隐居辋川事，还有一个问题是绕不过去的，这就是王维入住辋川的开始时间。

这个问题，王维诗文中没有说明，历史文献记载缺失。当代学者观点也众说纷纭：有说是开元七年；有说开元十六七年；有说开元二十六年至二十八年之间；有说天宝三载至七载之间；有说最迟为天宝三载。其中"最迟为天宝三载"说的赞同者最多，因为与一般根据间接材料进行分析并推测立论的说法不同，它有一个比较有证明力的实证，那就是王维诗友储光羲的一首诗。

储光羲比王维小约5岁，润州（今镇江）人，祖籍兖州（今属山东），盛唐山水田园派诗人，与王维关系密切。他开元年间得中进士，但仕途一直不顺，于是开元二十八年后在终南山隐居了一段时间（见陈铁民《王维新论·储光羲生平事迹考辨》)。此诗应是储光羲从终南山来辋川看望王维时所写。诗云：

山中人不见，云去夕阳过。
浅濑寒鱼少，丛兰秋蝶多。
老年疏世事，幽性乐天和。
酒熟思才子，溪头望玉珂。

诗写作者在某年秋季的一天去王维辋川别业探望王维，适逢王维外出，作者一边欣赏山中秋景，一边等候主人骑马归来好宾主开怀畅饮。这首诗对于考证王维隐居辋川起始时间问题的价值是，诗题《蓝上茅茨期王维补阙》称王维的官职为"补阙"。

王维研究权威学者陈铁民先生认为："储（光羲）作此诗时，疑其尚在终南隐居。""'蓝上茅茨'即谓蓝田山居，时维隐于此，'山中人'、'才子'皆指维而言。""诗中称王维的官衔为'补阙'……赵殿成《右丞年谱》谓王任左补阙……在天宝元年。""诗中称维之官衔为'补阙'，可见维任左补阙时，已得蓝田别墅。考王维下年（即天宝四载）迁侍御史，本年应仍居补阙之职，所以其得蓝田别墅，最晚当在本年（即天宝三载）。"（以上均见陈铁民《王维年谱》）

《王摩诘传》作者张清华先生亦持同样观点，他认为："'蓝上茅茨'，即王维的蓝田别业，说明储光羲是到蓝田县访王维。'山中人''才子'俱指王维……诗题仍称王维为补阙，王维天宝四载春夏出使塞北时已为侍御史,知王维营居蓝田别业在天宝三载。"

但也有学者对这首诗有不同的理解。刘弈先生认为:"蓝上,即指(蓝田县蓝峪口的)水陆庵至新寨(村)蓝水入灞水前的岸边,'蓝上茅茨'应是储光羲的居所,在山外,而王维居辋川山中,王维《山中与裴秀才迪书》署名自称'山中人王维',故储诗首句亦云'山中人不见'。'酒熟思才子,溪头望玉珂'是储光羲说他家的酒熟了,盼望王维到来同饮,于是就在蓝溪旁等待着王维。如果是在王维家中,说'酒熟思才子',就有些于理不通了。"(刘弈《重修辋川志校注》)

刘弈先生认为储光羲是在自己别业而不是在辋川别业"期王维补阙"的,品储诗诗意,这样理解似亦可通。其将"酒熟思才子,溪头望玉珂"解释为储家的酒熟了盼王维来饮,似乎更顺乎情理一些。但其整个之说却是建立在"蓝上茅茨即储光羲蓝溪别业"这一判断的前提之上的。问题的要害是,这一假设尚无史料依据可以证实。固然,储光羲曾隐于终南山,而蓝峪所在的玉山亦属终南山范围,但目前尚无史料可证储光羲曾在蓝田隐居过,更无确切资料可以证明储光羲隐居的具体地点就在蓝溪附近。至于说储诗题中"蓝上茅茨"的"蓝上",只能指蓝水上而不能是辋水上,这个问题也是值得商榷的。因为在唐代时,诗人有时也用"蓝水"泛指蓝田境内的河流,辋水也往往被诗人称为"蓝水",如温庭筠《寄清源寺僧》诗就是一例:王维表庄为寺,这个寺就叫清源寺,地址在辋川无疑,但温诗描写清源寺环境,却有"砌因蓝水长青苔"句,明显把辋水称为"蓝水"了。还有在辋水之滨建有别业的宋之问,其《蓝田山庄》诗也有"辋川朝伐木,蓝水暮浇田"之句。既然辋水亦可称作"蓝水",那么辋川别墅当然也就可以称作"蓝上茅茨"了。

当然,无论对储诗以上两种解读究竟哪一种符合实际,都不影响我们根据储诗对于王维入住辋川时间的推定。也就是说,无论认为储光羲是在辋川地面等候王维,还是在蓝溪等候王维,但他既然说等候的是"山中人""王维补阙",那就可证王维任左补阙时就已居辋川的事实是确定无疑的。

因王维任左补阙时间为天宝元年(742)起到天宝三载(744)止,故可推知,王维入住辋川的时间,应当是在这个时间段的某一年,一般依保守原则而取其下限定为天宝三载(744)。王维隐居辋川的终止时间是以王维表庄为寺的最早可能的乾元二年(759)为限(参见本书《蓝田夜空的两颗璀璨诗星》一文)。744年起到759年止共15年,但考虑到起始时间是取其下限,终止时间是取其上限,所以关于王维隐居辋川时长问题的表述,我们一般表述为"至少15年"。

那么,最多可能有多少年呢?

王维是去世前一年或二年表庄为寺的。上表后获得朝廷同意,山庄即被改为佛寺清源寺,稍晚于王维的耿湋有诗《题清源寺》,题下特别加注"即王右丞故宅"可证。但王维将居第捐为佛寺,并不意味着其别业的其他田产、山林果园等也一并同时捐缴,也不说明表庄为寺后王维不再来往和居住辋川。王维于表庄为寺后的上元二年(761)去世,能葬在旧居之西

(《旧唐书》记载有"母亡，表辋川第为寺，终葬其西"）也可证明上述判断的可能性。所以，计算王维居辋川的最长可能时间，应在15年的基础上，前边加上入住辋川时间上限的天宝元年和二年，后边加上760年和761年这两年，即从天宝元年（742）起，到上元二年（761）止，总计为19年。所以在有些不大要求精确表述的语境下，也有"王维隐居辋川一二十年"这样的说法。

第四章
"隐居辋川"和"隐居终南"

"别业"指古代文人在原有住宅之外另建的园林式居所，多位于风景秀丽之地，与现代"别墅"概念相近。王维本人有《终南别业》和《辋川别业》两首诗。这就产生了一个问题：两处别业是同一居所的不同称呼，还是分属两地的独立居所？若是后一种情况，则说明王维隐居辋川之前，还曾在终南山的某处隐居过。

正、反两种观点

这个问题，古来似乎没有人专门研究过。20世纪50年代末，首倡新中国王维研究事业的学者陈贻焮先生发表文章，肯定这两个别业分处于王维隐居的两个地方，提出了王维先隐终南、后隐辋川的说法。随后，老一辈王维研究者陈铁民、张清华等一批权威学者，先后发表文章或出版专著，表达出与陈贻炊相似的观点。于是，王维隐居辋川前曾在终南山隐居过的说法，得到了学界的普遍接受和认可。

20世纪80年代后期，有学者对此提出了异议，认为这两个别业是同一个隐居处所的不同名称，即王维晚年隐居的地方只有一处就是辋川，在辋川之外，并没有另一个什么"终南别业"。这个观点也有支持认可者。为了叙述方便，姑且称持这一观点者为反方，称与其观点对立的另一方为正方。

反方的证据

反方的观点有道理、有依据吗？当然有。其主要理由是，终南山范围很广，也包括蓝田辋川在内，所以辋川别业也可称作终南别业。反方举出的证据还不少，包括古籍记载和诗文例证两方面。

古籍记载方面的，如：

程大昌《雍录》："终南山，横亘关中南面，西起秦陇，东彻蓝田……"

徐坚《初学记·终南山》："《福地记》云：'其山东接骊山、太华，西连太白，至于陇山，北去长安城八十里，南入楚塞，连属东西诸山，周回数百里。'"

诗文例证方面的，如：

庾信《终南山义谷铭序》云："（终南）东出蓝田，则控灞乘浐；西连子午，则据泾浮渭。"

柳宗元《终南山祠堂碑》云："唯终南据天之中，在都之南。西至于褒斜，又西至于陇首，以临于戎；东至于商颜，又东至于太华。"

这方面的记述不少，就不一一列举了。

正方的证据

单凭以上这些记载，就可以断定蓝田属于终南山范围，终南别业即辋川别业吗？我以为，是不能够的。

首先，说到终南山的地理范围，古人本来就说法不一，具体到包括或不包括蓝田山系在内，存在"是"和"否"两种不同说法。反方列举了说"是"的一些文献记载，同样，我这也可列出一些说"否"的文献记载：

嘉庆《蓝田县志》概括唐《元和郡县志》的记载曰："自眉县以至万年，每县皆著终南，而蓝田则无之。"

宋代宋敏求《长安志》云："终南横亘关中南面，西起秦陇，东至蓝田。"该志第十六卷"蓝田县"词条曰："终南山在县南七十里。"明显把终南山排除在蓝田县境之外。

元代骆天骧《类编长安志》曰："终南山在咸宁县南五十里，东至蓝田县界，西入县界石鳖谷，以谷水与长安县为界，东西四十里。"东至蓝田县界，是说终南山由西向东延伸到蓝田县界为止，当然就不包括蓝田在内，这把上一条的"东至蓝田"解释的更清楚了。

清代《嘉庆一统志·西安府》云："终南山，在长安、咸宁、周至、鄠四县之南……西自凤翔府入境，东抵蓝田县界。"雍正、嘉庆《蓝田县志》也都明白无误的记载："终南山在县西南七十里……此山旋绕于西，连亘千里，至此而尽。"

以上这些古籍，有的是国家级经典地理著作，有的是辖地地方志书，都肯定终南山不包括蓝田山系，写得清清楚楚，明明白白。面对此类文献，你能选择无视，并一味坚持说蓝田山系和终南山完全是一回事，辋川别业就是终南别业吗？

所以，单从古籍文献找证据，正、反两方都会"言之有据"，永远没有标准答案。

所以，要解决问题，还得另想办法，从别的方面寻找能说明问题的证据。

能说明问题的两个例证

于是，正方学者陈铁民先生举出了两个有说服力的证据，可以证明王维隐居终南和隐居辋川不是一回事（见陈铁民《王维新论》）。

先说第一个例证。

陈铁民发现，隐居辋川和隐居终南时期的王维，有一个很大的不同，是居辋川时王维在朝廷做官，而居终南时王维则未做官。居辋川期间，王维做过左补阙、侍御史、库部员外郎、库部郎中、吏部（文部）郎中和给事中等，除母丧丁忧期间以外，从来都没离开过官场，所以大家都公认王维辋川时是"半官半隐"。

而王维有一首写于终南山的诗，证明其时王维并没有做官。这首诗是《戏赠张五弟諲三首》其三：

设置守麀兔，垂钓伺游鳞。

此是安口腹，非关慕隐沦。
吾生好清净，蔬食去情尘。
今子方豪荡，思为鼎食人。
我家南山下，动息自遗身。
入鸟不相乱，见兽皆相亲。
云霞成伴侣，虚白侍衣巾。
何事须夫子，邀予谷口真。

　　从"我家南山下，动息自遗身"句，可知这首诗是写于王维隐居终南期间。张五弟张諲是曾与王维同隐嵩山的一位诗人朋友。诗写张諲今日追求的变化和王维自己在终南山的隐逸生活，大意是：设置捕兔的网等待兔子入网，垂下钓丝等候鱼儿上钩，这只是让嘴巴肚子享受满足，而与追求隐逸没有关系。我平生特别喜好清静，菜蔬素食摒弃世俗的欲求。如今张五弟你正意气豪放，想当列鼎而食的贵人。而我居住在终南山下，动静进退连自己的存在也遗忘了。我进入鸟群鸟儿不惊不乱，见了野兽都相亲相近。天上的云霞成为我的伴侣，空室的日光陪侍我穿戴衣服头巾。做什么需要先生你再来邀约我这个隐居的谷口郑子真？

　　这首诗王维以隐居不做官而"名震京师"的谷口郑子真自喻，说自己隐于终南山下，与云霞为伴，与鸟兽相亲，已到了脱俗出尘、进退自忘的境界；而当年曾与自己一块隐居嵩山的张五弟，现在变得网兔钓鱼，只图口福，且思为鼎食贵人，已与自己的追求完全不同，何须再来邀己为伴？诗题曰"戏赠"，可见是半开玩笑半认真地批评曾与自己同有隐逸情怀的张諲已改变了初衷。

诗文也确可证明，王维隐居终南时是没有官职的，否则，怎好对想不再隐居而思做官的张五弟加以嘲责呢？也确可证明，王维所说"我家南山下"的这个"南山"，是指终南山某地而非辋川，居终南与居辋川既不同时，也不同地。

再说第二个例证。

王维有一首《投道一师兰若宿》诗，可以看出王维隐居终南山的地方，离太白山不是很远。这首诗写作者去太白山道一禅师的寺院（兰若）投宿。开头写道："一公栖太白，高顶出云烟。"是说道一禅师的寺院位于终南山主峰太白山（在眉县南）的高处。接着叙述投宿过程"昼涉松路尽，暮投兰若边"，意思是说我白天穿行松林走完了山中的路径，傍晚时分来到了您的寺院旁。可见王维在终南山隐居之处，离太白山最多只有一天的路程。若按反方观点王维隐居终南的地点是在辋川，而辋川距离太白山有近400里路程，就是骑快马一个白天也是绝对走不到的。这就证实了王维隐居终南的地点不会是辋川。

也有人认为，这首诗写作时间不明，也未言明出发地，故不足为凭。其实，王维诗末句云："岂惟留暂宿，服事将穷年。"意为：哪里只是留下暂住？我将侍奉您终生。这种表态，是以其时王维无官状态为前提的，也正合"王维居终南时未做官"的判断。如此可断，此诗写于王维隐居终南期间，终南别业是其唯一的出发地。

古今习惯是怎样的

为了进一步说明辋川别业与终南别业不是一回事，笔者根据自己的思考和研究，也提出两个方面的思路和证据，与有兴趣的朋友们作进一步探讨。这两个方面，一是从社会习惯看共性，二是从王维本身找内证。

上面说了，对于蓝田算不算终南山范围，古籍文献有的说算，有的说不算。那么具体到对于蓝田山系的称谓，到底用不用终南山？

纵观从古到今的社会习惯，对蓝田山系的称谓，大量的例证证明是用"秦岭"而不用"终南山"。

反方学者也曾从社会习惯方面讨论过这个问题，并举出了古籍记载中有"终南山悟真寺""终南化感寺"和钱起"终南别业"三个例子。第三个例子举例者理解有误且尚存疑点，下边我将专门讲述。而前两个例子倒没错，悟真寺和化感寺这两个隋唐名刹都在蓝田县，在有的古籍记载里确实是被冠以"终南"或"终南山"的。

但这两个例子能说明问题吗？还真不能。为什么？因为这两个例子只是个例，仅凭这两个事例就作结论说蓝田山系一概被称为终南山，有以偏概全之嫌，要说服人，还是得看大多数，看事物的基本面。

那么，主流社会习惯又是怎样的呢？

据笔者考证，古籍文献资料称名蓝田山系，个别有用终南山的，但更多的，却是习惯上不用终南山。习惯上称"终南山"时，一般是指长安（西安）城南的山。这方面的例证太多了，我这里分类列举一些：

1.唐诗中的蓝田山名，除直接用具体的山名，如王顺山、七盘山、桓（韩）公堆等外，多用"蓝田山""玉山""秦岭"甚或用"商山"称谓或作泛称，几乎没见有用"终南山"的。

如：《蓝田山石门精舍》（王维）、《宿蓝田山口奉寄沈员外》（于史良）、《奉使自蓝田玉山南行》（张九龄）、"玉山高并两峰寒"（杜甫）、"凤凰城南玉山高"（鲍溶）、"此时丹旐玉山西"（李商隐）、"云横秦岭家何在"（韩愈）、"南登秦岭头……高山蓝水流"（李嘉佑）、"早入商山百里云，蓝溪桥下水声分"（杜牧）。

最典型的要数白居易。他涉蓝田的诗不少，多处出现有关蓝田山系的称谓，如：《游蓝田山卜居》，《初贬官过望秦岭》，"我游悟真寺，寺在王顺山"，"青石出自蓝田山"，"蓝桥春雪君归日，秦岭秋风我去时"，但一处都没有用过终南山。

杜甫涉蓝诗也有好几首，同样没用过终南山。他怀念已故诗友王维诗句"不见高人王右丞，蓝田丘壑漫寒藤"，没有把"蓝田丘壑漫寒藤"说成"终南丘壑漫寒藤"，尽管无论是文采韵味，还是与"丘壑"的搭配，用"终南"都明显优于用"蓝田"，但他就是不用，这恐怕不会是作为诗歌语言艺术大师的杜甫的疏忽吧！

2.唐朝时蓝田境内的众多别业，没有被称作"终南别业"的。

如：王维孟城坳山居的前身——宋之问辋川别业，宋自称"蓝田山庄"，《唐国史补》称"辋川别业"；钱起有《宴崔驸马玉山别业》；杜甫有《崔氏东山草堂》；孟郊有《蓝溪元居士草堂》；贾岛有《雨后宿刘司马池上》；王维称裴迪辋川别墅为"裴迪小台"；卢象、王维等称崔兴宗玉山别墅为"崔氏林亭"；张乔的《题郑御史蓝田别业》，指郑谷位于石门谷的别墅。

对王维辋川别业的各种称谓特别多，但唐朝时没见有以"终南别业"相称的。除了王维屡屡自称"辋川别业""辋川庄"，偶尔亦称"蓝田别业"（《酬虞部苏员外过蓝田别业不见留之作》）、《旧唐书》间接称"得宋之问蓝田别墅"、《新唐书》云"别墅在辋川"等称名外，其他的称谓还有：储光羲称"蓝上茅茨"（《蓝上茅茨期王维补阙》）；钱起称"辋川旧居"（《中书王舍人辋川旧居》）；耿湋在《题清源寺》题下加注"即王右丞故宅"；杜甫称"西庄"（"何为西庄王给事，柴门空闭锁松筠"）。蓝田地方志书也始终没有以"终南别业"称名，如存世最早的明隆庆《蓝田县志》云："辋川……计地二十里而至鹿苑寺，即王摩诘别业旧址。"这个说法，为继代的多部《蓝田县志》照搬沿用，只是对王维别业的称谓略有变化，如光绪县志为"王维别墅"，民国县志为"王维故墅"。

现在来说说钱起"终南别业"。

反方学者引用钱起《晚出青门望终南别业》诗，用以证明钱起在蓝田的别业称"终南别业"。但我认为，把钱起诗里出青门所望的"终南别业"，说成是钱起蓝田别业，疑义颇多，尚不能定论，其理由有二：一是钱起诗里涉及自己别业的名称不少，如"茅茨""蓝溪""山园""谷口""谷口新居""草堂""故山草堂""蓝田旧居"等，但却看不到一处直接称为"终南别业"的例子——孤证不立是历史研究的一个重要原则；

二是出长安青门（东南门），是看不到百里外的蓝田的，更不会看见钱起位于悟真谷口的别业，而晴朗天气倒是可以看得到离城50里的终南山的〔《元和郡县志》："终南山在（万年）县南五十里"〕。祖咏有《终南望余雪》诗；唐诗标题中含"望终南山"字样的就有王维、李白、白居易等的9首诗。张籍《过贾岛野居》诗云："青门坊外住，行坐见南山。"钱起和贾岛的长安宅第俱在青门附近，故钱起诗里出青门所望的终南别业，不排除是指位于终南山的其他人的别业或是钱起另一处在终南山的别业的可能。

3.历代《蓝田县志》对蓝田山系多用"秦岭"称名。

本着志书资料收录要有广泛性、全面性的要求，古代蓝田县志对于记载蓝田山系属于终南山范围的"是"和"否"两方面的资料都有所收录和罗列，但具体行文时对蓝田山系的称名，却遵循了用"秦岭"而不用"终南山"的习惯。如：

明隆庆《蓝田县志》——

（灞水）其源出县东南秦岭倒回谷。蓝水发源自秦岭。

清雍正《蓝田县志》——

灞水……其源出县东南秦岭倒回峪。蓝峪水发源于秦岭。采峪在县西南三十里，与辋川相并，路通商洛，其水出秦岭北流。荆峪水，发源于秦岭之荆峪。

清嘉庆《蓝田县志》在述说灞河源头时,有这样一段按语:

灞源者……盖南北水道,皆由秦岭而分,其东南入商州境者,为丹;其西北入蓝田者,为灞,即牧护关水也。大约秦岭西北诸谷之水,皆注于此。

清宣统《蓝田县乡土志》——

辋水……二源皆出县东南秦岭之北(麓)。

最为典型的,是牛兆濂主撰的民国《续修蓝田县志》,该志在概述蓝田山系时,采用了"秦岭系统"说:

秦岭西自长安、柞水交界入县境,东至商县出境,横亘若带,东西长约百余里,其支脉北行有四支:在库峪、汤峪间者为石门山、凤凉原;在岱峪、辋峪间者为……;在辋峪、东西采峪间者为……;在辋峪、蓝峪间者为……

4. 新蓝田县志延续着以秦岭统称蓝田山系的习惯。

如1994年出版的新编《蓝田县志》,对蓝田地形的概述就沿用前志的习惯说了下面一段话,2017年出版的最新《蓝田县志》,仍沿用照抄这段话:

蓝田的总体地势形似簸箕，东、南、北依山靠岭，中部为平地向西扩展，灞河水系、浐河水系镶嵌其中。秦岭山地在县境内自西而东再折北，总长100多千米，皆为群山叠嶂，沟壑纵横，海拔在800—2449米之间。

5.认为终南山在长安（西安）城南是古今惯常思维。

距西安城南不远的著名自然人文胜地南五台、翠华山所在的区段，自古就是标志性的终南山名胜地。尽管号称绵延数百成千里，但一说起"终南山"，大家想到的就是这里。这倒没有多少的道理可讲，但确是认同感极高的社会习惯。唐人心里"终南捷径""终南望余雪"中"终南山"的地望非此地莫属，其时这里聚集着大量的私人"终南别业"。现今的"秦岭终南山世界地质公园""秦岭终南山公路隧道"也都在这里，附近也有许多含"终南山"的地名和单位名，就连号称有数千人之众的"现代终南山隐士"也多集中在这一带。

社会习惯的形成与终南山概念缺陷有关

说到这里，读者朋友可能会有个疑问：既然关于蓝田山系是否属于终南山范围的两种说法都有流传，但为什么会形成以上这样以"秦岭"而不是以"终南山"称谓蓝田山系的习惯呢？

笔者认为，这个习惯的形成，除受前述的"终南山在长安城南"的定势思维影响外，还与终南山概念的模糊性、矛盾性有关。

检阅历代有关文献资料，就会发现，就跟说终南山有太乙山、太一山、中南山、周南山、地肺山等一堆别称一样，关于终南山的定义，古籍文献中的说法也各种各样，很不统一，令人莫衷一是。例如：

关于终南山的位置，汉代的《地理志》《尚书注》说在武功南，唐人的《括地志》说在万年县（即长安）南，还有说在鄠邑、周至南的；

关于终南山的跨度，《类编长安志》说"东西四十里"，《长安志》说"西起秦陇，东至蓝田，相距八百里"，《旧图经》说"此山旋绕于西，连亘千里"；

关于终南山与秦岭的从属关系，有说二者可互为代称的，例如有说"狭义的秦岭是终南山"，有说"广义终南山是秦岭"；有说秦岭概念大，终南山概念小，终南山是秦岭之一段的，如《辞海》："终南山，秦岭山峰之一"，互联网搜索引擎上也有"终南山位于陕西省境内秦岭山脉中段"的说法。但是，《西安府志》又说"（秦岭）即南山别出之岭"，光绪《蓝田县志》说"（终南山）其正脊曰秦岭"，民国《续修蓝田县志》说"（终南山）其正干称秦岭"，似乎又给人以终南山概念大于秦岭概念的感觉。

由于终南山概念的这种"先天不足"，加之不少古籍认为终南山不包括蓝田在内，故称名蓝田山系时，人们选择不用"终南山"而用"秦岭"就很自然了。

这种思维习惯不仅表现在称名蓝田山系时，在其他语境中使用终南山概念也会受这一思维习惯的影响。据我观察，但凡地理的、生态的、严谨点的，多用"秦岭"称名；而用"终南"称名的，往往是偏人文的、文艺的、随意点的。例如："秦岭是中国南北地理分界线"；"朱鹮、大熊猫、金丝猴和羚牛是秦岭四宝"；"蓝田县秦岭生态环境保护管理局（原蓝田县林业局）"；历史典故有"终南捷径"；近年报刊网络常见"寻访终南山隐士"等。前三个例子，用秦岭就比用终南山恰当、专业；而后两个例子，是不好把"终南山"换成"秦岭"，显然是因为"终南山"概念承载着相关的历史文化信息。近年出现的"秦岭终南山世界地质公园""秦岭终南山公路大隧道"，其命名初衷，也许是出于兼取所长的考虑吧。

王维区分辋川和终南吗？

上面从文献记载和社会习惯两方面说了终南山和蓝田山系的关系及称谓问题，下面我们再分析一下，在王维心目中，是如何看待这个问题的。这很重要，因为是内证。

我们以王维的辋川诗和终南山诗为研究对象。需要说明的是，对于辋川诗和终南山诗的界定和选择，必须是有明显的标志和依据，一些似是而非或尚有争议的诗作则暂不包括在内。

在王维诗文集中，涉及终南山和终南别业的诗有《终南别业》《终南山》《白鼋涡》《投道一师兰若宿》《戏赠张五弟諲三首》《答张五弟》《送陆员外》等。在这些诗作中，没有一语提及辋川、辋水、"辋川二十景"、蓝田及蓝田山系的任一座山名。

王维写自己辋川隐居生活的诗歌约70首，但除《答裴迪辋口遇雨忆终南山之作》这首诗（这首诗后边专门说）外，没有一首诗含有"终南山"三个字。也就是说，王维不用"终南山"或"南山"称呼辋川、蓝田和蓝田山系。那么王维用的什么样的称呼呢？

称"蓝田""蓝田县"。如"屏居蓝田"（《酬诸公见过》），"臣遂于蓝田县营山居一所"（《请施庄为寺表》），《送钱少府还蓝田》。

称"辋川"。如"《辋川集》序：余别业在辋川山谷"。诗题中含"辋川别业"的有《辋川别业》《戏题辋川别业》《别辋川别业》，含"辋川"的诗就更多了。

称"蓝田山"。如《蓝田山石门精舍》《别弟缙后登青龙寺望蓝田山》。

称"故山"。如"近腊月下，景气和畅，故山殊可过。"（《山中与裴秀才迪书》），"登高不见君，故山复云外"（《别弟缙后登青龙寺望蓝田山》）。

简称"山"。如涉荆山的诗题为《山中》的"荆溪白石出"，"山中人王维白"（《山中与裴秀才迪书》），《山中示弟》。

王维的辋川诗里出现的大量地理名词，竟无一处是"终南山"的称名，这恐怕不会是偶然的。一个值得深思的例子是，有一处应该用"南山"时，王维硬是回避不用！这就是《辋川别业》诗，首句是"不到东山向一年，归来才及种春田"。诗里的"东山"指辋川，不到东山向一年，是说王维以侍御史身份于天宝四载（745）春夏之间奉命出使塞北视察新秦、榆林二郡军事，至天宝五载（746）春末回到辋川，离开辋川时间将近一年了。"东山"本是个典故，《晋书·谢安传》有谢安隐居会稽"高卧东山"的记载,后遂以"东山"为隐居或隐居地的代称。客观地说,这句诗使用"东山"典故,作用仅是点明地点辋川,从古诗词用典多是为了更丰富含蓄地表达思想内容的习惯看,其实并没有多大必要性。而且,用这个隐居典故也不甚符合王维的思想。因为,把王维寓居辋川说成"隐居"或"半官半隐"是后人的说法,王维本人却从没用过"隐居"一词(因为一般意义上的"隐居",是必然去官的)。他用的词是"屏居",如"屏居蓝田,薄地躬耕"(《酬诸公见过》)。作者若嫌写成"不到辋川向一年"直书"辋川"显得直露,且与《辋川别业》诗题中的"辋川"重字,倒是有一个现成的词可用以借代,这就是"南山"。前边引用过的蓝田新县志记载不是说了吗,蓝田县境的南面和东面都是秦岭山地,在蓝田地方上,有个约定俗成的习惯,即把位于县域南边的山地称"南山",包括今辋川、葛牌、蓝桥等镇;把位于东边的称"东山",包括今灞源、玉山、九间房等镇。历史上习惯用"南山"也可找到例证,如明隆庆县志、清雍正县志都有"王顺山即南山,去县二十里,雄踞东南一隅"的记载。对这首七律诗来说,若用"南山"平仄也无问题。但放着更妥帖的"南山"不用,王维却选用并非有十分用典必要,且不甚符合自己观念、还会违拗当地习惯的"东山",为了什么?合理的解释,就是为了将辋川与终南山、辋川别业与终南别业相区别。

看来,在王维的意识和习惯里,辋川是辋川,终南是终南,豇豆一行茄子一行,辋川是不能称作"终南山"或"南山"的。

现在来说说《答裴迪辋口遇雨忆终南山之作》这首诗。

这是一首酬答裴迪的诗。裴迪的原诗《辋口遇雨忆终南山因献王维》曰："积雨晦空曲，平沙灭浮彩。辋水去悠悠，南山复何在？"诗云连续下雨天色昏暗，悠悠远去的辋水，勾起了诗人对早前与王维在其隐居之地终南山的一段交游的思忆。王维的答诗曰："淼淼寒流广，苍苍秋雨晦。君问终南山，心知白云外。"诗的后两句，回答裴迪之问，字面意思是说，你询问终南山在何处，我心知它就在白云外。但"白云"二字还有一层寓意：南朝隐士陶弘景《诏问山中和所有赋诗以答》曰："山中何所有，岭上多白云。只可自怡悦，不堪持赠君。"后多以"白云"代指隐居之所。所以实际王维想给裴迪表达的是：那终南山是我曾经留下隐逸记忆的地方。[1]

从以上分析可知，裴迪、王维诗中所忆的"终南山"，并不是指的裴迪当时所在的辋川，而是二人留下深刻印象的终南山。有朋友对于这个论断可能还有疑虑，觉得裴迪、王维所说的终南山，到底是指辋川，还是指辋川以外的终南山某处还不好判定。其实，你只要抓住裴迪诗里"辋口"和"忆"这两个关键词，以上结论就很容易理解。

辋口有出口的北口和终端口的南口两种理解，裴迪隐居辋川的居第是在辋川腹地靠近北口的附近。但不论裴迪诗所说的"辋口"是北口还是南口，都是在辋川峪道内。若根据反方观点，辋川即终南山，那么就有一个问题：裴迪明明当时就身在终南山内，为什么还要说"忆终南山"呢？这从时空两方面看，都不合情理呀。因此，裴迪所忆的，只能是蓝田县志所说的"在县西南七十里"外的终南山了。

---

[1] 学者潘良炽、刘孔伏《裴迪与王维交游考》一文考证认为，裴迪并没有与王维同隐终南山，而是于天宝初前往王维隐居地终南山，求其为亡兄裴回撰写《墓志铭》（即王维集中之《故任城县尉裴府君墓志铭》），从而与王维有了相见恨晚的始交。裴迪此诗的"忆终南山"，就是怀念与王维的那次印象深刻的初交。

结 论

由于这个问题还真不是三言两语能说得清楚的，要引用的资料也多，所以一下子说了这么多。最后，该有一个简短明了的结论了：

王维"终南别业"与"辋川别业"分属两地。从地理文献看，古代对蓝田是否属于终南山范围存在争议，但主流习惯以"秦岭"而非"终南山"称蓝田山系；从王维诗作及隐居状态看，终南隐居时无官职，与辋川"半官半隐"不同，且《投道一师兰若宿》等诗佐证终南别业与辋川地理位置相异。因此，王维在隐居辋川前确曾隐居终南山，两处别业为不同居所。

第五章

"辋川二十景"考辨（上）[1]

（欹湖、南垞、北垞、临湖亭）

盛唐大诗人王维中、晚年长期隐居蓝田辋川并与其母终葬于此，于是，辋川成了国内王维文化遗存最多的地方，是驰名古今中外的文学圣地。

辋川位于蓝田县城东南 6000 米的秦岭北麓，是东、西采峪水合成的辋水冲积而成的一道川谷，呈东南—西北走向，锡水、东干、西干、安山等多条小河流在川内汇入辋水形成数道小山谷。从辋谷谷口到辋谷南端长约 11000 米，川谷宽 200—500 米，沿川山峰属于加里东运动时期形成的褶皱山地，山峦起伏较大，山势险峻，切割深，但绝对高程较低，海拔一般 600—900 米，最高峰 1600 米。辋峪被认为是秦岭北麓数百个峪子中最宽最平的，由于峪子腹部视野相对开阔，四望群山环列合围成巨大圆圈若车辋状，加之峪道平缓，故名"辋

---

[1] 《"辋川二十景"考辨》（原分上、中、下）系笔者为中国王维研究会第九届年会暨国际学术研讨会提供的参会论文。刊于中国王维研究会所编《王维研究》（第九辑），收入本书时，个别之处有改动。

川"。唐时辋河下游段曾存在过一个面积较大的谷间湖泊，湖光山色，风景旖旎，有"终南之秀钟蓝田，茁其英者为辋川"[1]之说。

《旧唐书·王维传》称：王维"得宋之问蓝田别墅，在辋口，辋水周于舍下，别涨竹洲花坞，与道友裴迪浮舟往来，弹琴赋诗，啸咏终日。"[2] 王维《辋川集》序曰："余别业在辋川山谷，其游止有孟城坳、华子冈、文杏馆、斤竹岭、鹿柴、木兰柴、茱萸沜、宫槐陌、临湖亭、南垞、欹湖、柳浪、栾家濑、金屑泉、白石滩、北垞、竹里馆、辛夷坞、漆园、椒园等，与裴迪闲暇，各赋绝句云尔。"其中提到的孟城坳、华子冈等20处胜景，被后世称为"王维辋川别业二十景"，简称"辋川二十景"，已然成为王维辋川别业的标志和辋川隐居生活的代表性符号，历代为仕宦名流、文人墨客青睐和向往，颇受推崇，如北宋黄伯恩在《跋辋川图后》说："辋川二十境，胜概冠秦雍。"[3]

王维身后1000多年来，时代变迁，沧海桑田，"二十景"已经湮没于历史的长河中，其遗址多无从辨识了。但前来辋川踏访王维辋川遗迹者代不乏人，留下了相当数量的游记、诗词和文章。这些诗文对"二十景"多有涉及，但都不是详尽的实际勘察，故关于"二十景"原址，都不能准确表述，有的语焉不详，有的妄加猜测，有的按图索骥，有的因循前说而以讹传讹，众口纷纭，令人莫衷一是。"辋川二十景"成了令文学界和游人空有向往的虚幻之景了。

20世纪八九十年代以来，随着国内外王维研究热渐次兴

---

[1]〔清〕梁宝常：《题熊墨樵〈辋川图〉歌》，原载《重修辋川志·卷六文徵》，见张进等：《王维资料汇编》，中华书局，2014年版，第1490页。

[2]《旧唐书》，中华书局，1975年5月，第5052页。

[3] 黄伯恩：《跋辋川图后》，见张进等：《王维资料汇编》，中华书局，2014年3月，第114页。

起，一批国内外学者来辋川对王维在辋川的遗址进行了比较深入的实地考察。据笔者所知，其中考察次数较多或时间较长的，国内的有樊维岳、陈铁民、费秉勋、王文学、师长泰等，还有台湾学者简锦松（2010—2011年共3次），国外研究者中有日本学者入谷仙界（20世纪80至90年代共4次）、渡部英喜（1997—1999年间共6次），新加坡学者萧驰（2012年5月9日—28日共12天）。他们分别发表了一些学术论文，对王维辋川别业和部分"二十景"遗址提出了自己的看法。台湾中山大学教授简锦松考察后虽然得出了王维别业在辋川谷口外的错误结论，但却提出了"《辋川集》的文学地理，仅以唐以后，特别是明清以后方志、游记等文献以及《辋川图》各种摹本是不足够甚至不可靠的，必须结合现地考察"[1]这一重要的指导思想。

笔者十分认同这一观点。蓝田县明代以前没有地方史志著作，最早的《蓝田县志》是明弘治年间知县任文献与乡绅荣华、荣察父子修纂的，但此志早已失传。现存的《重修辋川志》是清道光十七年（1837）知县胡元煐主持编纂的，距离王维居辋川的时间已1000多年了。由于年代久远且前志失传，辋川遗迹湮灭，故该志关于辋川遗址的考证比较粗率，记述讹缺、模糊之处甚多，如"名胜"部分，"二十景"的地名只记有18处，其中能确指遗址的，只有以古银杏树为参照坐标的文杏馆、椒园、漆园及官上村的孟城坳、闫家村的北垞等少数几处，其余景点或注明"今废"，或直接无记空白。该志收有辋川游记5篇，内容涉及"二十景"遗址的只有孟城坳、南垞、

---

[1] 转引自肖驰：《问津"桃园"与栖居"桃园"——盛唐隐逸诗人的空间诗学》，台北《中央研究院中国文哲研究集刊》，第42期，抽印本，2013年。

北圫、白石滩等少数几处，也大都没有确切地址，有的则纯系臆猜，如周焕寓写道："沿溪……有白石数堆，不间他色，意即所谓白石滩也。"[1]

至于各种版本的《辋川图》，其可供参考的价值就更为有限了。王维绘在故居墙壁上的原图早已失传，后代流传的摹作很多，如宋代郭忠恕本，元代赵孟頫、王蒙、商琦本，明代仇英、郭世元、董其昌、文徵明本，清代的摹本更是纷繁多样。清代编修王鼎云："辋川为终南胜迹。自王右丞绘图后，代有临摹，唯宋代郭忠恕为最。"[2]但就是被后世奉为圭臬的北宋郭忠恕的《辋川图》，其多大程度上忠于王维原作，也颇可怀疑。蓝田县文管所现保藏有6块名为"辋川真迹"的《辋川图》石刻，是万历四十五年（1617）蓝田知县沈国华邀其同乡郭世元所刻。据记载，郭世元是亲临于郭忠恕原本。但观其图，明显的带有郭忠恕的界画风格，很难说多大程度上保留了王维原画的"真迹"。退一步说，就是摹本基本忠于王维原作，抑或是王维的原画，但绘画作为再创造的艺术作品，也不同于现代的摄影，是不能简单等同于现实地貌的。因为绘画作为一门艺术，是有其自身的艺术规律的，必然要遵循主次、远近、疏密、虚实等的对比、平衡、协调等构图原则来规划安排画面。即便是偏于写实的画作，也仍然要受到这些规律的支配，否则就不成其为艺术作品了。一个最能说明问题的例子：现实中"二十景"散布于10余里辋川山谷，辋河左右两岸均有分布。但各种摹本，画面布局基本都是下半部为欹湖水域，上半部为连绵的山峦，20景差不多全是在画的上半部沿山峦一字排开的，这显

---

[1] 周焕寓：《游辋川记》，载《民国续修蓝田县志》附录《辋川志》，见《中国地方志集成·陕西府县志辑》，凤凰出版社，2007年5月，第567页。

[2] 李明智：《略伦王维及其画作〈辋川图〉》，三秦文化研究会年录，2009年6月。

然与实际不符。

2015年，蓝田县启动并不断推进全域旅游开发，作为其重要文旅资源的王维辋川文化挖掘成为首要课题，而确定"辋川二十景"遗址是其当然的前提和基础。为此，我们成立了蓝田县王维文化研究会，在政府有关部门的指导和支持下，笔者从2015年10月起，数百次对"二十景"遗址进行实际考察和勘定。我们遵照的方法是：以王维、裴迪辋川诗、文为主要依据，适当参考史志记载、古今游记文章和中外学者研究成果，凭借人、地、事皆熟和时间不受限制的优势，大量走访当地群众，进行拉网排查式深入考察，结合有关地理水文历史资料，在弄清古今地形、水文变化的基础上，确认每一个景点的位置和范围。经过几年来艰苦细致的工作，取得了可喜的研究成果，已初步廓清并确认了"辋川二十景"大部分景点的原址，为王维辋川别业遗址保护和开发奠定了基础。

现将欹湖等15个景点的考辨结果分述于后。这15处景点是：欹湖、南垞、北垞、临湖亭、孟城坳、宫槐陌、白石滩、华子冈、金屑泉、鹿柴、文杏馆、斤竹岭、漆园、椒园、辛夷坞等。另有木兰柴、茱萸沜、柳浪、栾家濑、竹里馆等5处景点，由于王维、裴迪诗文和相关史料文献中没有留下可供参考的任何线索，目前只好根据辋川峪道的地形特点和"二十景"分布规律，推定其最有可能的所在位置，并在此基础上编绘出了王维辋川别业二十景平面图。至于对这5处的进一步的学术考辨，只能留待后来了。

此文仅是我们这么多年研究工作的初步总结，供专家学

辋川李家河水库

位于辋河上中游的李家河水库，让人联想到唐时辋谷中逶迤近10里的欹湖。

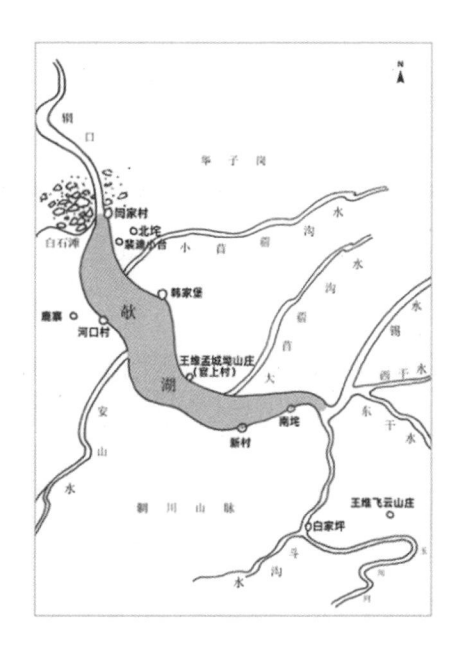

欹湖示意图

者、热衷于王维辋川研究的人们批评指正和作进一步研究探讨的参考。

欹 湖

辋川在一定历史时期内存在过一面巨大的谷间天然水洼，在王维的辋川诗中被称作"欹湖"。

由于在明中叶以前蓝田没有地方志著作，故欹湖的形成始于何时无从考究。现在能看到的关于欹湖最早的文字，见于初唐诗人宋之问居辋川时所写的《见南山夕阳召监师不至》诗："夕阳黯晴碧，山翠互明灭。此中意无限，要与开士说。徒郁仲举思，讵回道林辙。孤兴欲待谁，待此湖上月。"意谓欲邀禅师一起欣赏辋川暮景而不得，自己只好与湖面上升起的一轮明月为伴。这里说的"湖"，就是欹湖。

欹湖是由于辋川峪道的特殊地理地貌而形成的河成湖。古时候辋川气候湿润，水系发达，辋河水量丰沛，至20世纪50年代初，洪水期尚能放木排至县城附近。辋川峪道平缓，南、北两端口海拔落差不到100米，河谷宽平，水流较缓。但流至闫家村北进入谷口，河道被两岸对出的山崖夹窄，流水受阻，从而在闫家村以南的辋峪北、中段数千米长的辋河河谷淳滀形成湖泊（还有一种推测是地震形成的堰塞湖，但无史料可证）。辋川峪道形成湖泊的这种"肚大口小"的地形特点，牛兆濂在其《游辋川记》中有一段生动描写：

……（谷口）悬崖插天，危峰崔崿欲坠，俯瞰急湍，响震山谷，巨石横卧，若数间屋……下马蹑石磴，按辔鱼贯行，目怵心骇……自峪口至此，天如一线……碥尽，豁然开朗，桑麻鸡犬，童叟怡然，桃花源里人也，地名（闫家村）新庄。[1]

欹湖是"辋川二十景"中最大的景点，王维有多首诗内容都涉及欹湖。直接写欹湖的，如《辋川集》中的《欹湖》《南垞》《北垞》《临湖亭》等，还有《归辋川作》《辋川闲居赠裴秀才迪》《山居秋暝》《酬诸公见过》《田园乐之三》《山居即事》《新晴野望》等都间接地写到了欹湖的渡口、荷菱及打渔采菱活动等。

王维《辋川集·南垞》诗写道："轻舟南垞去，北垞淼难即。隔浦望人家，遥遥不相识。"诗里说从欹湖的南端遥看湖的北端，辽阔浩渺，湖岸的村落人家，模糊看不清楚，这都说明了欹湖水面之宏阔。实际上欹湖正是坐落在从新村（属官上行政村）到闫家村之间辋峪最宽的一段川谷盆地里，全长约4000米，宽200—500米（欹湖南、北两端各有一座标志性高大山丘南垞和北垞，考辨见后文）。由于辋水两岸的山势呈西俯东仰状，湖底由右岸向左岸倾斜，故称"欹湖"（"欹"是不平的意思。还有一种对"欹"解释是指湖底从上游向下游倾斜）。从王维、裴迪"清波殊淼漫""莲动下渔舟""四面芙蓉开""白鹭惊复下""扁舟出菰蒲""轻鹢出水，白鸥矫翼"等诗文可知，当年这里碧波浩渺，荷菱绕岸，鸥凫群集，渔舟往

---

[1] 牛兆濂：《游辋川记》，见《关学文库·牛兆濂集》，西北大学出版社，2015年版，第80页。

来，湖光山色，旖旎如画，在王维之前就曾吸引过唐初著名诗人宋之问在湖畔建造了别墅——蓝田山庄。欹湖绝美的湖光山色，应当是辋川最能吸引王维的魅力之一。

从王维、裴迪的同题《辋川集·欹湖》诗，可知这儿正是他们"浮舟往来，弹琴赋诗，啸咏终日"的重要游止："吹箫凌极浦，日暮送夫君。湖上一回首，青山卷白云。"（王维）"空阔湖水广，青荧天色同。舣舟一长啸，四面来清风。"（裴迪）王维诗写湖上送客，王维另一首诗《辋川集·临湖亭》写湖上迎客："轻舸迎上客，悠悠湖上来。当轩对尊酒，四面芙蓉开。"迎来送往，皆经湖中，宾主在悠扬的笛声里泛舟湖上，既免了行走湖东侧华子冈一带山道的攀越跋涉之累，还让客人体验了一把"船在水上漂，人在画中游"的惬意。虽没有正面描写欹湖，却用湖上迎客、送客的诗意场景，间接地表现了欹湖之美。而裴迪诗的迎风长啸，活生生地表现了他们陶醉于湖光山色之中的隐士情怀。

让人不解的是，对于欹湖这样规模的一面大湖的存在，仅仅是在宋之问、王维、裴迪诗文中出现过，县、市、省各级古代地方志书皆失载。而中唐以后涉辋川的诗文游记，直至明隆庆首部《蓝田县志》中，再也没有关于欹湖的描述和记载。欹湖形成的时间之谜，也许永远无解，但关于欹湖涸于何时的问题，笔者在查阅了大量资料后发现，还是有史料线索可以推知的。

王维身后来辋川游衍并留下诗作的诗人有钱起、李端、耿湋、温庭筠、元稹、白居易等，他们的笔下都没再出现有关欹湖的文字。李端在《雨后游辋川》诗中写道:"骤雨归山尽,颓阳入辋川。看虹登晚墅,踏石过青泉。紫葛藏仙井,黄花出野田。自知无路去,回步就人烟。"李端卒于 782 年,比王维卒年 761 年晚 21 年。据此可知,本次游历辋川的时间,应在王维故去后年代不多时,最长不超过 20 年。诗对辋川做了全景式描写,写到了村墅、泉井和长着花草的田野,但却没有关于欹湖的描写,说明很可能欹湖在这之前已不存在了。

王维去世之前给朝廷上表,将辋川山居捐为佛寺,名清源寺。现在可以看到在王维身后写有到访清源寺诗的有耿湋、元稹和白居易。耿湋、元稹诗写到了辋水,但三人的诗中都没有写到欹湖。耿湋诗《题清源寺(即王右丞故宅)》通过孟城空寂、辋水(注意不是湖水)自流抒发了人去物非的感慨:"儒墨兼宗道,云泉隐旧庐。孟城今寂寞,辋水自纡徐……"元稹诗《辋川》是元和五年(810)被贬江陵途经辋川所写,诗借质问辋川水,流露出厌倦官场和对王维式隐居生活的向往:"世累为身累,闲忙不自由。殷勤辋川水,何事出山流?"诗中同样只有辋水,没写到欹湖。更能说明问题的是白居易的《宿清源寺》诗:"往谪浔阳去,夜憩辋溪曲。今为钱塘行,重经兹寺宿……"据诗意可知,白居易分别于元和十年(815)和长庆二年(822)贬谪浔阳和迁官钱塘时,都是走的蓝关古道西支线——辋峪道,并且当晚是借宿在辋川尽头的清源寺的。也就是说,白居易穿行了包括欹湖所在一段的整个辋谷腹地。但诗人写的纪行诗包括上述这首共 7 首,却无一字写到欹湖,合理的解释也只能是欹湖这时已不复存在了。

唐代以后有关辋川的诗词、游记等，自然再也没有了涉及欹湖的记述，如北宋苏舜钦的《独游辋川》诗句"数里踏乱石，一川环碧峰"，只见辋河滩的乱石和山峰环列的川道而看不到欹湖了。清人王太岳《蓝田》诗云："古城尚照古时月，但有辋口无沦涟。"[1]笔者在欹湖遗址中部东侧的韩家堡村，多次听到当地村民中世代流行的关于该村原始移民卜居此地情况的一个说法："早来的住山，晚来的住川"（意为最早的移民因川谷有湖水只能选择居住湖畔右侧的高地"韩家岩"，后来由于欹湖干涸了，再来的移民就可居住在川谷里了），这也可证明欹湖有一段曾经存在复又消失的历史。

据以上内容似乎可以断定，欹湖很可能是在王维卒年公元761年以后，最迟至李端卒年公元782年之前这20年时段内的某一时间点突然消失的（因为若因地球气候变化引起辋水流量渐减而致湖水枯竭，则是会有一个较为长期过程的）。而引起这样突然变化的最大可能是地震灾害。检阅古代《蓝田县志》可知，在上述时间段及稍后时段里，蓝田共发生过两次大地震。据县志《纪事》：大历六年（771）四月和乾符六年（879）二月，有"地大震，有声如雷，蓝田山裂水出"一类记载。[2] 推测有可能就是前一次或连着两次地震，导致了形成湖泊的地形彻底改变，从而使欹湖在很短时间内彻底干涸消失。但这种推测到底是否符合历史事实，还需现代科学通过多学科的进一步联合调查和考证研究了。

---

[1]《光绪蓝田县志》附录《文徵录》，见《中国地方志集成·陕西府县志辑》，凤凰出版社，2007年5月，第398页。

---

[2]《民国续修蓝田县志》卷三纪事，见《中国地方志集成·陕西府县志辑》，凤凰出版社，2007年5月，第479—480页。

南垞　北垞

欹湖的南北两端，各有一个从山峦中突出来且相对独立的山丘，这就是南垞和北垞。"垞"是小丘之意。两座小山包之所以能成为"二十景"的景点，皆因其所处位置，正好是欹湖南、北两个端点的地理标志。

南垞位于辋川镇新村（隶属官上行政村）附近的大万沟口。裴迪《南垞》诗云"孤舟信一泊，南垞湖水岸"，可知南垞就位于欹湖岸边。作为欹湖的两大水源——玉川（采峪）水和锡水，就是在这儿上游不远处汇合而成辋水的。从地形特点看，这儿好似胃形欹湖的"幽门"，由此再溯水南上，河谷收窄，好像进入了"食管"，不管是玉川水还是锡水，两岸均山崖夹峙，河流落差变大，已不具有形成湖泊的地形条件了。而辋河过了南垞再向下游流去，海拔落差骤然变小，河谷变宽，水流才有可能渟潴形成湖泊。在新村东南侧的大万沟、小万沟、山底村东岸和官上村西岸等处半山临水的石壁上，有数处人工开凿的小窟，当地人称为"灯盏窟"，经新加坡学者萧驰实际考察测量，一般为高90厘米，宽75厘米，深60厘米，他认为应是"古时为置放于水流转弯处的夜间航标灯所用。"[1] 这可证明接纳了玉川水、锡水的辋水，正是从南垞开始才形成更为深广而可行船的欹湖的。据笔者了解，1958年，蓝田县水利部门拟勘建辋川水库，曾考察测取欹湖旧址的水文地质资料，发现作为欹湖的上端口，就在新村附近。

关于南垞和北垞的具体位置，古今文献资料的说法基本一致。关于南垞，清人周焕寓《游辋川记》："过南岸新村，以

---

[1] 肖驰：《问津"桃园"与栖居"桃园"——盛唐隐逸诗人的空间诗学》，见台北《中央研究院中国文哲研究集刊》，第42期，抽印本，2013年版。

地势度之，当为南垞。"[1] 今人中，樊维岳："南垞……其位置正好在新村。"[2] 王文学："南垞，在孟城以南欹湖的南岸上，今新村附近。"[3] 师长泰："与官上村隔河相望地处山脚下的新村，便是别业南垞遗址所在。"[4]

  北垞具体位置的确定，比南垞还要容易一些。从王维诗句"北垞湖水北"可知，北垞就位于欹湖的北端。由于欹湖是辋水因辋峪谷口收束遇阻而形成，所以作为欹湖下端口标志的北垞，必然位于临近谷口的闫家村一带。清人周焕寓《游辋川记》中有一段关于辋峪口的描述："过碥，豁然开爽……此第一区也。村居数十家，护以乔木，杏红梨白，掩映颓垣门巷。询之土人，云即北垞。"[5] 裴迪《北垞》云："南山北垞下，结宇临欹湖。每欲采樵去，扁舟出菰蒲。"这里的南山，指闫家村村东侧一带的山峦华子冈。诗里说的北垞，就是华子冈西出的一座山丘，位于闫家村东南原蓝田县水泥厂旧址东侧。裴迪的居第即建在北垞的西侧，即水泥厂原址处，再往西就是欹湖了。裴迪诗句"南山北垞下，结宇临欹湖"的文学地理，与我们对上述遗址及其相关位置的实地考察结果完全吻合。

  王维《辋川集·南垞》诗曰："轻舟南垞去，北垞淼难即。隔浦望人家，遥遥不相识。"是说从南垞遥望北垞，远而又远，北垞一带的人家看不真切。实测两垞的直线距离为4000米。王维《辋川集·北垞》诗写道："北垞湖水北，杂树映朱阑。逶迤南川水，明灭青林端。"这首诗透露出北垞有两个地理物候特点：一是这里林木群落的特点是"杂"，二是北垞附近有朱阑碧瓦的寺庙。这两个特点在考察中一一得到符验。闫家村

---

[1] 《民国续修蓝田县志》附录《辋川志》，见《中国地方志集成·陕西府县志辑》，凤凰出版社，2007年5月，第567页。

[2] 樊维岳：《王维辋川别墅今昔》，中国王维研究会《王维研究》第一辑，中国工人出版社，1992年版，第321页。

[3] 王文学：《辋川对悟》，华夏出版社，2007年版，第30页。

[4] 师长泰：《王维辋川别业的园林特征》，中国王维研究会《王维研究》第五辑，江苏大学出版社，2011年版，第284页。

[5] 《民国续修蓝田县志》附录《辋川志》，见《中国地方志集成·陕西府县志辑》，凤凰出版社，2007年5月，第566页。

地处辋峪口一带，距离蓝田县城只数千米，气候与蓝田县接近。因四周环山呈盆地状而显封闭的辋谷，由于空气流动小、光照足、多沙地等原因，夏小麦成熟期反而早于山外地区而成为蓝田地区夏收最早"搭镰"之地。这一气候特点，致这里的林木群落与较深山区成片区或成带状分布的松、栎林明显不同，而是杂生了很多山外常见的椿、榆、槐、桐、杂果等树种，诗曰"杂树"，真令人感叹大师观察之细、措辞之准。据闫家村老人回忆，该村周围曾经存在过5个庙宇：村中间的药王庙、村东南北垯原址处的仓神庙、村东北50米处鳖儿山处的土地庙、村东北1000米处黄杜碥处的土地庙，村东华子冈半坡还有一规模较大被称作"寺院"的佛寺，新中国成立初时还有3名僧人住持。据此推断，唐代时这里有数个庙宇是很有可能的。"杂树映朱阑"应是写实的诗句。

临湖亭

临湖亭有可能是王维出资修建的"二十景"中除文杏馆、竹里馆之外唯一的非自然景观公共设施。王维《辋川集·临湖亭》诗云："轻舸迎上客，悠悠湖上来。当轩对尊酒，四面芙蓉开。"裴迪《辋川集·临湖亭》诗句"当轩弥滉漾，孤月正徘徊"，都证明临湖亭是王维、裴迪观赏湖景和临湖待客茶叙的去处。王维诗中描写宾主在亭中临窗开怀畅饮，四周一片荷花盛开的情景。再联系王维《山居秋暝》的"莲动下渔舟"和《酬诸公见过》的"泛泛登陂，折彼荷花"，可以想见，当年莲藕遍湖滨是欹湖的一大景观。临湖亭顾名思义坐落于欹湖之畔，按说从亭中最多可看见三面的荷花，而诗人为什么要说"四面芙蓉开"呢？对此，陈铁民先生分析道："由诗的末句我们还可得知，欹湖的形状应是不规则的，临湖亭就在一处突入湖中的岸上，所以有'四面芙蓉开'之感。"[1]

按照临湖亭的功用，它的所在当在王维居所附近，具体说应在王维前期的居第孟城坳山庄附近。而王维后期的飞云山居第（即鹿苑寺之前身），南去欹湖已有三四千米之遥，就不可能有临湖之亭了。关于临湖亭的原址，明清古人游记里有所猜度。明李东《辋川记》写道："（鹿苑寺西之坟）迤西水浒，有石一方，其平如案，其四角各有孔，相去各数尺，意必当时之欹（临）湖亭。"[2]清代周焕寓的《游辋川记》写道："（文杏树）东去数十武，其溪畔磐石一方，云是欹（临）湖亭故物。"[3]这两则"见石起意"的推断，皆非是。因为根据其描述，无论磐石在坟之"迤西水浒"，还是在树之"东去数十武"，皆没出王维飞云山故居遗址鹿苑寺周围，而这里距离欹湖遥远，是根本不会因亭在湖之滨而被称作"临湖亭"的。

已故蓝田县王维研究者王文学，20世纪七八十年代曾多次深入辋川别业故地考察，记录其研究成果的《辋川对悟》一书中，有一段关于临湖亭的采访记录：

"据当地人讲，亭址在今官上村附近，证据是村北山崖下现存的一块一丈见方、中有圆孔的巨石，系亭中遗物。"[4]

---

1 陈铁民：《新译王维诗文集》，台北，三民书局，2009年11月，第507页。

2 《光绪蓝田县志》附录《辋川志》，见《中国地方志集成·陕西府县志辑》，凤凰出版社，2007年5月，第350页。

3 《民国续修蓝田县志》附录《辋川志》，见《中国地方志集成·陕西府县志辑》，凤凰出版社，2007年5月，第567页。

4 王文学：《辋川对悟》，华夏出版社，2007年版，第4页。

遗憾的是，因修辋川公路和村民盖房，官上村环境改变很大。时过境迁，村里知情的老人也纷纷故去，这块巨石已下落不明。但所说巨石所在处即今官上村西头关公庙处，刚好位于当初王维孟城坳居第和欹湖渡口附近。从遗石的位置和形制分析，这个调查结论当是可信的。裴迪的《辋川集·临湖亭》诗也为这一判断提供了佐证："当轩弥㴰漾，孤月正裴回。谷口猿声发，风传入户来。"诗说谷口一带的猿啼声，随风传到了亭阁里。临湖亭距辋川谷内口约 3000 米，这个距离是听得到随风飘来的谷口的猿啼声的。而上述李东、周焕寓辋川游记猜测的亭址在飞云山麓，距离谷口已 1 万米之遥，则不可能听得到了。

第六章

"辋川二十景"考辨（中）

（孟城坳、宫槐陌、白石滩、华子冈、金屑泉）

孟城坳

孟城坳原址在今辋川镇官上村。该村位于辋峪中部，北距辋峪外口约6千米，南距辋峪终端约5千米，所在峪道南北宽约500米，是整个辋峪最宽平、人烟最稠密处，今辋川镇政府即驻此。古代这里曾是一座兵城，民国《续修蓝田县志·土地》综合古代史志的有关记载曰："思乡城，《元和郡县志》：'在县东南三十三里，宋武帝征关中筑城于此，南人思乡，因以为名。'《长安志》：'思乡城一名柳城。以旁多柳，故曰柳城。'"本条目下有按："城在辋川内关上，王维称'孟城坳'。"[1]《重修辋川志》卷二云："孟城坳，土人呼为'关'。"[2]该志所载周焕寓《游辋川记》云："过北岸关上村，高平宽敞，旧志云即孟城口，右丞居第也。"[3]以上引文中所说的"关"，即

---

[1] 《民国续修蓝田县志》卷六土地，见《中国地方志集成·陕西府县志辑》，凤凰出版社，2007年5月，第42页。

[2] 《民国续修蓝田县志》附录《辋川志》，见《中国地方志集成·陕西府县志辑》，凤凰出版社，2007年5月，第538页。

[3] 《民国续修蓝田县志》附录《辋川志》，见《中国地方志集成·陕西府县志辑》，凤凰出版社，2007年5月，第567页。

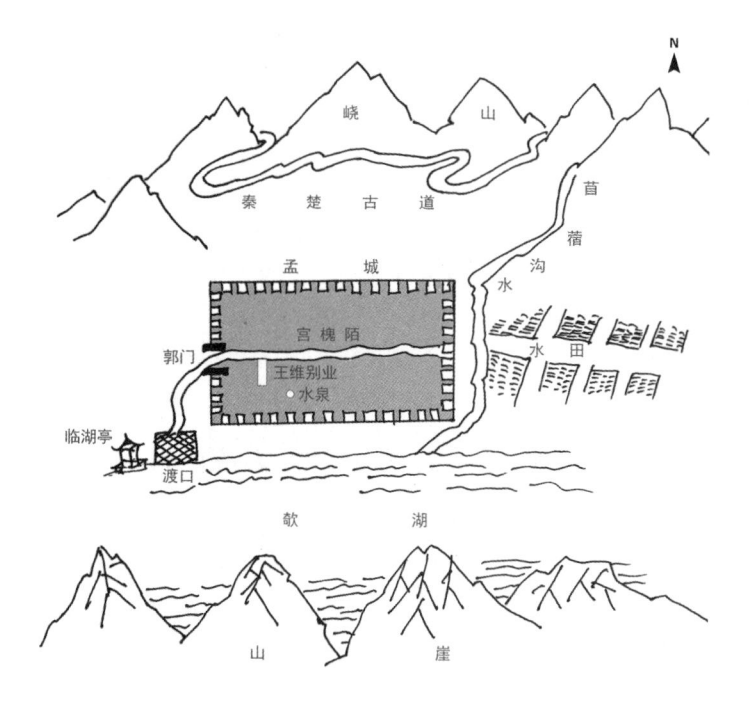

王维孟城坳山庄示意图

王维孟城坳故居遗址（位于今辋川镇官上村）

今官上村20世纪50年代前的旧称。"关"之含义为关隘、关卡，是指刘裕所建的思乡兵城。王维称这里为"孟城坳"，"坳"的含义为山间平地，这与官上村的地形特征相符。"孟城"应是王维对刘裕所建思乡城的称谓。但关于孟城之名的含义和来历，查无任何历史文字记载，附近居民也无孟姓族户。据我们考证，似与以下史实有关：民国《续修蓝田县志》土地卷中有关于蓝田县城前身峣柳城的一段记载："《陕西资政录》：'……峣柳，则今县治也。晋义熙中，刘裕入关，以其地对峣山多柳，故名。'"[1] 据以上记载可知，南朝宋武帝刘裕于东晋义熙十三年（417）率兵征关中的后秦，蓝田是其驻军之地，他以多柳的特征修建并命名了两座屯兵的"柳城"，即位于辋川的思乡柳城和蓝田县城前身的"峣柳城"。"孟"在《说文》中释为"长也"，在《广雅》中释为"始也"，推测可能刘裕或后人按两个柳城的规模大小或命名的先后，将位于辋川的柳城又名曰"孟城"。至王维入住时该名称尚流行（前文提到的耿湋诗就有"孟城今寂寞"之句）。

孟城坳原为初唐诗人宋之问的别墅蓝田山庄所在。唐《国史补》记载："（王维）得宋之问辋川别业。"[2]《旧唐书》记载："（王维）得宋之问蓝田别墅，在辋口，辋水周于舍下。"[3] 王维《孟城坳》诗云："新家孟城口，古木余衰柳。来者复为谁，空悲昔人有。"这里的"昔人"，是相对于现时的主人王维而言，即昔日的主人宋之问。宋之问在这里留下了《蓝田山庄》《别之望后独宿蓝田山庄》《见南山夕阳召监师不至》等诗，其中有写到辋水、欹湖的诗句："辋川朝伐木，蓝水暮浇田""孤兴

---

[1] 《民国续修蓝田县志》卷六土地，见《中国地方志集成·陕西府县志辑》，凤凰出版社，2007年5月，第42页。

[2] 《唐国史补》卷上，上海古籍出版社，1957年4月，第16—17页。

[3] 《旧唐书》，中华书局，1975年5月，第5052页。

欲待谁？待此湖上月"。宋之问因媚附张易之、武三思，先天年间（712—713）被唐玄宗"赐死桂州"，其蓝田别墅荒废。约30年后，王维应是从其后人手中购得作为初到辋川的居所。从裴迪《辋川集·孟城坳》诗句"结庐古城下，时登古城上"，可知王维入住时，古城城垣尚在，但已破败，只有"古木余衰柳"了。

王维诗"新家孟城口，古木余衰柳。来者复为谁，空悲昔人有"，首句为了和二、四句的尾字"柳""有"押韵，在孟城后缀一"口"字，本没有实际含义，但《旧唐书》却据此说"（王维）得宋之问蓝田别墅，在辋口"，把"孟城口"演绎成了"辋口"，遂致后世竟以讹传讹地多出了一处"辋口庄"。其实，孟城距离辋川谷口有6000米之遥，根本不可能也称"辋口"；而真正的辋口，窄狭险峻的地形也不可能建什么山庄。王维在辋川的居所只有孟城坳和飞云山（清源寺）两处，并没有所谓的"辋口庄"。

王维孟城坳"新家"的原址，早已湮没在如今已是辋峪第一大村的数百户人家的官上村村墟之中而无从辨识了。故近世众多前来辋川踏访王维别业者，几乎无人知晓有此遗址，历代文献中也只有个别提及王维孟城坳故居，且于遗址具体位置也无法言明。在近年的考察中，笔者通过王维有关诗文的考证和实际勘查，最终还是得到了王维孟城坳居第比较可信的坐标位置。

王维在写给其弟介绍自己辋川新居环境的诗里说："后浦通河渭，前山包鄠鄂。"（《林园即事寄舍弟紞》）后浦，指庄后的水流。王维的庄后是辋水，辋水流入灞水，灞水流入渭水，渭水流入黄河，故云"后浦通河渭"。前山，指官上村北去数千米的峣山，山上有连通荆楚的秦楚古道（今称蓝关古道）。"鄢"和"郢"都是楚国故都，这里指代楚地。"前山包鄢郢"是说王维的庄前就是可直达荆楚的秦楚古道所在的峣山。诗句证明了王维居所的庄向为坐南向北，庄前对峣山，庄后临辋河。王维在另一首同样写给其弟介绍自己庄园情况的诗中云："山阴多北户，泉水在东邻。"（《山中示弟》）这里说的山是指辋河南岸的一排峰峦，王维的山庄位于峰峦之北故称"山阴"；多北户是说王维家的窗门大都朝北开。本诗除了再一次肯定了其坐南朝北的庄向外，还提供了王维居所东西坐标的重要参照点——位于王维家东邻的一眼水泉。实地考察中，这口泉也被找到了：在今官上村南北中轴线稍西村民王平印家院内，有一口全村世代共用的大泉，直至20世纪60年代修公路时被毁。从"泉水在东邻"可知王维家居村子西头，王维的有关诗句证明了村西一带是他经常活动的场所，如"采菱渡头风急，策仗林西日斜""渡头灯火起，处处采菱归"（关于村西之欹湖渡口，见下文宫槐陌考辨）。

宫槐陌

田间东西方向的小路称"陌"，也泛指小路。宫槐陌就是一条旁植槐树的小路。宫槐，即守宫槐，《尔雅·释木》云："守宫槐，叶昼聂宵炕（叶白日聚合，夜间舒展）。"[1]《太平御览》引晋人杜行齐说："在朗陵县南，有一树，似槐，叶昼聚

---

[1] 《中华经典名著全本全注全译丛书·尔雅》，中华书局，2014年7月，第559—560页。

合相著,夜则舒布而守宫也。"[1]但古籍文献中说的这种守宫槐,现在似乎没人见过,或原先有但已绝迹了。现代植物学词典里槐的拉丁文学名也只有一种 Sophora japonica Linn(槐,国槐),所以一般认为宫槐就是普通槐树,邢昺《尔雅疏》亦云:"此即槐也。"——猜想也许将一条寻常槐荫小路作为诗题,王维为了典雅的缘故,有意找了个渊懿的名字"宫槐"。类似的例子如他将银杏称作"文杏"。

王维《辋川集·宫槐陌》诗云:"仄径荫宫槐,幽阴多绿苔。应门但迎扫,畏有山僧来。"裴迪《辋川集·宫槐陌》诗云:"门前宫槐陌,是向欹湖道。秋来山雨多,落叶无人扫。"陈铁民先生根据王维、裴迪诗意判定:"宫槐陌是一条路旁植有槐树的通向欹湖的小路。"[2]这个判断没错,所以王维诗文注释者大都持类似说法。但王维、裴迪吟咏过的这条槐荫小道遗址的具体位置究竟在哪里呢?

清代《重修辋川志·名胜》里,宫槐陌条下只有两个字:今废。该志收录的李东、沈国华、胡元焕、周焕寓等人的辋川游记中,也都没有提及宫槐陌。蓝田县已故文史研究者樊维岳先生根据他自己的考证认为:

> (辋川镇)何家村村西南有一条小路,就是宫槐陌⋯⋯这条由北而南的山中主道,即由北垞经茱萸沜过孟城坳至文杏馆的必经之道。王维称它为仄径,可证它是一条由北而南的多次倾斜的山路。[3]

---

[1] 《太平御览·卷九百五十四木部三》,中华书局,1960 年 2 月,第 4236 页。

[2] 陈铁民:《新译王维诗文集》,台北,三民书局,2009 年版,第 506 页。

[3] 樊维岳:《王维辋川别墅今昔》,中国王维研究会《王维研究》第一辑,中国工人出版社,1992 年版,第 322 页。

这个考察结论与王维、裴迪诗意严重不符。一、路的方位不对。裴迪诗"门前宫槐陌，是向欹湖道"，明确告诉我们，这条小路位于王维"门前"，是连接王维家和欹湖的，而何家村距离孟城坳1600米，已远离王维家。"是向欹湖道"说明这条小路的走向与欹湖是相交关系。欹湖在这里接近南北走向，与欹湖相交的路必是东西走向或接近东西走向的。而樊文所说的路却是"由北而南"，是与欹湖同向而平行的，且是"由北垞经茱萸沜过孟城坳至文杏馆"而不是通向欹湖的。二、路的大小不对。王维诗里说的"仄径"，其词义词典只有一个解释，即狭窄小路，应是指田间或村居小道。而樊文把"仄径"错误地解释为"倾斜的山路"，而且是"山中主道"，这就和王维、裴迪诗意完全相悖了。三、走的人多少不对。王维、裴迪诗中这条路，因秋雨而"幽阴多绿苔""落叶无人扫"，可见由于是里巷小路，走的人不多，于是王维才关照仆人打扫路上落叶以准备接待山僧来访。而按樊文说法，既是一条山中主道，人畜来往频繁，就不大可能有幽阴多苔、落叶遍地的景象。再有，如樊维岳所说路在"何家村西南"，那么王维因"畏有山僧来"而让仆人去打扫数里外的"官道"，其行为也缺乏合理性。

在本次考察中，我们遵照"寻找二十景要以王维、裴迪辋川诗文为主要依据"的基本原则，反复分析揣摩王维、裴迪《辋川集·宫槐陌》诗所包含的信息。王维诗写道："仄径荫宫槐，幽阴多绿苔。应门但迎扫，畏有山僧来。"王维叮嘱仆人清扫这条槐荫小道，为的是迎接来访的山僧，证明宫槐陌就是连通王维宅第的小路；而裴迪说的"门前宫槐陌"的"门前",也应当是指王维家的门前无疑。由此确定考察方向——官槐陌应在孟城坳(即官上村)范围内。

通过在官上村走访和召开座谈会,官槐陌的谜底终于浮出水面:该村年逾古稀老人毛孙海(1943年生)、王发堂(1932年生)等证明说,现在东西横贯村中间的街道(长约1000米,宽约4米,呈东西走向,基本是通直的),过去路旁有13棵特别粗大的古槐,最大的一棵有三四人合抱大(这么大的树应为唐槐无疑了)。这条路的西端,正是该村通往辋河滩的下田路。后来由于伸向村民房屋上空的古槐粗大枯枝威胁到住户安全,至20世纪50年代末才陆续被全部砍伐。老人们说至今他们还能指出每一棵树根的所在。经指引,我们一一察看了这些古槐遗址。令人惊喜的是,这10余棵大树,全部沿街道一字儿排开,令人脑海中立即浮现出了一幅"仄径荫宫槐"的图景。唐代时这条村巷小道,穿越千年历史迷雾,今天又和我们相逢在王维故居遗址门前——千年历史演变中,虽然官上村已发展成人口逾千的全峪第一大村,各个时期群众陆续新建了大量房舍,但由于这行古槐两边的村民盖房时,都要避开大树而后缩,故这条道路一直留作两旁民居的门前公共通道而千年依旧。现今这条街道应该还是唐代时官槐陌的原有路面——只是当年人迹罕至、幽阴多苔的槐荫小道,而今已为市井熙攘的水泥路所替代了。

此外,王维辋川诗中多处提到"渡头",如"渡头余落日,墟里上孤烟"(《辋川闲居赠裴秀才迪》),"渡头灯火起,处处采菱归"(《山居即事》)。这个渡口何在?联系官上村村民所说他们村中这条路西端通向辋河滩，推知这里唐代时应是宫槐陌连通欹湖的渡口。特别是王维《田园乐七首之三》诗中"采菱渡头风急，策杖林西日斜"、《新晴野望》诗中"郭门临渡头，村树连溪口"诸诗描写的村落、郭门和渡口的格局和方位，全都与"宫槐陌在王维门前、渡头在宫槐陌西端且位于孟城城郭外"的推论相吻合。由此可知，王维诗中的渡头，应当就在宫槐陌的西端，亦恰与前述的临湖亭相近。想来王维平素就是通过这条槐荫小道去临湖亭宴坐观景，或经码头去湖上迎宾送客的。

白石滩

辋峪海拔落差不大（海拔高程北端峪口513米，南端银杏树处610米），地形也比较平坦，所以辋峪水流较之其相邻的蓝峪水要平缓得多。蓝水河谷狭窄，上下游落差大，水流急，杜甫形象地用"蓝水远从千涧落"状写其奔泻而来的情势。而诗人笔下的辋水，则"辋水自纡徐"（耿湋）、"秋水日潺湲"（王维）、"辋水去悠悠"（裴迪），所以辋河多处可见渟潴而成的水潭和白石粼粼的浅滩。那么，到底哪处是"二十景"的白石滩所在呢？清人周焕寓《游辋川记》说："滩际……又有白石数堆，不间他色，意即所谓白石滩也。"[1] 此文虽系文学作品，但这一说法，也太过随意了：既没有联系王维、裴迪诗意，且仅有几堆白石头怎么能称作"白石滩"呢？

王维《辋川集·白石滩》诗曰："清浅白石滩，绿蒲向堪把。家住水东西，浣纱明月下。"短短的四句诗，却为我们提

---

[1] 周焕寓：《游辋川记》，载《民国续修蓝田县志》附录《辋川志》，见《中国地方志集成·陕西府县志辑》，凤凰出版社，2007年5月，第567页。

供了白石滩丰富的地理、水文信息——此白石滩的所在，应具备三个条件：第一，河流平缓，这样水边才有可能生长蒲草，而湍急的河滨是很难有水草生长的；第二，洗衣姑娘家住水东水西，说明河谷宽阔，两岸都有村落民居形成的条件；第三，作为景点，河滩面积应有一定规模。

于是，我们对照以上条件，在对20里的辋河河谷作了详细考察之后，确定这个白石滩不可能存在于辋河的上游和中游，只有下游的闫家村一处，完全符合以上3个条件。因为上游河谷狭窄，流水湍急，难以形成较大面积的河滩，河两岸也没有可能形成村居的宽阔台地。辋河中游一段，王维时为欹湖所在，水面辽阔，住在湖水东、西两岸的姑娘，不可能相约在一块"会洗"。而欹湖北端的闫家村之处是辋谷中除官上村之外的最宽平处，河之东、西两岸都有较宽阔的二三阶台地，现在该村的百余户人家，有四分之三住在河东，另四分之一住在河西。明代人李东在《辋川记》中有一段文字描写进入辋峪口后看到的闫家村的情景："……岩光水色，晃耀眼睫，良田美景，鸡犬相闻。在水之两涯，居人惟五七家，出入作息而已，有太古之风。此川之第一区也。"[1]据此推断，唐时两边都有住户是完全可能的。从闫家村南不远处的欹湖的西北端缘到辋峪口前数百米河段，水流平缓，滩涂宽阔，加之村西山坡有一条东西向沟道叫沙沟，常有山洪冲刷下大量白色砂石，这样，在河之西、村之北的扇形冲积区，形成了100多亩地大小的一片河滩。由于遍滩都是浩浩白石若羊群状，故被当地人称为"牧羊滩"。我们遂将该处确定为白石滩遗址。经检阅有关资料，这

1　李东：《辋川记》，载《民国续修蓝田县志》附录《辋川志》，见《中国地方志集成·陕西府县志辑》，凤凰出版社，2007年5月，第559页。

个结论与清《重修辋川志》中关于白石滩"今有白石,涨在河流之北"[1]的定位,以及蓝田县王维研究先驱者樊维岳、王文学二先生关于白石滩遗址可能在闫家村的判断,皆相吻合。

由于20世纪六七十年代"农业学大寨"时,从附近山上"拉土造田"将该河滩的大部分覆盖改造成了耕地,现时则是郁郁葱葱一片白皮松苗圃。原先的百亩河滩,现在只剩辋河河道周围的10余亩大小了,但白石粼粼依然如故,与相邻的如绿涛般的松苗相映成趣。

华子冈

"冈",一般指较低的山峦。华子冈是绵延于辋川峪道北段闫家村东侧一带的起伏山峦,海拔多为三四百米。它背靠峣山,北接辋峪口的薛家山,南连孟城坳所在的武家山,绵延约3000米。在历代《蓝田县志》的记载和当地老百姓世代传言里,辋川山脉中皆没有以"华子冈"为名的山峰,推测应当是王维为这段峰峦特别命名的。南北朝诗人谢灵运诗《入华子冈是麻源第三谷》,写的是位于临川南城县(今属江西)华子冈的奇妙景色。谢灵运在《游名山志》里写道:"华子冈,麻源第三谷。故老相传,华子期者,禄里先生弟子,翔集此顶,故华子为称也。"[2] 王维受山水田园诗鼻祖谢灵运的影响很深,辋川华子冈之名,也许本于谢灵运诗文所赞的江西华子冈,或肖其形象,或借其神韵,或有类似传说。

关于华子冈的地理位置,学界历来没有争议,这和华子冈是王维在除诗以外的文字里唯一具体写到的"辋川二十景"这

---

[1] 《民国续修蓝田县志》附录《辋川志》,见《中国地方志集成·陕西府县志辑》,凤凰出版社,2007年5月,第538页。

---

[2] 据晋代葛洪《神仙传》:"华子期者,淮南人也。师角里先生,受隐仙灵宝方……一日能行五百里,力举千斤,一岁十二易其行。后乃仙去。"

一事实有关。王维在《山中与裴秀才迪书》中记述自己夜归辋川别业而经行华子冈的经过：

> 近腊月下，景气和畅，故山殊可过。足下方温经，猥不敢相烦，辄便往山中，憩感配寺，与山僧饭讫而去。北涉玄灞，清月映郭。夜登华子冈，辋水沦涟，与月上下。寒山远火，明灭林外。深巷寒犬，吠声如豹。村墟夜舂，复与疏钟相间。此时独坐，僮仆静默，多思曩昔，携手赋诗，步仄径，临清流也。

由于唐代时峪口栈道尚未开凿，王维从清月映郭的蓝田县城要进入到辋川，唯一的经行路线是：登上位于辋峪北口东侧的薛家山，再从与薛家山相连的华子冈半山腰继续南行约3000米至孟城坳（王维早期辋川居第），或9000米至飞云山（王维后期居第）。也只有站在华子冈半山腰，面南居高临下俯瞰辋川山谷，才能看到"辋水沦涟，与月上下，寒山远火，明灭林外"等景象。这段文字清楚表明，华子冈正是位于辋峪北段、辋河右岸（即辋河东侧）的。对此，学者看法一致，如陈铁民："辋川山谷东西两侧都是连绵的群山，据王维《辋川图》（明刻石本，现藏蓝田县文管所），华子冈是辋川山谷中段东侧的一座山峰。"[1] 樊维岳："闫家村东一带峦峰起伏，村后大山相连之处，就是华子冈。"[2] 王文学："闫家村之东一带冈峦起伏，以（辋川）图观之，当为华子冈遗址。"[3] 师长泰："阎（闫）家村东有一带山岭，冈峦起伏，按郭摹本《辋川图》所

---

[1] 陈铁民：《王维诗选》，人民文学出版社，2020年10月，第130页。

[2] 樊维岳：《王维辋川别墅今昔》，中国王维研究会《王维研究》第一辑，中国工人出版社，1992年9月，第322页。

[3] 王文学：《辋川对悟》，华夏出版社，2007年10月，第2页。

示，应为别业'华子冈'所在地。"[1]陈铁民、王文学、师长寿三先生所据《辋川图》虽不足为凭（理由详见本书第十章），但结论无疑是正确的。

王维、裴迪《辋川集·华子冈》诗曰："飞鸟去不穷，连山复秋色。上下华子冈，惆怅情何极"（王维）；"落日松风起，还家草露晞。云光侵履迹，山翠拂人衣"（裴迪）。可见华子冈虽不算高，但当日遍山翠色，植被茂盛，山鸟成群，松风阵阵，是王维、裴迪经常"携手赋诗，步仄径、临清流"的好去处。

"辋川二十景"之一的北垞，就坐落于闫家村东南华子冈山峦西侧、欹湖之滨。王维《北垞》诗句"北垞湖水北，杂树映朱阑"，表明当年华子冈一带，多有杂树和寺庙（详见北垞考辨）。经过1000多年的岁月变迁，现在高处山头已难见高大林木，被形容为"濯濯童山"，但山坡下部以至辋河河谷，仍是杂树葱茏。历史上曾存在过的几处庙宇也荡然无存，但笔者在华子冈山坡上多处捡到的古庙宇建筑遗存的砖片瓦砾，尚能勾起人"杂树映朱阑"的遐想。

金屑泉

金屑泉，顾名思义，当是一眼在阳光照射下呈现出碎金般光斑的山泉。这个金屑泉是"二十景"遗址中比较难以寻找的。因为，在曾经空气湿润、水系发达的辋川，山泉星罗棋布，沟沟岔岔都有。王维名句"明月松间照，清泉石上流"，昭示了青松、清泉乃辋川佳境的标配。王维、裴迪诗盛赞的金屑泉到

---

[1] 师长泰：《王维辋川别业的园林特征》，中国王维研究会《王维研究》第五辑，江苏大学出版社，2011年版，第284页。

底在哪儿？裴迪的《辋川集·金屑泉》诗间接地为我们提供了寻觅线索："萦淳澹不流，金碧如可拾。迎晨含素华，独往事朝汲。"诗告诉我们，这是一眼大泉，因为只有出水量大，才会淳潴成较大的泉面而有"萦淳澹不流"的感觉，并有足够面积反射阳光形成光斑灿灿的情景。更重要的是，还告诉我们这口泉离裴迪自己的居所很近，因为他能在大清早方便地独自一人前去取水。这就是说，只要知道了裴迪的宅第所在，金屑泉就有了一个大致的寻找范围。

那么裴迪辋川宅第在哪里？裴迪诗《辋川集·北垞》回答了这个问题："南山北垞下，结宇临欹湖。每欲采樵去，扁舟出菰蒲。"裴迪说，我在南山侧的北垞下面，建了一座房子邻近欹湖。每次去打柴，就驾着小船穿出门前的湖滨菰蒲丛。诗里说的南山，是华子冈一带的山峦。北垞前文已考辨过，在今闫家村东南华子冈西侧。裴迪的位于南山之下、北垞之西、欹湖之东的故居遗址，就是原蓝田县水泥厂旧址。这个地方很容易确定下来，但经排查，此处及其周围四五百米直径范围内，现在并没有泉。经走访老人，被告知：这儿原先是有一眼很大的泉，供闫家村南头大半个村村民饮水，水泥厂旧址南边的那道干涸的小水沟，就是曾经流泉水的沟渠，但自从50多年前水泥厂进驻后，这口泉就消失无踪了。

我们据此分析：既然是一口体大水旺的村民共用泉，泉眼处就必然有为方便打水而人工围成的一定形状的砌石遗迹。于是，我们找人带上工具，沿这道干沟，在离裴迪小台遗址不远的一处看似可能有泉的地方，刨挖寻找水泉砌石遗迹。前

王维、裴迪饮用过的金屑泉

———

"日日泉水头,常忆同携手(王维)。"这眼位于裴迪故居附近的古泉,当年曾是王、裴二人徜徉、汲水之处。此泉水质优良,王维诗云:"日饮金屑泉,少当千余岁。"2016年,蓝田县王维文化研究会团队根据王、裴诗文线索,硬是从地下挖出了这口早已消失的"神泉"。图为重新修砌的泉口,引水管为附近一施工单位引水所设。

一天无功而返,第二天,巧逢一村民在附近干活,经他热心指点,在干水沟离裴迪小台遗址更近、靠近原水泥厂抽水塔的地方,挖到了一个被废弃的地下设施。刨去浮土,揭开盖板,一个宽2米、长4米、深3米的砖砌蓄水池被挖出来了,一池碧水,清可鉴人,不时还向上冒着水泡。原来,当初水泥厂建厂时,曾将此泉改造成与抽水塔配套的全封闭地下蓄水池,以供全厂百十号员工生活之用。21世纪初水泥厂倒闭水塔倾圮后,泉池覆土埋没,地表沟渠干涸,金屑泉就从人们的视线中消失了。现在,金屑泉终于被找到了!

金屑泉位于裴迪居所附近,必然是王维、裴迪频繁光顾之处,因而给王维留下了难忘的印象,他在《赠裴迪》诗中深情回忆:"日日泉水头,常忆同携手。"在《田园乐之七》中也有"酌酒会临泉水,抱琴好倚长松"的诗句。王维还用其少见的浪漫语言盛赞这口金屑泉:"日饮金屑泉,少当千余岁。翠凤翊文螭,羽节朝玉帝。"(王维《辋川集·金屑泉》)明人顾可久评此诗说:"极状泉有仙灵气,藻丽中复飘逸。"[1]事实上,这确是一口良泉。经我们在村民中了解,说是此泉在过去曾供给闫家村南头几十户人家的饮水,长旺不衰。用此泉水煮的"糊汤"饭(即玉米碴子),口感格外"油";做豆腐,比一般的每斤豆要多出半斤以上豆腐。还说民国末新中国成立初,村上有一老僧,每日清早取此泉水浸泡柏朵(柏叶)用以饮用养生,晚年走不动了仍雇人取水。可惜由于这几年周围无序挖方卖土,在水泉侧形成了低于泉眼的大坑,地下水层生态恶化,致使这样一眼王维、裴迪饮用过的"神泉"水量大减,前景堪忧!

---

[1] 顾可久:《唐王右丞诗集注说》,见张进等《王维资料汇编》,中华书局,2014年版,第402页。

第七章
"辋川二十景"考辨（下）
（鹿柴、文杏馆、漆园、椒园、斤竹岭、辛夷坞）

鹿　柴

　　鹿柴的"柴"，读作zhài，古汉语通"寨""砦"，即栅栏，篱障。鹿柴可能是野鹿经常出没的地方。当地也有传说，这里是王维别业一处设有栅栏的养鹿的地方。

　　在辋河左岸河口村之西，半山上有一个10余户人家的小村子"哑呼岩村"。要到哑呼岩村，先要走过纵深2000米的"哑呼岩沟"。这条从古至今无人居住的沟道，就是鹿柴遗址所在。该沟陡峭狭窄，两岸石崖壁立，其沟口和沟顶端地形皆收缩成数米宽的隘口，若上下口各置围栏，全沟就像一个两头扎紧了的口袋——确是养鹿的好地方。当地村民中流行这样的传说：王维当年在此养鹿，雇请村上一个哑巴为其看护。一日，一只老虎出现在鹿群附近，哑巴大惊，暴呼一声，山谷震动，老虎被吓跑了。此后这个哑巴竟变得会说话了，于是，这个沟道就被叫作"哑呼岩沟"了。

裴迪《辋川集·鹿柴》诗曰："日夕见寒山，便为独往客。不知深林事，但有麕麚迹。"此诗支持鹿柴原址在哑呼岩沟的判断，主要有三点依据：其一，裴迪说鹿柴日夕可见，方便独往，说明鹿柴就在裴迪家附近。实际上，哑呼岩沟和裴迪居第遗址如今同隶属于闫家村行政村，只是一个在河东岸，一个在河西岸，从欹湖水面斜看过去，直线距离不超过1000米，裴迪在其居所抬头"日夕"可见，驾小舟须臾可到。其二，鹿柴所在的哑呼岩沟位于辋河左岸河之南、山之北，属阴坡，故诗用"寒山"形容其阴幽冷寂的特点。其三，裴迪说这里"深林……有麕麚（jūn jiā，泛指鹿类动物）迹"，正印证了鹿柴是养鹿之所或是野鹿经常出没之地。

王维《辋川集·鹿柴》诗曰："空山不见人，但闻人语响。返景入深林，复照青苔上。"从文学地理角度看，这首诗存在几个疑问：为什么"空山不见人"，却能听见人语声？阳光既是"复照青苔上"，那么开头是什么时间照进来的？为什么会第二次照进林间？而哑呼岩沟独特的地理地貌，恰好对这些问题做出了准确诠释：该沟沟道狭窄，路面和两边山峦全是石基、石崖，且两旁陡壁峭立，当地人形容说"有处挂爷、没处献饭（可以挂神像却找不到摆放供品的平处）"，虽说有溪水却没有建屋和耕种条件，故而才会"空山不见人"；而走完这个沟道，再继续上行1000多米，直到梁头之上的哑呼岩高坪，地貌地质却与下边沟道俨然不同，不仅天宽地阔了，且全变成土山土地了。这里有耕地，有居民，有在田里劳作的人，所以行走鹿柴的王维，虽看不到沟顶的人，却"但闻人语响"。此外，哑呼岩沟近似东西走向，午前太阳可从沟口照射进来，但午时以后阳光却被沟南边一排海拔七八百米的山梁遮挡，整个沟道显得荫蔽幽暗，长满了青苔。到了傍晚，夕阳复又从沟的西端口（即上端口）照射进来，于是就出现了"返景入深林，复照青苔上"的景象。经我们考察，辋川的众多小山谷，只有哑呼岩沟的地形特点，能够解开王维《鹿柴》文学地理之谜。

鹿柴是"二十景"中唯一至今还未被村落、工厂占据，也未被开垦成田地而基本保留原地貌的遗址。只是由于滥伐森林和采矿作业，致溪流涸竭，植被减少，当日的"深林"，已不复可见了。

文杏馆

文杏馆是王维飞云山居第的附属建筑，是王维故居的标志性景观，因此有必要先将王维故居作以简要介绍。

据民国《续修蓝田县志》引《陕西通志》云：

> 全山在（蓝田）县南五十里，峭拔天表，树木森蔚（原按：山峰高出县城九百五十公尺），西北称太白山，更西为飞云山，山阳有鹿苑寺、母塔坟，为王维故墅。[1]

这里说的飞云山，即王维故居遗址鹿苑寺所在一带的山峦，

---

[1]《民国续修蓝田县志》卷六土地，见《中国地方志集成·陕西府县志辑》，凤凰出版社，2007年5月，第7页。

是辋峪的最南端。至于什么时间从 5000 米外的孟城坳居第移居到这里,王维诗文中没有留下线索。移居的原因,应是为了避繁趋静。孟城坳川阔人稠,王维在《辋川别业》诗中写他离开近一年回到辋川时,众多的村邻乡友——"优娄比丘经论学,伛偻丈人乡里贤"都来了,宾主"相欢语笑衡门前"。在《赠刘蓝田》诗里,写到因夜间犬吠而到篱外察看,原来是一帮去县衙交田税夜归的农人。这些情景显示当时王维的村邻不少。而飞云山居第是一个远离尘嚣的地方。它位于偏僻的辋峪尽头辋河右侧,再往东南方向纵深,古代时大山阻隔,并不通行,离这里最近的村落白家坪村也将近 1000 米,是真正的深山僻壤。王维曾对朋友这样介绍他的宅第:"贫居依谷口,乔木带荒村。"(这里的"谷口",是指峪谷南端口,即辋峪终端)移居这里说明王维是在追寻隐居生活的本真——于远尘屏居中,得一份幽静自在。

《新唐书·王维传》载:"(王维)别墅在辋川,地奇胜……母亡,表辋川第为寺,终葬其西。"[1] 王维临终将居第捐为佛寺,初名"清源寺",后更名"鹿苑寺"[2],一直有僧人住持,沿袭至 20 世纪 60 年代"三线建设"中被拆毁。王维身后,唐诗人温庭筠、耿湋、元稹、白居易都曾到访该寺并留有诗作,耿湋诗《题清源寺》,题下特注明"即王右丞故宅"。鹿苑寺遗址已被蓝田县政府确定为重点文物保护单位立碑保护。

文杏馆名称中的"文杏",是银杏的别称,王维《文杏馆》诗句"文杏裁为梁",当本汉司马相如《长门赋》"刻木兰以为椽兮,饰文杏以为梁"而来。从王维用银杏木作建筑材料和

---

1 《新唐书》,中华书局,1975 年 5 月,第 5765 页。

2 参见〔宋〕洪迈:《容斋随笔五集·容斋三笔》卷六,商务印书馆,1959 年版,第 55 页《李卫公〈辋川图〉跋》:"《辋川图》一轴,李赵公题其末云:'蓝田县鹿苑寺主僧子良贽于予,且曰:"鹿苑寺即王右丞辋川之第也。右丞笃志奉佛,妻死不再娶,洁居逾三十载。母夫人卒,表宅为寺。今冢墓在寺之西南隅"。'"

遗存有手植银杏树等情形推测，银杏这种珍稀树种受到王维的青睐并在其庄园多有栽植。

文杏馆的所在，据清《重修辋川志》所云："文杏馆遗址在（鹿苑寺）寺门东，今有银杏树一株，相传维摩诘手植。"[1] 牛兆濂民国初《游辋川记》亦曰："（鹿苑）寺前银杏一株，葱倩盈亩……为文杏馆旧址无疑。"[2] 由于这株银杏古树屹立千年至今，文杏馆的遗址所在比较确定。同时也可推知，文杏馆和这株王维手植银杏树是有密切关系的。

王维、裴迪的《辋川集·文杏馆》诗云："文杏裁为梁，香茅结为宇。不知栋里云，去作人间雨。"（王维）；"迢迢文杏馆，跻攀日已屡。南岭与北湖，前看复回顾。"（裴迪）王维诗说云雾缭绕在文杏馆的栋梁间，裴迪说他攀登上文杏馆可以眺望远处景物，都说明这里地势高峻，给人一种超尘绝俗迥出人寰之感。事实上，王维故居遗址位于辋峪的尽头，古代时从这里再前往更远更深的东、西采峪，有重重高山阻隔，须绕道别处，不能直接通行，所以这里虽然绝对海拔高程并不高，却仍然给人以绝地之境的感觉。从王维诗还可知，文杏馆的建筑材料以文杏（银杏）为梁，香茅铺顶，非常讲究，故该馆应当是别业的会友宴客之类的场所。关于它的规模形制，没有直接的文字记载，但从后世游记类文字中记述的有关遗物，还是可以找到一些蛛丝马迹。乡人李东（明正德十二年进士）在其《辋川记》文中云：

（鹿苑）寺在川之尽，即所谓别业……迤西水浒，

---

[1]《民国续修蓝田县志》附录《辋川志》，见《中国地方志集成·陕西府县志辑》，凤凰出版社，2007年5月，第540页。

---

[2] 牛兆濂：《游辋川记》，见《关学文库·牛兆濂集》，西北大学出版社，2015年1月，第80页。

有石一方，其平如案，其四角各有孔，相去各数尺，意必当时之欹湖亭（基石）。[1]

李东之后，明代人陈文烛（嘉靖四十四年进士）的《游辋川记》和王邦才（万历十七年蓝田知县）的《辋川图赋》，清人周焕寓（道光时某县县吏）的《游辋川记》中，也有关于这块磐石的类似记述，只是关于磐石所在的方位，陈文、王文记述与李东相同，为鹿苑寺西，周文记述为在银杏树（即鹿苑寺址）"东去数十武"处。[2] 关于这块磐石的用途，上述四文中，三文都推测系临湖亭的遗物，一文（王邦才《辋川图赋》）认为是白石滩之物。但以上诸说，均非是。因为这里远离欹湖已有三四千米之遥了。而临湖亭的原址，据前文考证，是在欹湖中腰部今官上村村北处，该处曾经也发现过一方四角有孔的巨石（参见《"辋川二十景"考辨（上）》之临湖亭），白石滩更在欹湖遗址的北端。据此，笔者推测，这块磐石有可能就是文杏馆的遗物。遗憾的是，这块多次出现在明清游记中的巨大的四孔平板基石，早已没了踪影。

据清《重修辋川志》和民国《续修蓝田县志》的记载，其时位于文杏馆原址附近，有地方官捐建的"王右丞祠"：

王右丞祠，在鹿苑寺前，道光十五年秋仲劝捐重建[3]。王右丞祠，在县南四十里鹿苑寺前。乾隆四十六年，知县周晓崧捐俸重建……道光十六年，知县胡元焕重修，有"栋宇重开新气象，山川不改旧容颜"楹联。[4]

---

[1] 《光绪蓝田县志》附录《辋川志》，见《中国地方志集成·陕西府县志辑》，凤凰出版社，2007年5月，第350页。

[2] 上述三文皆载清《重修辋川志》，见《民国续修蓝田县志》附录《辋川志》，《中国地方志集成·陕西府县志辑》，凤凰出版社，2007年5月。

[3] 《民国续修蓝田县志》附录《辋川志》，见《中国地方志集成·陕西府县志辑》，凤凰出版社，2007年5月，第540页。

[4] 《民国续修蓝田县志》卷十二祠祀，见《中国地方志集成·陕西府县志辑》，凤凰出版社，2007年5月，第175页。

根据以上关于祠址和楹联内容的记载，王右丞祠和文杏馆分别建在王维故居遗址即鹿苑寺之前和寺门之东。而联文"栋宇重开新气象"也是用甫建的王右丞祠的"新"与原有的鹿苑寺和文杏馆的"旧"相对比的。关于这次重修，还有一则逸闻：乾隆进士、翰林编修广东人冯敏昌所撰《重修蓝田辋川鹿苑寺并王右丞祠碑》文，记录了乾隆四十六年那次重修王右丞祠时银杏树枯而复荣的有趣事件，为王维手植银杏树赋予了奇异、祥瑞的神秘色彩：

为建右丞祠三楹于鹿苑寺故址……先是寺前银杏树一株，大可十围，高逾数丈，传为右丞手植而酷弊已久，萌蘗无存。忽于是年（乾隆四十六年）发秀重荣，开花再实……居人叹美，邑里称奇，洵嘉应也，讵偶然欤！[1]

漆园　椒园

王维在生命临终前的乾元二年（759），为唐肃宗上《请施庄为寺表》，请求朝廷批准把自己与母亲的斋居之所辋川山庄捐为佛寺。他在表里说：

臣亡母故博陵县君崔氏，师事大照禅师三十余岁，褐衣蔬食，持戒安禅，乐住山林，志求寂静。臣遂于蓝田县营造山居一所，草堂精舍，竹林果园，并是亡亲宴坐之余，经行之所。

---

[1] 冯敏昌：《小罗浮草堂文集》卷三，见张进等《王维资料汇编》，中华书局，2014年版，第1381页。

这里最后一句话的意思是,于是我在蓝田县(辋川)置办山居一处,山庄及周围的竹林果园,都是臣亡母往日念佛坐禅之余,漫步经行的地方。从这句话可清楚看出两个意思,一是王维故居周围环绕着竹林果园,二是这些竹林果园并非自然生长的,而是王维为了母亲的禅修生活而刻意"营造"的。裴迪《漆园》《椒园》诗句:"今日漆园游,还同庄叟乐""丹刺罥人衣,芳香留过客",可证这些竹木果园,除供王维母宴坐、经行外,也是王维、裴迪二人经常赏玩休憩之处。

这里说的"竹林果园",竹林应是指包括故居东侧后山的"斤竹岭"(见下文考辨)在内的围绕故居的成片竹子。白居易贬官江州和迁官钱塘刺史两次经行都借宿清源寺(即王维故居所改之寺),对王维故居东北廊前的翠竹留有深刻印象,以至于10多年后在《竹窗》诗中写道:"常爱辋川寺,竹窗东北廊。一别十余载,见竹未能忘。"果园应当就是"辋川二十景"中的漆园和椒园了,二者无疑是王维辋川别业的组成部分。

漆园、椒园的遗址,清《重修辋川志·名胜卷》云:"椒园,遗址在(鹿苑)寺东;漆园,遗址在寺西。"[1] 20世纪70年代向阳公司将辋河自山前截断改道前,辋河尚环抱王维故居而流。据此,结合山河形势推断,这些果园应是分布在故居左右的辋河台地和飞云山南麓的坡地一带。王维表庄为寺后,漆园、椒园在历史沧桑中归于湮灭。至明代蓝田知县王邦才游历辋川时,这里早已不见了果园的影子,只见"森荫苍翠,茂林丛密,有虎豹猿鹿,昼吼夜啼,百千为群,而樵采牧猎之子,唱和出林。"[2] 20世纪60年代后至今,国防建设工厂进驻辋川,

---

[1] 《民国续修蓝田县志》附录《辋川志》,见《中国地方志集成·陕西府县志辑》,凤凰出版社,2007年5月,第540页。

[2] 王邦才:《辋川图赋》,见《民国续修蓝田县志》附录《辋川志》,《中国地方志集成·陕西府县志辑》,凤凰出版社,2007年5月,第594页。

漆园、椒园遗址尽被车间厂房所占用。

斤竹岭

王维在《请施庄为寺表》里说辋川山庄周围有"竹林果园",这个竹林,应当包括"辋川二十景"之斤竹岭。斤竹岭位于王维故居(今鹿苑寺遗址)东侧的飞云山麓。可资证明的史料有三:

其一,王维《辋川集·斤竹岭》诗云斤竹岭"暗通商山路,樵人不可知";《长安志》云:"采谷……与辋谷并有细路通商州上洛县(今商县)。"[1] 王维诗所说的通往商山的隐秘小路,也就是《长安志》所说的"细路",它是秦楚古道(蓝关古道)的西支线,其经行路线为:东出长安,上、下白鹿原,从牛角沟—尤风岭—望亲坡进入辋川,再东南行贯穿辋峪,经由这条小路攀上峣山而与主道相接再通向商山。实地调查中,这条可通商山的"细路"也为当地经行过此路的老人所证实。白居易《宿清源寺》:"往谪浔阳去,夜憩辋溪曲。今为钱塘行,重经兹寺宿",证明他两次都是走蓝关古道西支线,并借宿清源寺。由此推断,他翌日必是经过斤竹岭小路攀上峣山主道,再过商山南行而前往浔阳、钱塘的。

其二,裴迪《辋川集·斤竹岭》诗云:"一径通山路,行歌望旧岑。"因为是和王维的唱和诗,裴迪这里的"通山路"的"山",和王维诗的"商山路"的"商山",应当是同一概念,也是说斤竹岭的路是通向商山的。"行歌望旧岑"是说攀上斤竹岭,一边唱着歌,并不时回头眺望裴迪居所北垞一带的

---

[1] 《长安志》卷十六《县六·蓝田、礼泉》,见阎琪,李福标,姚敏杰:《长安志·长安志图》点校本,三秦出版社,2013年12月,第297页。

华子冈。这也与实地考察所见山川的形势相符。

其三,明代蓝田知县王邦才的辋川游记有"寺后(有)斤竹岭"的相关记载[1]。《重修辋川志》云:"斤竹岭,一名金竹岭,其竹叶如斧斤,故名。"斤竹是稀有的竹种,原产浙东雁荡山。《雁荡山志·物产篇》中说:"斤竹,节密肉厚,似矛竹而小……相传斤竹涧盛产此竹。"辋川的斤竹相传为王维引种,"斤竹岭"之名或本于斤竹涧。明代蓝田知县王邦才的辋川游记中还写道:"寺后斤竹岭,乃维之手植,叶如斧斤,杆不盈尺,每年所产,仅有数株,翩翩翠袖,其质如玉,多被牛羊所践踏,僧不知其贵重,而我始严加护持。"[2]可见此竹生长缓慢,质地坚实。20世纪五六十年代,西安大剧团的司鼓艺人还常来辋川寻觅斤竹竿做鼓槌用。历经千年沧桑,斤竹岭已为耕地和松杂林木所覆盖。偶见零星野竹,是否为斤竹已无从辨识。

辛夷坞

辛夷是一种中药材,为木兰科植物紫玉兰的干燥花蕾。蓝田山民称辛夷树为"望春",是当地早春开花最早的高大乔木。其花初出时尖如笔锥,故又称木笔;其花盛时大如莲花,莲花亦称芙蓉,故也以芙蓉花借指。这种树喜光,一般生长于海拔300米至1600米的山坡林缘。坞,指地势周围高中间凹的谷地。

关于辛夷坞遗址,古籍文献资料皆无记载,王维《辛夷坞》诗也没有提供任何地理位置线索。我们根据坞的地形特点和辛夷树喜阳、多生于阳坡林缘的习性(成片的辛夷林更会体

---

[1] 《民国续修蓝田县志》附录《辋川志》,见《中国地方志集成·陕西府县志辑》,凤凰出版社,2007年5月,第593页。

[2] 《民国续修蓝田县志》附录《辋川志》,见《中国地方志集成·陕西府县志辑》,凤凰出版社,2007年5月,第593页。

现这一特点），在排除了深山林和辋河左岸阴坡外，重点排查了辋河右岸向阳浅山坡，发现只有支家湾村附近一处叫魏家沟的山间盆地比较符合上述条件。

这片谷地，位于魏家沟东南，西距辋河三四百米，四周由马庄梁、张鼻梁、太娃梁等山梁围成，是一块面积300亩大小的山间盆地，如簸箕掌状，簸箕口面南向阳。这里离村子不远但地势凹陷，当地老人说，此处从来都没有人家居住，但在很早以前长有大片的辛夷树。

王维《辋川集·辛夷坞》诗云："木末芙蓉花，山中发红萼。涧户寂无人，纷纷开且落。"关于"涧户寂无人"，一种解释为山涧的住户没有人。但如果有住户，怎么能总是"寂无人"，任由辛夷花开花落呢？另有一种解释似乎更切合辛夷坞的实际："户"者，门也。簸箕掌状的辛夷坞，入口处相距很近的两座山崖相对，若涧之门，故曰"涧户"。"涧户寂无人"正好符合辛夷坞入口两崖相对且无人居住的特点。

辛夷坞所在的支家湾村魏家沟位于辋河之滨，这也为裴迪《辛夷坞》诗所证。诗云："绿堤春草合，王孙自留玩。况有辛夷花，色与芙蓉乱。"这里的"王孙"，当指王维，也包括裴迪自己。诗的意思是：我们徜徉在长满春草的辋河堤岸，附近大片的辛夷花，宛若盛开的芙蓉。辛夷坞位置紧邻王维飞云山居第，常来过访王维的裴迪，得空便与王维来此"留玩"，当是情理中事。

第八章

王维墓，湮讹与发现

王维天宝初年（742）与母亲入住辋川，前期居辋峪中腰部的"孟城坳"（今辋川镇官上村），后期移住辋峪南端口的飞云山南麓山居，并于逝世前上表朝廷，将其捐为佛寺，此寺初名清源寺，后更名为鹿苑寺，一直有僧人住持，直至20世纪60年代末"三线建设"中向阳公司进驻此地时才被拆毁。

王维于唐肃宗上元二年（761）七月病逝。据《新唐书·王维传》记载："母亡，表辋川第为寺，终葬其西。"意思是，王维母亲亡故后，王维上表将飞云山山居捐为佛寺，名清源寺，王维去世后，就埋葬在清源寺的西侧。

在这之前，王维母崔氏于天宝九载（750）去世，被安葬在清源寺以西约700米的（今白家坪村东头）大片墓园里，因一直有墓塔存留，被当地人称为"十亩母塔坟"。乾隆时陕西巡抚毕沅立有墓碑。20世纪60年代末向阳公司进驻此地修路

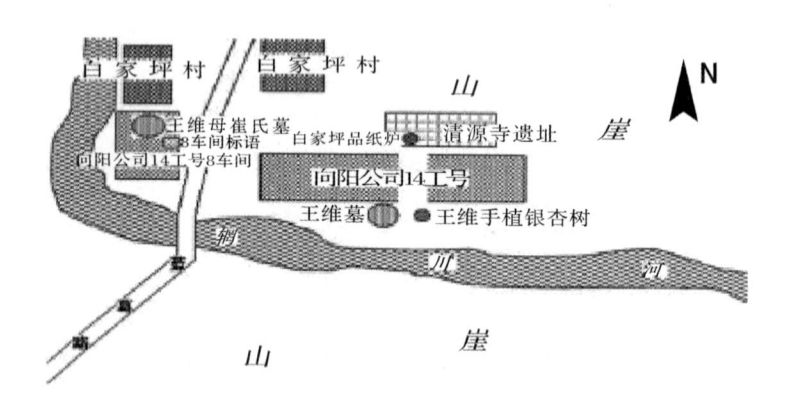

王维墓遗址示意图
————

此图为2009年文物普查所绘制，所标王维墓位置接近正确（应当是银杏树西北侧而不是树正西侧）。但登记表文字却错误表述为"王维墓位于陕西省西安市蓝田县辋川乡白家坪行政村南14工号8车间附近"（即图中所标崔氏墓处）。

时,"母塔坟"被掘毁。

王维墓何以成谜?

有关王维墓记载的蓝田地方文献,明代中叶以前没有任何留存。最早的有关文字记载,出现在蓝田县存世最早的一部县志——明隆庆《蓝田县志》所收录的嘉靖年间(1529年前后)李东所撰的《辋川记》中:"在川之尽,即所谓别业故址……迤西百数步,有坟一座,坟有母塔,相传为右丞所筑。"文中所说的寺"迤西",指王维故居鹿苑寺之西。所说的"迤西"方位和距鹿苑寺"百数步"的距离,与《新唐书·王维传》所载"终葬(寺)其西"的位置,和我们后来田野调查所得王维墓遗址的方位及与寺遗址的实际距离均相符合,故可知李东在《辋川记》中所说的"有坟一座",乃为王维墓无疑。但从文章的描述看,虽然彼时王维去世已700余年,但王维墓的坟冢及墓塔还在而墓碑已不存。由于没有墓碑,加之李东可能只知有"母塔坟",但却不知崔氏墓的具体位置,故将王维之墓误认为王维母之墓"母塔坟"了。

由于李东《辋川记》中这一源头性质的错误记载的误导,加之后期王维墓冢也消失不存(清代后期的辋川游记中已没有关于王维墓冢的记述了),导致后世关于王维墓的文献记载十分混乱,众说纷纭,令人莫衷一是。包括顺治、雍正、嘉庆、道光、光绪、民国及1994年版新县志等多部《蓝田县志》,和明清文人游记,1988年、2009年两次文物普查登记等在内,种种的说法主要有:一是说王维与其母墓"俱在鹿苑寺之西",

如顺治、雍正、嘉庆、道光、光绪、民国县志；一是说王维与其母墓俱在"母塔坟"墓园，如民国陈子怡辋川考证丛稿；一是说王维墓在白家坪村东60米处，如1994年版县志；一是说王维墓在向阳公司八车间处（即母塔坟址），如2009年文物普查报告……

王维墓遗址的真实所在，遂成历史谜团。

田野调查所得

2018年蓝田县王维文化研究会成立前后，为了寻找王维墓的踪迹，笔者曾10多次深入王维辋川别业遗址区进行社会调查。令人欣慰的是，此次调查抢救性地采访到了不少知情人。他们大多已臻暮年，但仍有思维清醒能配合调查者，如：褚文西（1937年生）、白明夷（1940年生）、白清亚（1942年生）、段秀琴（1948年生）、程宇锋（1955年生）等（均为白家坪村民）。令人十分惊喜的是，在一个偶然的情况下，得到了王维墓的有关线索。

2018年初，在一次召集崔氏墓开挖目击者的采访座谈时，我针对村民描述该砖券墓的尺寸说了句感叹话：这个砖墓这么大啊！随之有村民说：这还不算最大的，银杏树那儿那个砖箍墓更大。银杏树那儿！砖券大墓！我立即联想到该墓有可能是王维墓。后经褚文西、白明夷指认地点，经与现今唯一健在的开挖现场目击者段秀琴反复交谈，得到的该墓葬的基本情况是：

墓址位于鹿苑寺遗址正西方向（今向阳公司16工号504仓库房西侧），与寺遗址西墙的距离估计在150—200米之间。

1969年秋向阳公司第一车间基建处理地基时，推土机在此处曾挖出一个古砖所券大墓室，据说村里去施工现场看的人很多。根据现在还头脑清楚能配合调查的唯一健在者段秀琴老人描述，该墓为南北向，墓道长约6米，宽约2.5米，呈斜坡状。墓坑宽约3—4米，进深10米多，深近2米，坑底铺砖。她"看热闹"去的那天，见到坑内有3个小碗和1把类似木工的小锯。墓砖和崔氏墓出土的唐砖相似，只是没有崔氏墓那样的手印和十字纹饰。墓砖被推土机倾填于附近沟道里。

上述调查所得，经与《新唐书》本传、历代县志和明清文人游记的记载参照分析，我们初步认定此墓穴为王维墓（理由详见后文）。

文物考古专家的见证

2022年3月末，蓝田县王维文化研究会会刊《蓝田文化研究》编辑部收到了原陕西省考古研究所研究员戴应新先生的一篇来稿。令人惊喜的是，这篇名为《辋川唐墓出土文物》的文章，说到的鹿苑寺遗址处的唐墓，竟然是关于王维墓的一份重要参证。

戴应新，男，汉族，1938年5月生，陕西省蓝田县人。中国民主同盟盟员，陕西省考古研究所研究员。曾被聘任为陕西省文物局学术委员会委员，《收藏》杂志副主编，美国拍和宝国际拍卖有限公司高级鉴定师。1998年6月退休后，被聘为陕西省文史研究馆馆员。网上人物介绍文字还特别强调，新中国创建早期，在群众文物保护意识淡薄、国家保护经费预算拮据的情况下，戴先生凭一介知识分子的良心，斗智斗勇为国家发现和保护了一大批宝贵历史文物。

戴先生这篇来稿文字不长，但却是作为亲历者提供的有着特殊史料价值的重要材料。兹将其全文照录如下：

1971或1972年晚秋某日，蓝田辋川发现唐墓文物，省文管会负责人杭德州，派专司唐代考古的王仁波前往清理。王提议我和他结伴而行，适我有事抽不开身，杭说：那里是王维隐居之地，非常重要，机械取土翻出文物，情况不明，我让人家停工，我们当即派人前去清理。国防工程，拖延不得，老王你先去看看情况，防止墓葬遭受破坏和文物散失，如需支援，打电话来，我和老戴明天就去。

当天下午5时左右，王仁波带着3只三彩碗回来了，我和在办公室的几个同事仔细鉴赏了这批文物，至今还留有清晰的记忆。

王说：文物出土地点，在银杏树西北数十米处。现在地面土层厚65厘米，下为原生沙砾层，即古河床，向阳公司在此处搞基建，取土翻出检获的。查看该3只碗出土点的周围，均为纯净的原生土，可以断定它们是陪葬品，只能是出自墓葬而非遗址、房址或窖藏。

唐代小型墓，和现代关中土葬墓基本一样，由长方形墓坑（墓道）和其一端放棺材的洞室（墓室）构成。推知当年建墓时，这里的土层堆积至少在3米以上。随葬品放在墓室地面即墓底部，而墓葬轮廓已被破坏，大小不明，没有发现墓志铭和其他物什。

传为王维手植的银杏树历经千年仍枝繁叶茂，成为王维故居著名地标。这座小墓谁属？由于没有可资证明其身份的墓志或印章及器物铭款之类，不好臆断，但3只唐碗能够证明：这是一座唐人墓葬。鉴于这儿是唐代诗人王维别业所在，是他的隐居地，自然与他有着一定的关系。

我观察这3只碗，一个完整，两个口沿部有缺豁，断口新碴，系机械起获时碰磕所致，可复原。大小相若，均作敞口撇沿，口径17厘米，高6厘米，浅腹，腹壁弧收，底部近平，倒喇叭形圈足，足着地处内外壁各修一刀，制作颇为规范。胎质灰白微赭色，细致紧密结实。其时尚未清洗，粘有泥沙，碗内壁上有黄、绿色釉，作点片状分布，有的地方露出瓷胎，外壁未施釉为灰白色瓷胎。造型端庄大方，大小适合，结实耐用，装饰朴素，乃唐代三彩瓷早期即唐早、中期的成功之作。

因墓葬形制完全破坏，痕迹无存，出土物少而单一，没有发表简报。依工作流程，此3只碗当移交博物馆入库庋藏了。

倏忽50多年过去了，省、县经手，知道此事的杭德洲、王仁波、省博保管部刘向群、蓝田文化馆樊维岳都去世了，我成为唯一在世的见证人，故特借《蓝田文化研究》一角，记述如上，以存故实。

（投稿日期：2022年3月27日）

分析与结论

早已湮灭在历史尘埃里，让人痛感"踏破铁鞋无觅处"的王维墓，也许是右丞在天有灵吧，让我们接连得到了村民和专家提供的两个重要发现事实，也不知是属于偶然，还是冥冥之中的必然？把这两个发现和文献史料相参照，对鹿苑寺遗址区这所墓葬进行分析和判断，也许会一步步逼近历史的真实：

第一，村民目击所见向阳公司施工挖开的墓室，和省文管会专家去看的"唐墓"，应当是同一时期开挖的同一墓葬。试比较几个关键要素：①地点：都在王维故居鹿苑寺西侧和银杏树的西北侧；②文物：村民和专家均发现有3只小碗；③时代：专家判断出土的3只三彩碗为唐代文物，村民也确认墓砖与崔氏墓出土的相同，均可证此墓为唐墓；④出土时机：均为向阳公司处理地基施工时，只是具体的年代，系当事人相隔50多年后的回忆，虽略有出入，但也在可以理解的合理范围。

第二，鹿苑寺墓葬与母塔坟崔氏墓有许多相似之处。一是均为砖券墓且形制较大。据村民记忆描述，崔氏墓挖开后的墓坑为砖砌，长、宽各4—5米，深约1.8米，较鹿苑寺墓稍小。村民说他们村从来没有像这两座墓葬这么大的砖墓。二是两墓的墓砖规格相似，只是崔氏墓的有手印或十字纹饰，王维墓的没有纹饰。三是崔氏墓开挖后曾出土有7件黑釉瓷碗、白釉瓷碟及壶、盘等实用器物，已被县文物管理所按唐代文物登记库藏；鹿苑寺墓出土的也是3只实用瓷碗，且经专家确认亦为唐代之物。

第三，此墓址与多种历史文献记载相合。《新唐书·王维传》记载王维"终葬（清源寺）其西"，李东《辋川记》云"（寺）迤西百数步，有坟一座"，明嘉靖陈文烛、明万历王邦才、清道光周焕寓等人的辋川游记中，也有类似的记载。实际发掘点位与这么多的史料记载相一致，就绝不可能是偶合的。

　　第四，可排除他人墓葬的可能。这样规格和规模的砖券大墓，在白家坪村，除过王维母崔氏墓，是绝无仅有的，且又处在深山绝谷的荒僻之地，长安城和蓝田县的权贵富豪是不会卜葬这里的，当地历史上也从没有任何富豪或大官葬于此处的记载或传说，故可以排除是他人墓葬的可能。

　　综合以上因素，可以确定此墓葬为王维墓。按考古学常规，确定一个古墓葬的墓主人身份，除文献记载外，还必须有墓志、印章和相关出土文物等形成证据链才能认定。但这个墓葬是在特殊年代挖掘的，没有文物部门的参与主持，属于破坏性发掘，现在再寻找这类物证几乎是永远不可能的了。但墓穴点位与唐书、游记记载吻合，墓中出土的瓷碗、墓砖亦属唐代文物，王维墓与没有异议的崔氏墓多有相似，且可排除他人墓葬，综合以上因素，我们有充分理由认定此处发掘的墓葬遗址即为唐代诗人王维之墓。

　　附记：南宋陈思《宝刻丛编》转引《京兆金石录》一书，记载有王维去世26年后的贞元三年（787）刻立的王维墓碑（未载碑文），撰文者庾承宣，贞元八年进士，官终检校吏部尚书，书丹者为当时书法名家郑絪。碑应是立于辋川王维墓前。但此墓碑和碑文均未再见于后世有关的文献史料记载。

王维辋川现存文物

上：鹿苑寺遗址吊纸炉
中：鹿苑寺遗址门墩石
下：王维母崔氏墓出土之白瓷碗、酱釉短流执壶和白瓷净瓶

第九章

王维进出辋川路径考察纪实[1]

王维从天宝初年（742）寓居辋川直至终老斯地，他的整个中晚年都是在这里度过的。半官半隐的生涯特点，决定了他要无数次往来于辋川和长安之间。但令人疑惑不解的是，在他所有的诗文中，除了一句"夜登华子冈"的线索外，没有一处具体写到他进出辋川的经行路线。

那么，王维是怎么进出辋川的？

除了网络上流传的"王维出长安驾一叶小舟直达辋川"这一类美丽传说外，人们更多是想当然地认为：自然是经由辋峪口出入辋川呀。辋口位于辋川峪道最北端，是东边的峣山和西边的簧山夹峙辋河而成的一段7里长的狭谷绝涧。20世纪60年代进峪公路修筑以前，有一条沿辋河东岸半山峭壁上开凿的石阶栈道，险峻异常，故辋峪口被称为"阎王碥"。

王维进出辋川真的会走阎王碥险道吗？

---

[1] 这是笔者以研究会名义为本次活动撰写的考察报告，以《追逐诗佛足迹，寻觅千年古径》为题，刊发于蓝田县王维文化研究会微信公众号2022年5月12日《蓝田文化研究》。

蓝田县王维文化研究会学者发现，尽管宋元明清各代，有许多诗词游记中有记载历经这段栈道的文字，但唐代涉及经行辋川的所有诗文中，却无一语对此有所提及。其时，寓居辋川的有宋之问、王维和裴迪，到访过辋川的有杜甫、白居易、元稹、李端、钱起、温庭筠、耿湋等，在这么多诗人的作品中，有的是对辋川山川景物的描写，却找不到涉及通行这段绝壁险径的任何诗句。合理的推断，就是唐代时这段栈道还没有开通。民国时期，有一位文史专家陈子怡考察辋口后，也得出了同样的结论："在摩诘时，此路不通。樵夫虽能渡越，衣冠中人，不涉此险也。"（见陈子怡《西京访古丛稿》）

辋口不能通行，王维进出辋川到底走的哪里呢？

王维在《山中与裴秀才迪书》中有一段写从长安回到辋川冬游"故山"的文字："辄便往山中，憩感配寺，与山僧饭讫而去。比涉玄灞，清月映郭。夜登华子冈，辋水沦涟，与月上下。"按文意，应是经蓝田县城进辋川再登华子冈的。按前边所说的，辋口若不能通行，最有可能的路线就是翻越峣山西部的薛家山，再沿薛家山和华子冈结合部陡坡高梁的中腰，翻腾四五里路进入辋峪。这条道山高坡陡翻腾大，几乎无平途，据了解，旧时辋川人去县城，在"阎王碥"涨水不通时走过此路，平时是没人走的。

在辋川峪道北端的闫家村西，有一座不高的山冈叫"望亲坡"，当地流传有王维进出辋川至此都要站在山头眺望母亲的传说。从望亲坡往西，沿着山梁翻过尤风岭，再经牛角沟、将军岭，就到了白鹿原，是旧时辋川山民上焦岱、吴村庙集贸买卖山货日用品的一条"大路"。这条道虽也崎岖狭窄，但不翻深沟，不爬大坡，多是顺着山梁逶迤而行。走这条道进出辋川，比起薛家山—华子冈道平坦省力。这对于久居辋川的王维而言，不失为一条理想的进山出山之路。蓝关古道的西支线，应当就是经行这条线路，虽崎岖偏僻，但可免去从东侧进入辋峪要翻峣山、攀越七盘陡坡之累。直至20世纪中期，这条道还是"肩橡贩檩"的山民们行走的一条"热线"，直到进峪公路开通后，这条山路才被废弃。

蓝田的学者们，赋予王维进出辋川的这条路径一个诗意的名字——"摩诘小道"。这次我们研究会陪同中国王维研究会几位同仁们的辋川之行，就是要到这条"摩诘小道"上实际走一走，看一看。

尤风岭上岳伏嘴

上午9时许，考察组一行从县城出发，沿着白鹿原东北影视城专线前行，来到白鹿原影视城东侧不远处的将军岭村。将军岭即荆山，是荆峪沟水的发源地，王维那首《山中》诗中的"荆溪白石出，天寒红叶溪"，就是写的这里。将军岭俗称"将帅圪塔"，是汉武帝长水校尉屯兵之处。这里是进出辋川的必经的节点，距此不远的前卫镇吴村庙，是县志记载的古代白鹿原通往京城长安"官马大道"的起点。由吴村庙出发西行，经前卫、炮里、魏寨、鸣犊到长安，全程百里多路程，骑马也就大半天。

从将军岭向东南下行三四千米，就到了小寨镇所辖的牛角沟村。行尽村里的水泥路，因2021年特大暴雨，土路被冲成深槽，车辆无法前行，于是大家下车徒步，前行约1000米，就攀上了尤风岭。

尤风岭相传为黄帝重臣风后战蚩尤之地，位于县城10公里处，环峙于辋峪西北段，是辋川、蓝关、小寨、前卫4镇（街）的界岭，西接荆山和箕山，西北隔辋峪与峣山相望，全长6000米。顶峰名浮云山，俗称"岳伏嘴"，海拔1094米。大家登上岳伏嘴，极目远望，尽情欣赏秦岭千山叠翠、万峰连绵的壮阔景象。

岳伏嘴峰顶有一近百米长、10余米宽、约2亩地大小的平台。据县志记载，这里过去有一道庵"白云宫"，三间三进庭院，长年住有尼姑，每年六月十八为庙会日，香火甚盛。1949年初，白云宫毁于大火。我们在遗址还能见到残砖碎瓦。

据村民讲，牛角沟村内原有一个不小的佛寺，是白云宫的生活补给区。寺庙建、毁时间无考，但用过的石磨、石碾和大量古建砖瓦至今还能见到。白云宫和佛寺规模都不小，这可能与牛角沟是南山与白鹿原的交通要道有关。猜想多年经行此路的王维，曾常于该道观和佛寺停留，应当是情理中事。

"摩诘小道"四奇石

下了岳伏嘴，折而向北行几百米，便进入了这次考察的目标路段。这段尤风岭也叫"长梁"，是海拔八九百米左右的一段山脊。长梁向辋峪盆地方向高度渐次降低，并形成数道裂沟。在陶峪河沟与沙沟两沟道之间的界梁，人称"湾子梁"，就是

"摩诘小道"的所在。湾子梁顶部与长梁的结合处，地形多变，小道循地形呈"之"字形曲折迂回，然后顺梁向东北平缓下延约 4000 米后，过了郭岭村和望亲坡，就进入辋峪北端。

这段路不用翻山过沟，无险道陡坡，但荆棘丛生，茅草过腰，有一条据说是采药和抒槐花山民踩出来的羊肠小道。考察队伍在起伏的山梁和树海绿涛间时隐时现，前呼后应，鱼贯而行。湾子梁地质很特别，几乎全是清一色的粗细沙砾土，但吊诡的是，沿路连小石块都很少见到的沙梁，却孤零零的"摆"着 3 处共 4 尊大石头，似天外飞来一般。

考察组前行不多时，就看到了第一处的两块"上马石"。二石若小方桌般大小，相距六七米分列在路两边。当地人说，过路在此歇息的客商官吏，休息起身时踏此石上马。

从上马石处再前行约 200 米，路旁有一更大点的"歇脚石"，形似旧时小脚女人脚尖状的怪石头，人称"媳妇脚"。

要说上马石和歇脚石与行旅的关系还不是很明显的话，第三处的"饮马石"则是这条道路往来人流甚众，且多有骑马、赶骡官吏客商的见证之物了。

饮马石在歇脚石东北方向约 100 米处，呈柱础状，上方中间有一凹坑，明显是人工凿成，看凹洞的大小，足可盛下大半桶水。想象水的来源，除雨水和行人携带的水以外，周围也许有细小水源可供取用。

这三处奇石，在当地老人中"知名度"很高，稍一打听，就能说出不少行走此路的故事，其中也有一些王维骑马带着仆人经行此道的传说。

王维进出辋川经行路线（望亲坡线）示意图

鉴于体力和时间的原因，原计划"摩诘小道"的步行考察就到此为止。于是，大家在树丛中席地而坐，喝水小憩，并分享了带来的黄瓜、樱桃等，合影留念后，便循原路返回。下了尤风岭，又乘车到牛角沟村南不远的董岭村一户颇具特色的民宿吃了点午餐。

回顾上午的考察结果，大家兴致很高，议论热烈。有三点共同感觉：一是这条路虽也有起伏盘折，但不爬山，不翻沟，总体相对平缓；二是沙质地面，较之巉岩乱石，人畜行走"足感"较舒坦，且便于修整拓宽。这次行走的虽是羊肠小道，但从坡势路形看，古代路面应当不会太窄；三是从已知的使用情况、当地传说和饮马石、上马石等情况判断，这条路人气甚旺，使用较多。综合起来，将其确定为王维进出辋川的路径，有较为充分的合理性和可能性。大家希望接续的研究能再深入一步，以获取更有价值的证据。

雄关漫道青泥岭

王维在《林园即事寄舍弟紞》里介绍他的孟城坳山居环境时说："后浦通河渭，前山包鄢郢。"这是说他坐南向北的辋川居第，庄后是辋河，辋河经灞河、渭河最终汇入了黄河；庄前面对的是峣山，上有横亘而过的号称"北起咸阳、南极荆楚"的秦楚古道（今称"蓝关古道"），向南一直通向古楚国的鄢都和郢都。

午餐后，大家又马不停蹄的驱车登上峣山，在云烟苍茫中开始了蓝关古道的考察活动。

蓝关古道即秦国通往楚国的古代驿路"秦楚道"。它北起咸阳，南达荆楚，全路最险阻之处，就是上、下峣山东西长约30华里的一段山路。峣山也叫青泥岭，最高海拔1700多米，是王维隐居的辋峪和杜甫"蓝水远从千涧落"吟咏的蓝峪两个峪道的界山。峣山东、西两端分别有两面大陡坡叫十二筝坡和七盘坡。唐人杜佑《通典》说："七盘、十二筝，蓝田之险路。"所谓"蓝关"，就是由七盘关、筝坡关和位于二者中间起连接、呼应作用的六郎关三个关隘共同构成的军事防卫线。因了韩愈"云横秦岭家何在，雪拥蓝关马不前"的不朽诗句，蓝关古道闻名遐迩。

蓝关古道是古代沟通南北重要的官道、兵道和商道，秦始皇5次出巡，有两次经过此道。出入古道的兵战不下50次。唐代是其最繁荣、最繁忙的时期，留下的唐诗多达数百首，因而被誉为"唐诗道"。王维也有一首古道送别诗《送李太守赴上洛》。

考察组由西而东，遇关即停，逢景听讲，依次考察了竹篑山、七盘坡垭口、风门子、桓公堆、六郎关、筝坡关诸要隘，参观了摩崖石刻和古道遗物——筝坡关门墩石，犹如穿越了千年历史烽烟，真切地感受了古道深厚的历史文化积淀。

竹篑山 位于辋峪西北端，此山与峣山夹峙之处，就是辋峪口。《汉书·高祖纪》所说刘邦"绕峣关，逾篑山，击秦军，大破之蓝田南"的"篑山"即此山。它也是《白鹿原》中"棒槌山"的原型。

七盘坡垭口 蓝关古道古时的经行路线，是从蓝田县城东南行10多里，从坡底村攀上10里七盘山，经此垭口折而向东的。秦始皇5次东巡，其中有也两次经过这里。坡中腰的七盘关（也叫鸡头关），是构成蓝关的三大关隘之一。

风门子 过了七盘坡垭口再前行里余，有一窄狭的山口叫"风门子"。当地人说，这儿一年只刮一场风——从大年初一刮到大年三十。由于多强风，不长大树，小树的树冠都被整理成"一边倒"了。

蟒石湾摩崖石刻 这是蓝关古道5处摩崖石刻中最大也是保存最好的一处，记载的是清乾隆年间陕西巡抚陈宏谋捐资修路之事。碑文是："皇清乾隆拾壹年丙寅季夏谷旦/陈大丞捐修大路，化险为平。士民商旅公颂功德，勒石为记。公讳弘谋字汝咨，号榕门，广西桂临（应为临桂）人，雍正元年癸卯解元词林。各省往来客民公立"。

桓公堆 位于古道南侧，长约10里的山梁，因东晋桓温征关中在此驻兵而得名。在清一色的花岗岩地貌的秦岭北麓，只有蓝田的桓公堆所在的地质带是典型的喀斯特地貌（即岩溶地貌）。因为这种特殊地质结构，上天送给了蓝田两样宝贝：一是蓝田玉，一是溶洞群。

六郎关 这里原先是北面的峣山向南突出的一个高梁，关门就建于高梁上，南临峣山与桓公堆相夹的深渊，乃是据险而守的关隘。此关东、西距筝坡关、七盘关分别为5000米和4000米，主要对二关起连接呼应作用。

筝坡关 位于峣山的最东端山麓，因大坡陡峭坡道多重盘折而得名"十二筝坡"（筝在汉晋以前是十二弦）。峣山和桓公堆左右夹峙的筝坡关，是蓝关三关中最大最险要的一个关隘，一夫当关，万夫莫开，首都长安对于来自东南军事威胁的阻遏、防卫，首先且主要由这个关隘担任。坡中腰西侧，有一处葬埋阵亡士卒的"万人坑"。

筝坡关门墩石　现保藏在筝坡关大坡脑村陈根让家。这个唯一可以见证古道历史的遗物，就是这位老人年轻时从筝坡半腰抬回来的。

古道旅游线路蓝桥入口　位于筝坡坡底与蓝峪川道相接处。从这里沿312国道再向南行1000米，就是白居易写《蓝桥驿见元九诗》（"每到驿亭先下马，循墙绕柱觅君诗"）的蓝桥驿了。

全天的考察工作，于下午六点半左右圆满结束。全体人员在古道蓝桥入口景观处合影留念后，驱车分别从蓝小公路和G40国道返回蓝田和西安。

近年来，王维辋川文化研究，在蓝田全域旅游事业的推动下，在中国王维研究会的支持指导下，不断取得令人可喜的进展。这次田野考察，学者们走出卷帙浩繁的书斋，深入到先贤诗文的文学现场，既是一次拥抱自然、骋怀驰目的文学旅行，也是触摸实际、增加感性认识的生动有趣的学术研究。回顾这次轻松愉快而又丰富扎实的考察活动，笔者思绪难抑，临屏寄怀，敲下一首七言律诗《喜陪中国王维研究会同仁考察摩诘小道》：

桃源陈迹已千年，异代知音聚众贤。
但向荒烟寻古径，不辞霜鬓走云巅。
春山在望入怀抱，碧水临流诵隽篇。
好借禅心消世虑，辋川烟岫共留连。

第十章

"辋川园林"考辨[1]

---

[1] 本文原名《论"辋川二十景"并非人工园林》，为作者创作的学术论文。

[2] 涉王维辋川园林的园林史专著：周维权《中国古典园林史》、汪菊渊《中国古代园林史》、岳毅平《中国古代园林人物研究》、吕明伟《中国古代造园家》、周云庵《陕西园林史》、郭凤平/方建斌《中外园林史》、李浩《唐代园林别业考录》、黄震宇/唐鸣镝《古建园林赏析》。

王维于天宝初年寓居蓝田辋川以来，在这个世外桃源过着悠游山水、吟诗作画的半官半隐生活。王维在这一时期的诗画创作成就，达到了中国山水诗、山水画的巅峰，其寄情山水、恬静闲适的生活方式，也颇受后世士大夫的推崇和向往。王维文学接受和王维学术研究渐成热潮，在广大文学受众和专家学者给予很高关注度的王维辋川文化遗产中，除了辋川诗、《辋川图》和王维辋川恬静、闲逸生活方式外，还有一个热度不低的关注点，就是"王维辋川园林"。

一、"辋川园林"成学术研究热门选题

20世纪八九十年代以来，随着王维研究热的渐次兴起，以辋川园林为学术研究选题者越来越多。据笔者统计，至少有8部园林史专著[2]将王维辋川园林列入书中内容，报刊、网络上有关于辋川园林的文章亦屡见不鲜。辋川园林也是美术史和园林等相关专业研究生毕业论文的热门选题。笔者曾在百度上输入关键词语"辋川园林"进行检索，显示的相关信息竟有数百万条；输入"王维辋川园林造园特点"，相关论文篇目竟有几十篇之多。很多文章、著作中，对辋川园林给予很高的评价，如认为王维"是唐代的杰出……造园艺术家"[1]，"对后世有着深远的影响，奠定了宋以后文人园的基础，更是直接影响造园艺术的发展"[2]。更有甚者，称辋川园林"胜概冠秦雍，极天下园林之最"[3]。

当然，对辋川园林持否定观点的也有，只是极其个别。经在中国知网检索，仅有陈铁民《辋川别业遗址与王维辋川诗》、乔永强《"辋川别业"不是园林》两文，但确有灼见真知，可惜未能引起学界的普遍重视。

肯定辋川园林的这类文章，有一个共同特点，即：虽对王维辋川园林赋予很多赞美性描述和夸张性评价，但却对该园林的具体情况，如规模边界、空间结构、功能区域等基本问题无法作出具体、明确的交代和表述。其基本立论模式是：将《辋川集》《辋川图》作为立论依据，将二者诗、画所描绘的山水景物（俗称"辋川二十景"），整体地看作是王维辋川别业的构成要件，再通过一番想象和推断，肯定辋川别业就是王维营造的辋川园林实体，并在此基础上分析总结辋川园林的构成要素、造园理念、构园手法、艺术风格及其在园林史上的地位和影响等等。

笔者为蓝田本地人，长期关注王维辋川文化及其学术研究

---

1 康汉起. 透过辋川集分析王维的造园思想[J]. 广东园林，2005, 31（5）：3.

2 杨萧凝. 唐代王维辋川园林研究[D]. 西安：西安建筑科技大学，2016.

3 曾宏根. 诗佛王维与辋川[M]. 西安：西安出版社，2020.

动态。为探明王维辋川别业和辋川园林的真实历史，曾无数次深入王维辋川遗址区，全面勘察辋川地形地貌，深入踏访、考辨王维辋川遗迹及其诗文的文学地理。在此基础上，结合对王维诗文及有关文献资料的梳理研究，抽丝剥茧，去伪存真，逐步弄清了"辋川二十景"与辋川别业的关系，追索、探明了所谓王维辋川园林的真相。本文拟就笔者掌握的《辋川集》《辋川图》、"辋川二十景"与王维辋川别业的实际情况及其相互关系，谈谈对辋川园林真实性的看法。

二、"二十景"多为自然山水而非人为建造

王维《辋川集·序》曰："余别业在辋川山谷，其游止有孟城坳、华子冈、文杏馆、斤竹岭、鹿柴、木兰柴、茱萸泮（亦作茱萸沜）、宫槐陌、临湖亭、南垞、欹湖、柳浪、栾家濑、金屑泉、白石滩、北垞、竹里馆、辛夷坞、漆园、椒园等，与裴迪闲暇，各赋绝句云尔。"序里提到的辋川 20 处胜景，被后世称之为"辋川二十景"。千百年来，"辋川二十景"已成为王维辋川别业山水环境的标志性构成，成为王维辋川历史文化遗存的标签，闻名遐迩，享誉古今。王维辋川诗画和王维辋川文化的研究者，也多涉"辋川二十景"的研究。前述有关著作和文章，正是将"辋川二十景"归为王维别业所有，并在此基础上将其看作是构成辋川园林主体的山石、水体、花木、建筑等基本园林要素的。

然而，历史真实确实如此吗？

要回答这个问题，首先要弄清一个关键词语，即王维《辋

川集·序》中所说的"游止"。王维说"余别业在辋川山谷,其游止有(以下罗列20处景点名称)……",这就是说,王维把他和裴迪吟咏的辋川20处风景名胜,都称作"游止"。那么游止是什么意思呢?《汉典》网、在线《汉语词典》、在线《汉语字典》等均解释为"犹游憩",即游览和小憩。如欧阳修《岘山亭记》:"山故有亭,世传以为叔子之所游止也。"是说岘山上原有一个亭子,人们传说这是在此地做官的羊祜(字叔子)游历休憩的地方。王维之于"辋川二十景""游止",亦如羊祜之于岘山亭"游止",也是他和裴迪在辋川山谷里悠游山水和小憩的去处。正如岘山亭不会是羊祜家的一样,"辋川二十景"也大都不属于王维所有。王维诗文中也从来没说过这些"游止"全是他的别业财产或经营范围,在新、旧《唐书》本传和《唐国史补》等正史记载中,全都找不到关于"辋川二十景"归属王维所有的任何文字。

还可以将"辋川二十景"与白居易的庐山草堂作以比较。庐山草堂是白居易的庐山别业,白居易亲自参与了他庐山园林的选址、规划和营造。而王维之于"辋川二十景",仅仅是停留在"游止"即观赏风景的层面,所以在王维诗文里,完全找不到类似白居易《庐山草堂记》里"因面峰腋寺,作为草堂……乐天既来为主"这一类记载的一词半语。

王维身后历经一千多年历史沧桑,"二十景"已经湮没于历史的长河中,其遗迹多无从辨识了。在蓝田全域旅游的推动下,从2015年起,笔者领衔的蓝田县王维文化研究会团队成员开始了寻找"辋川二十景"遗址的学术研究。团队主要以王维、裴迪辋川诗文为主要依据，适当参考史志记载、古今游记和中外学者研究成果，凭借人、地、事皆熟和时间不受限制的优势，对寻找"二十景"遗址投入了大量的时间和精力，进行了实地勘查和反复考辨。现已初步廓清并确定了"辋川二十景"其中15处景点的原址并完成了相关学术论文[1]。其余5处景点，因王维、裴迪诗文中毫无地理线索，尚未完成最后的考辨，但也根据辋川峪道的地形实际和"二十景"分布规律，推定其最有可能的所在位置，并在此基础上编绘出了王维辋川别业及二十景分布图（参见彩页22）。从此图可以看出，20里辋川峪道，除两山夹峙成深涧的峪口地段（峪口崖壁栈道唐时尚未开通）外，王维别业和"二十景"遗址就散布在10多里辋峪河谷里。

辋峪宽200~500米，出口和终端的海拔落差不足100米，是秦岭北麓几百个峪子里最宽、最平的峪道。这种宜居、宜耕的地理条件，造就了辋川峪道村大村多、人烟稠密的特点。现今仅10余里辋峪河谷中，就密集分布着闫家、河口、官上、山底、支家湾、白家坪6个行政村30多个自然村。现在虽无唐代辋川区划人口资料，但从王维辋川诗描写的"漠漠水田""孤烟远村""牛羊自归村巷""山村人夜归""渔樵稍欲稀""白水明田外""四面芙蓉开""渡头余落日，墟里上孤烟""深巷寒犬……村墟夜舂"等的山村景象，和反映农牧渔樵劳作场景的诗句"农月无闲人，倾家事南亩"（《新晴野望》）、"渡头灯火起，处处采菱归"（《山居即事》）、"竹喧归浣女，莲动下渔舟"（《山居秋暝》）、"蒸藜炊黍饷东菑"（《积雨辋川

---

[1] 笔者有关"辋川二十景"学术研究的论文有：《辋川二十景考辨》，载中国王维研究会《王维研究》第九辑，上海三联书店2024年9月版，第177—200页；《王维辋川庄考辨》，载中国王维研究会《王维研究》第八辑，上海三联书店2020年10月版，第270—278页。

庄作》)、"归来才及种春田"(《辋川别业》)等,可知当年辋川除一面大湖可营鱼虾荷菱产业外,处处可见耕地水田和应时农事,渔樵耕牧者劳作不息。这些劳动者当然是辋峪山、水、林、田的所有者和经营者。曾多次深入辋川实际考察的陈铁民先生也得出结论:"在辋川的那一段长约二十华里的'豁然开朗'的山谷中的山林土田,不大可能都属于王维一人所有。[1]"这一结论无疑是合情理的,也是符合实际的。

《辋川集》吟咏的20处景点,属于山体的有华子冈、斤竹岭、南垞、北垞等,它们是分属峣山、尤凤岭和全山山脉的自然山地,面积很大,如华子冈的峰峦沟壑从峪口到孟城坳,绵延了五六里。属于水体或水滨湿地的,有欹湖、柳浪、白石滩、栾家濑、茱萸泮等,其中欹湖或为地形所致的河成湖,南北逶迤近10里,东西最宽达500米,几乎覆盖了大半个辋谷腹地。以上这些体量庞大的山地和水域,构成了辋峪大自然的主体环境,是辋川山民世世代代繁衍生息的地理载体,属于全社会的公共资源,不可能为某个人所私有。而避世禅修来辋川隐居的王维,怎么可能将其整体地据为己有呢?退一步说,这些构成辋峪主体的山地水域若为王维所私有,那就等于王维买下了几乎整个辋峪,若如此,大量的辋川原居民将寄居何处,又何以为生呢?难不成都是王维家的佃户不成?"二十景"中的鹿柴、木兰柴、辛夷坞、宫槐陌等,顾名思义应是动植物的集中养殖种植场所,但也无任何证据可以判定其产权归属王维别业所有,反而有的明显可以看出是公共资源或公共场所。如宫槐陌,裴迪同题诗云:"门前宫槐陌,是向欹湖道"。诚如下文所云,

---

1 陈铁民. 辋川别业遗址与王维辋川诗 [J]. 中国典籍与文化, 1997(4):10-14.

王维居第是杂于孟城村落里巷之间的，那么王维门前这条通往欹湖的槐荫小道，就只能为村民公有而不会是王维家的私路。

"二十景"中的孟城坳，是王维初居辋川的宅第所在，《旧唐书》只说此为"得宋之问蓝田别墅"，没明确是"购得"，但产权承继关系应是当然的。孟城居第和王维在辋川后期的飞云山南麓山居（即清源寺、鹿苑寺的前身），应当就是所谓的王维辋川别业的基本建筑，自然属于王维私有。除此之外，有可能属于王维别业私有的，只有两园、两馆和一亭这5处。"两园"指"二十景"的漆园和椒园，王维上肃宗《请施庄为寺表》（此所施庄为王维后期飞云山居第）曰："臣亡母故博陵县君崔氏，师事大照禅师三十余岁，褐衣蔬食，持戒安禅，乐住山林，志求寂静。臣遂于蓝田县营山居一所，草堂精舍，竹林果园，并是亡亲宴坐之馀，经行之所"。王维这里所说的"竹林果园"，应该就是指的漆园、椒园。"两馆"指"二十景"的文杏馆和竹里馆，从王维"文杏裁为梁，香茅结为宇"（王维《文杏馆》）、"独坐幽篁里，弹琴复长啸"（王维《竹里馆》），裴迪"迢迢文杏馆，跻攀日已屡"（裴迪《文杏馆》）、"来过竹里馆，日与道相亲"（裴迪《竹里馆》）等诗句，推知二馆位于王维"草堂精舍"附近，为王维飞云山居第的附属建筑，当是主人吟诗、绘画、会客、礼佛之所。"一亭"就是"二十景"的临湖亭，位于王维孟城坳居第附近的欹湖岸边，有可能是王维出资承建的一座公共风景性建筑。以上这5处景点，都具有小型、简约、投资不多和多在王维居第附近的特点，将其归为王维别业的构成部分，有一定的合理性和可能性。但事实即便如此，仅有这几处零星小景点，是远远撑不起被称为"一代造园典范"和"超大型"辋川园林称号的，当然也不是辋川园林持论者心目中的王维园林的主要构成部分。

一些文章认为，"王维购得宋之问辋川别业后，曾扩建这个庄园，疏通辋水，开浚欹湖，广植竹木，修葺亭榭，建立了20个景点"，"经过20多年的精心营建，把30多里长的辋川，葺修成一个可耕、可牧、可樵、可渔的综合园林"[1]。这些说法，全无史料依据支撑，实乃想象演绎之词。对王维生平有所了解的读者，都知道王维虽出身仕宦之家，但担任地方官吏的父亲在王维幼年时就已去世，寡母带着王维兄妹6人辗转迁徙，艰难度日。王维仕途坎坷，长时期担任中、低级官职。这样一位普通的官员和文人，其财力怎么能支撑起如此浩大的工程费用？熟悉王维辋川诗文的读者也会奇怪，若说这是个经营多年、几乎占据整个辋峪的超大型园林，那么关于园林工程的谋划、选址、施工、产权以及古典园林中不可或缺的题额、楹联等等，怎么在王维的诗文中却了无痕迹呢？

北京林业大学园林学院的乔永强先生在《"辋川别业"不是园林》一文中，从专业角度上对所谓的辋川园林与城市园林在空间结构方面进行比较，指出辋川别业"使用权意义上的私权边界还呈现出模糊不清的状态，这个边界与周边作为公共资源的自然山水并没有人工标识的明显界限"，强调其不具备一般园林的基本特征。这一观点，击中的正是所有辋川园林持论者的"软肋"。

而有的文章可能也意识到了这方面的问题，于是提出了王

---

1 奕维岳.试论《王维辋川别墅》对我国园林建设艺术的贡献[J].文博, 1990(6): 41-44.

维辋川园林是"自然山水园林"和"在自然基础上稍加改建"的含糊说法。然而,"自然山水园林"的矛盾提法显然是不能成立的。既然是"自然山水",即就是再具有观赏性,总还是大自然的手笔,是不能称作"人工园林"的,否则,桂林山水不成了中国最大的园林了?反过来说,既称"园林",就必然是人工建造,怎么能是自然的呢?而持"在自然基础上稍加改建"说法者,也都无法明确列举出,到底"稍"做了哪些具体改建的事实。

三、《辋川图》是美术创作而非"二十景"写实

"辋川园林"持论者立论的依据,除《辋川集》外,另一个主要依据是王维《辋川图》。例如有的文章中写道:"通过图文并茂的辋川图,对辋川别业的营建有了更多直观的了解。""根据辋川图,探讨辋川园林的造园要素和造园理念及对古代、现代风景园林设计产生的影响。"

然而,王维《辋川图》并不能支持辋川园林的真实存在。

《辋川图》原画是绘于清源寺(其前身为王维飞云山故居,后更名"鹿苑寺")壁上的,后毁于晚唐的"会昌灭佛"中。其作为画稿的绢本《辋川图》,流传至元代也失传了。因此,后世层出不穷的《辋川图》皆为仿制,其中不乏名家之作,如北宋郭忠恕本,南宋赵孟頫本,元代王蒙、商琦本,明代仇英、文徵明本,清代王原祁本等。其中北宋郭忠恕《辋川图》,由于距离王维时代最近、绘画风格最接近王维而被认为最能代表王维,故以《辋川图》作辋川园林论据者,一般都是把郭忠恕《辋川图》所绘制的"辋川二十景",作为构成辋川园林的依

据。但若对郭忠恕《辋川图》作以深入研究，就会发现以此为据是大有问题的。

一是郭忠恕《辋川图》具有极为强烈的个性特色。郭忠恕擅长界画笔法，喜画富丽堂皇的亭台楼阁，所以很难说郭画到底在多大程度上是忠于王维原图的，更不能认为郭画就等于王维原图。尤其值得怀疑的是，郭画上的大片豪华建筑，在王维原画上是否真的存在？二是与"辋川二十景"文学实地勘察、考辨的结果相对照，郭画描绘的山水景物实况及其方位格局，与实际状况的差异实在是太大了。试举数端：

第一，从前述的"二十景"分布图可知，"二十景"散布于10余里辋峪河谷，辋水左右两岸都有，其中的鹿柴、木兰柴、栾家濑、南垞、茱萸泮等5处在左岸，其余的15处在右岸。但观郭图，除柳浪一处处于辋水左岸（即画面下方），其余各个景点全都在辋水右岸（即画面上方）一字排开。

第二，郭画上"二十景"的各自位置及相对顺序，大体与《辋川集》的顺序相同，但与"辋川二十景"分布的实际差异很大，基本不能对应。以南、北二垞为例：据王维诗句"北垞湖水北""轻舟南垞去，北垞淼难即"及实际考察、考辨可知，南垞和北垞是两座普通小山丘，由于其位置正当欹湖上、下游两端，是欹湖南北端点的标志，故得以成为二十胜景之一。但观郭画，二垞却相距不远，且都居欹湖的中腰部位。

第三，郭画所标示的景点，比"二十景"多出了一景"辋口庄"而成了21景。根据笔者的考辨，"辋口庄"是后人对王维辋川宅第的误读，在王维诗文里从来没有出现过这个称谓。习惯上"辋口"指辋峪北端出口约3里长的一段峡谷，这里窄逼险峻的地形，根本不可能、历史上也从没有存在过什么村居，也就是说，"辋口庄"实际是不存在的。但若将"辋口"解释为辋峪的终端口（南口），在此前提下所云之"辋口庄"，可以认为即王维飞云山居第（即清源寺前身）。但飞云山居第原址位于辋峪的南端尽头，而画面上"辋口庄"的位置，却与辋峪北口附近的华子冈、峪道中腰部的孟城坳相邻，其方位的错乱不言而喻。

第四，画面上的奢华建筑，集中分布在南垞、北垞、华子冈、辋口庄4个地方，而王维辋川山居建筑前后只两处，且这些富丽堂皇颇具规模的楼阁台榭，与王维自称"柴门""贫居"的辋川山庄，在数量、规模和风格上完全对不上号（本文后边还要专门说到这个问题）。

从以上几点可以看出，郭忠恕《辋川图》虽然也标有《辋川集》吟咏的"辋川二十景"，但与辋川实际地形、地貌以及王维辋川别业的实际，出入很大，故可以断定不是以辋川别业和所谓辋川园林为蓝本的写实性作品，而是作者按照自己的意图和旨趣创作的美术作品。既是艺术创作，则必然表现的是作者的主观理念，而且要遵循艺术规律，会按主次、远近、疏密、虚实等的对比、平衡、协调等构图原则来规划安排画面，是绝不会等同现代的照相摄影的。这也就是《辋川图》与辋川实际差别巨大的原因所在。

被认为最接近王维的郭忠恕《辋川图》尚且与辋川实际差别巨大，明清以来众多的其他版本的《辋川图》，与辋川实景就更无可对应性了。因为，自元末王蒙始，画者摹写《辋川图》出现了一个新动向，即改变了以往仅仅以郭忠恕版本为范本的习惯，更多的是刻意创造出属于"自己心目中的辋川"，亦即画家各自心中的桃花源，使每幅画作都呈现出不同的面貌。可以说，这些画者理想中的桃花源有多美，其笔下的《辋川图》就有多美。如若按图索骥，企图以这样的《辋川图》来还原辋川别业和园林的原貌，就难免陷于海市蜃楼之误！

　　当然，我们这样说，并不意味着要求《辋川图》必须画成辋川山水写实版，也绝不是否定各种《辋川图》作品的艺术价值和学术研究价值。由于王维的原画已不存世，人们企图间接通过郭本《辋川图》了解和研究王维的绘画艺术和审美情趣，其他版本繁多的后世仿制作品，也都是王维辋川文化接受和传承的产物，反映了历代士大夫阶层对王维辋川闲适、幽静的生活情趣和淡泊、高雅的人格范式的欣赏和追慕，自有其历史文化意义和艺术欣赏价值。而笔者所强调的是，既然以郭本《辋川图》为代表的《辋川图》仿制本都不是辋川别业和园林的写实作品，那么，以《辋川图》为据而进行的对王维辋川别业和基于此的"辋川园林"的分析、判断和逻辑总结，都只能是空中楼阁，毫无意义。

四、王维别业就是普通隐士山居而非豪华广厦

　　通过上面的分析可知，《辋川图》和《辋川集》中表现的山水景点，现实中不会都属于王维所有，也大都不在辋川别业的范围之内，那么，"辋川二十景"整体上来说就不能作为王维辋川园林的支撑证据。接下来，我们进一步具体分析一

下，王维的辋川别业到底是个什么状况，能不能被称作"辋川园林"？

众多文献资料表明，王维在辋川的居第共有两处。《旧唐书》本传说王维"得宋之问蓝田别墅"[1]，王维《辋川集》开篇《孟城坳》即云"新家孟城口"，可证孟城坳（即宋之问蓝田别墅）是王维最初入住辋川的地方。孟城的前身为公元417年南朝宋武帝刘裕征关中时所建的兵营性质的关城，至王维天宝元年（742）入住时已过了320多年。从裴迪诗句"结庐古城下，时登古城上。古城非畴昔，今人自来往"可知，其时城垣还残存。王维孟城坳的前主人宋之问，曾写诗"辋川朝伐木，蓝水暮浇田"（《蓝田山庄》）描写自己的别业生活，但没有留下关于山庄位置、规模、房产、田园等方面的具体信息。从王维有关诗文可知，王维时的孟城已成为居民聚集的村落：在《辋川别业》诗中，王维写他离开近一年回到辋川时，众多的乡邻朋友——"优娄比丘经论学，伛偻丈人乡里贤"都来了，宾主"相欢语笑衡门前"。在《赠刘蓝田》诗里，写到因夜间犬吠而到篱外察看，原来是一帮去县衙交田税夜归的农人。再如"农月无闲人，倾家事南亩"（《新晴野望》）、"渡头灯火起，处处采菱归"（《山居即事》）、"竹喧归浣女，莲动下渔舟"（《山居秋暝》）等场景，也足以证明此处人烟繁盛，孟城坳内绝非仅有王维一户人家。从王维给弟弟写诗介绍自己的山居情况的"郭门临渡头，村树连溪口"（《新晴野望》），"山阴多北户，泉水在东邻"（《山中示弟》），以及"采菱渡头风急，策杖村西日斜"（《田园乐七首之三》）等诗句，可以看出王维宅第是

---

[1] 刘昫，等. 旧唐书[M]. 北京：中华书局，1975.

处于城郭之内、村巷之间的，而不是独占整个古城，其规模，充其量也就是比较大一点的宅院屋宇，不大可能是那种占地辽阔的独立阔绰的地主庄园。

大约因为孟城坳人烟喧嚣，王维为避繁趋静，后期迁居到辋峪终端的飞云山南麓。这里两山夹一水，绝谷幽涧，距离辋峪尽头最后一个村庄白家坪将近二里，是真正的深山僻壤，王维山居就位于辋河北岸一段仄狭的山麓台地。有一次，有个苏员外来此拜访王维，见王维不在就回去了，王维为此给他写诗致歉说："贫居依谷口，乔木带荒村。石路枉回驾，山家谁候门"（《酬虞部苏员外过蓝田别业不见留之作》）。在《酬诸公见过》里，王维也曾用"荒村""荆扉"形容他的这所飞云山山居。这些山居主人关于自己宅第荒僻、空寂状况的描写，可证唐末冯贽《云仙杂记》所云"（王维别业）日有十数扫饰者，使两童专掌缚帚，而有时不给"完全是虚妄之说。

从以上诗句还可以看出，王维辋川别业的前后两处宅第建筑，前者杂于村巷，后者地处窄境，都没有营建大规模庄园或大型园林的地理条件。王维《辋川集》中吟咏的山水胜景，与王维辋川别业山庄，在空间上并没有相互包含的地理关系。

那么，王维辋川山庄的主体建筑是怎样的呢？由于史料缺失，目前对其建筑规模、形状规制、占地面积、附属设施等具体情况无从得知，但从涉及其宅第的王维诗文还是可以获得一个基本的印象。可以从王维诗文中窥见其对辋川山居是怎么定性的：

曰"贫居""荒村"："贫居依谷口，乔木带荒村"（《酬虞部苏员外过蓝田别业不见留之作》）；

曰"柴门"："倚杖柴门外，临风听暮蝉"（《辋川闲居赠裴秀才迪》）；

曰"荆扉""柴扉"："我闻有客，足扫荆扉"（《酬诸公见过》）；"东皋春草色，惆怅掩柴扉"（《归辋川作》）；

曰"蓬径"："何人顾蓬径，空愧求羊踪"（《黎拾遗昕裴秀才迪见过秋夜对雨之作》）；

曰"衡门（横木做成的简陋房屋）"："披衣倒屣且相见，相欢语笑衡门前"（《辋川别业》）。

这些指向相同的形容词，强调了主人公宅第的鲜明特点：简陋。退一步说，即便不说是简陋，最起码也是寻常的民居而非奢华宏富的豪门大宅。但这会是王维的谦辞，抑或是隐士喜称其居第为草堂的习惯使然吗？有两份一手史料可以回答这个问题：

一是王维《酬诸公见过》诗，写他母丧丁忧辋川期间接待来访朝中诸公的事，从诗中所述以下细节可以窥见别业的简陋现实：山居没有丰盛的客馔，能拿出的只有自产的瓜枣（"箪食伊何？副瓜抓枣"）；没有体面的坐席，只好让来宾坐在铺于地上的荆条禾杆（"愧无莞簟，班荆席藁"）。这首诗是为答谢朋友探访，或是为酬答朋友的赠诗而写给来过辋川的同僚诸公看的，感情应是真诚的，内容也不可能是虚构的。

二是王维上肃宗的《请施庄为寺表》："臣遂于蓝田县营山居一所，草堂精舍，竹林果园，并是亡亲宴坐之余，经行之所……伏乞施此庄为一小寺，兼望抽诸寺名行僧七人，精勤禅诵，斋戒住持，上报圣恩，下酬慈爱。"表章清楚地表明，所谓的辋川别业，也就是"山居一所"，山居里何所有？惟"草堂精舍，竹林果园"而已。既称"草堂"，就不会是什么雕梁画栋的楼阁亭榭，其附属物也只有供母亲礼佛宴坐、经行的"竹林果园"，而不是如《云仙杂记》所云"宅宇既广，山林亦远"。这与表后面所说的"施此庄为一小寺"（请注意寺的修饰语"小"）的口径也是吻合的。若说诗文中的"贫居""荆扉"一类词汇还有自谦可能的话，给皇上的表章则应是实打实的文字，若将大说小，将有说无，那恐怕就难免欺君之罪了。忠君孝亲、笃信佛禅的王维，捐庄为寺的目的，就是为了获得福报，为皇上"献如天之寿"和为亡母祈得冥福，他的捐献行为无疑是满怀虔诚的，毫无保留的，表内所列财产，恐怕就是王维在辋川的全部所有，不可能将一个覆盖了几乎整个辋峪的偌大园林藏着掖着，而只捐出一座"草堂"和附属的小片"竹林果园"表其忠心。

我们还可以从王维诗友们的辋川诗中得到佐证：

王维去世前后，共有六七位诗人写有到访辋川的诗作。如：杜甫《崔氏东山草堂》、钱起《中书王舍人辋川旧居》、白居易《宿清源寺》、元稹《山竹枝》《辋川》、耿湋《题清源寺》、温庭筠《寄清源寺僧》等，这些作品中，无一处描写过辋川有富丽宏大的建筑或园林。相反，杜甫来访王维不遇，写下了"何为西庄王给事，柴门空闭锁松筠"（《崔氏东山草堂》）之句。若说王维称"柴门"是自谦，杜甫也称"柴门"，就不能用自谦解释了。王维居第若是雕梁画栋，杜诗无疑会用上"画楼""华屋"一类应景敬辞了。

看来王维的辋川别业,与《辋川图》所画的豪华非凡的建筑大不相类,它既非富丽堂皇的楼榭亭台,也不是遍布辋峪的连片广厦,究其实际,恐怕与一般隐士的所谓草堂、茅屋没有什么两样。这也与两《唐书》本传的"兄弟皆笃志奉佛,食不荤,衣不文采"[1]、"维弟兄俱奉佛,居常蔬食,不茹荤血。晚年长斋,不衣文彩……斋中无所有,唯茶铛、药臼、经案、绳床而已"等记载是一致的。作为隐士和佛教居士双重身份的王维,安贫尚简的隐逸风尚,清心寡欲的禅修生活,决定了他辋川生活的底色,必然是清静无为、摒弃物欲的。对心灵修行的不懈追求,铸就了王维辋川诗画恬淡、自然的艺术特色,和超然物外、无欲无求的生命理念。他妻亡后没有再娶,没有子女,不营家产,临终多次上表,将仅有的辋川山居和两份职分田捐缴朝廷。无法想象,这样一个禁欲禅修、恬淡自守的王维,会在辋川有过大兴土木、大建园林、与民争利的另一种穷奢极欲的人生。

五、结论

综上所述,王维辋川别业就是一座普通的隐士山居,《辋川集》吟咏过的20处辋川胜景,多为自然山水而非人工建造,是公共资源而不可能为王维私人所据有。《辋川图》虽以"二十景"为素材,但其本质是美术创作而非辋川山水和王维辋川别业的客观写实。因此,以《辋川集》《辋川图》为依据,将其所呈现的"辋川二十景"诗画意象假设为王维辋川别业的实际构成,进而得出王维建造了辋川园林的推论是不成立的。

---

1 欧阳修,宋祁,等. 新唐书[M]. 北京:中华书局,1945:576.

第十一章
王维隐居辋川期间的两大不幸遭遇

在唐朝政治日益腐败、奸佞小人横行朝廷的大背景下，王维退隐辋川，本意之一是要寻找一块净土，一处避风港。初到辋川时，他确实如愿以偿地"偏安"了六七年时间，过着有事上朝办公、无事回别业休闲的半官半隐"神仙"生活。但天有不测风云，辋川岁月的中后期，王维先后遭遇了亲丧、国难两大不幸，甚至出现了重大人生危机，令诗人的身心受到沉重打击。

母丧丁忧辋川

王维老家所在的太原王氏家族，和他母亲的博陵崔氏家族，是当时有名的王、卢、郑、崔"四姓七望"的名族世家，但显赫的家族背景并没有使王维成为钟鸣鼎食的豪门贵子。王维还年幼时，父亲王处廉即死在汾州司马任上，身后留下王维兄妹

6个年幼孩子。母亲崔氏独守抚孤，辗转迁居，王维从此也把所有的孝心倾注在母亲身上，极力体贴和奉报母亲。他30岁妻亡后没有再娶，终生与母亲相依相守，并为禅修求静的母亲精心寻觅和营造了地僻境幽的蓝田辋川别业。从王维上肃宗的《请施庄为寺表》中所说的"臣亡母……褐衣蔬食，持戒安禅，乐住山林，志求寂静，臣遂于蓝田县营造山居一所。草堂精舍，竹林果园，并是亡亲宴坐之余，经行之所"可推知，"辋川二十景"中的竹里馆、漆园、椒园，就有可能是王维专门为母亲奉佛静修营造的。唐代时出辋峪要翻过的第一个山岗叫"望亲坡"，当地人盛传，这个山头就是王维每当离开或回到辋川时深情眺望母亲之处。可见王维的孝行，在当时辋川乡民中也是有口皆碑的。所以《旧唐书》有王维"事母崔氏以孝闻"的评价。

孤子寡母相恤相濡的辋川岁月大约持续了七八年时间，天宝九载（750）春，王维的母亲病故了。可以想象这对王维的打击有多沉重。《旧唐书》形容他"柴毁骨立，殆不胜丧"，称他因过分哀痛吃不下饭，睡不着觉，人被折磨得骨瘦如柴，几乎要崩溃了！古代，父母死后，子女按礼须守孝三年（实际为27个月），其间不得行婚嫁之事，不预吉庆之典，任官者必须离职，称"丁忧"。王维于是辞官离朝，终止了一切政务，回辋川为母亲庐墓守孝。直到天宝十一载（752）的三月初回朝复职，前后共两年零三个月。这也是他居辋川后时间最长的一次真正的"屏居"。

能显示王维悲痛欲绝的还有一个例证是，年方50出头、正值文学创作盛期的王维，竟然几乎完全搁笔了！在这长达两年多时间里，现在能看到的他的作品只有一文一诗。从有关情况看，这两篇诗文，也是在特殊情况下不得已而为之的。

这一文，就是为前京兆尹（相当于首都长安市长）韩朝宗写了墓志铭。天宝十载（751）十月，韩朝宗葬于蓝田县白鹿原，韩朝宗的儿子请王维写墓志铭。一则韩"市长"乃王维的"父母官"，二则其终葬之地是蓝田，三则王维其时也正巧在蓝田屏居，可知这篇铭文他是实在推辞不了的。

这一诗，就是《酬诸公见过》，作者在题下还特别加注"时官出，在辋川庄"，证明确实写于丁忧辋川之时。诗是因朋友们来辋川看望他而作的。"酬"就是以诗酬和作答，有可能是朋友就此事写诗寄给他，王维以诗回赠作答，或是感于朋友远道跋涉探望的盛情，不能不有所表示——总之是拘于礼数而不得不作的。

这首四言纪事长诗，所包含的信息量不少，除了表达哀痛、幽独的思想感情外，内容还涉及诗人家居设施、周围环境、起居劳作、待客清扫等细节，是了解王维丁忧生活乃至辋川隐居日常的第一手资料。现将《酬诸公见过（时官出，在辋川庄）》全诗分段释译于后：

嗟予未丧，哀此孤生。

屏居蓝田，薄地躬耕。

岁晏输税，以奉粢盛。

晨往东皋，草露未晞。

　　　　　暮看烟火，负担来归。

　　这10句诗，是说母亲去世后，自己孤独地在辋川过着屏居躬耕的生活。诗意为：可叹啊，我这个母、妻皆丧独己尚在之人，凄苦地过着这孤独的生活。在这几乎与世隔绝的蓝田辋川，亲手耕种着一些瘠薄的田地，到了年底缴纳赋税，以充朝廷祭祀所用。清晨趁着露水下田干活，傍晚看见炊烟升起，才肩负担挑归来。

　　　　　我闻有客，足扫荆扉。
　　　　　箪食伊何，副瓜抓枣。
　　　　　仰厕群贤，皤然一老。
　　　　　愧无莞簟，班荆席藁。

　　这8句诗，写朋友来访和作者尽力接待。诗意为：我听说有朋友来访，就认真地清扫了茅屋的里里外外。山庄里没有珍馐佳肴招待，只有自产的瓜枣。我自己已是一个鬓发斑白的老朽，羞于并列于来访的群贤之中。最惭愧的是连像样的座席都没有，竟是把荆条和禾秆铺在地上请客人来坐。

　　　　　泛泛登陂，折彼荷花。
　　　　　静观素鲔，俯映白沙。

　　这4句诗写作者陪朋友泛舟欹湖的景象。诗意为：陪诸公到欹湖泛舟闲游，攀折湖中的荷花，静静地观赏白色鲟鱼，俯看浅水中的白沙。

> 山鸟群飞，日隐轻霞。
> 登车上马，倏忽云散。
> 雀噪荒村，鸡鸣空馆。
> 还复幽独，重欷累叹。

这8句诗写傍晚朋友离去和朋友走后作者的心情。诗意为：山鸟成群飞来飞去，太阳隐没在轻淡的云霞中。客人们告别登车上马，顷刻之间就主宾云散。鸡鸣雀噪，空馆荒村，我又开始了幽寂孤独的生活，禁不住不停地抽泣叹息。

从这首诗可以看出以下几点：

第一，王维的辋川山庄并不像记录奇观异闻的古小说《云仙杂记》所说的"宅宇既广，山林亦远，而性好温洁，地不容浮尘，日有十数扫饰者，使两童专掌缚帚，而有时不给。"也没有如后世流传的各种版本《辋川图》所绘那样的楼台亭榭、画梁雕栋。相反，山庄陈设简陋的程度令人惊诧，从只能让来宾坐在荆条禾秆上这一细节足可窥斑见豹。而王维称自己的居所为"荆扉"，亦即柴门、茅屋，看来也不完全是谦辞。

第二，王维的日常生活，即便完全不像一般人想象的那样锦衣玉食、灯红酒绿，最低也应是上流社会的样子。而实际情况是诸公的突然造访，令王维猝不及防，能拿出的只有自产的瓜枣，而不是招待官场朋友起码应有的体面酒食。这其实和

《新唐书》记载的"兄弟皆笃志奉佛,食不荤,衣不文采"是一致的。而为了缴纳土地赋税,王维还得早出晚归背负肩挑地躬耕劳作,就连洒扫清除,也是亲力亲为。看到王维如此的辋川光景,有的读者朋友可能诧异甚至不敢相信,怀疑作者写的是否是真实情况?其实,诗是写给来过辋川的诸公看的,应该都是实情。但何以至此?这一方面可能和安贫尚简的隐逸风尚、清心寡欲的禅修生活方式有关,但主要还是因了"丁忧"的古俗。古时有孝在身的人,依俗日常生活当一律从简,甚至是从陋,包括不理发更衣,不饮酒食肉,不与妻妾同房,不作乐,不赴举,不参与吉席,不外出访友等。所以,诗中关于贫陋力耕等细节描写,都是可以理解的,也应是真实的。

第三,《旧唐书》评价王维"事母崔氏以孝闻",联系王维这首诗传达出的信息,应为不虚。王维母是正月去世的,按诸公来访时招待以枣子,季节应是当年秋天或翌年秋天,丧事已过去了短则 7 个月,长则 20 个月了,但深陷悲痛之中的王维仍不能自拔。诗开头和结尾堆砌了"嗟""哀""幽独""歔叹"等沉重字眼,还用"复""重""累"层层推进和加深,彰显了哀痛之重、之深、之久。这也为"殆不胜丧"的记载和"望亲坡"的传说作了可信的注脚。

陷贼迫受伪职

王维隐居辋川十二三年时,唐帝国发生了一件惊天动地的大事,不但彻底中断了王维辋川隐居平静生活,甚至几乎葬送了王维的政治生命,56 岁的王维不幸遇上了唐王朝那场巨大的政权危机——安史之乱。

天宝十四载（755）十一月，身兼范阳、平卢、河东三镇节度使的安禄山发动叛乱，十二月攻克东都洛阳，唐朝廷陷入一片惊恐慌乱之中。第二年的六月十二日，唐玄宗登临勤政楼，宣称要御驾亲征。但当天夜里没等天明，便带着杨贵妃姐妹、皇子皇孙、少数亲信大臣以及宦官亲兵，偷偷溜出长安城，往四川逃难去了。此刻，众多的王公大臣、皇亲国戚都被蒙在鼓里。时任给事中的王维也同许多大臣一样，依旧按部就班去上朝。这时，长安城被叛军包围并攻破了，王维与300多名同样没来得及逃跑的朝廷官员，一块被俘并被押解到叛军盘踞的首都洛。安禄山为了笼络人心，借重王维名气，强迫王维担任了伪职给事中。

关于这一遭遇，王维有一段真切的自述文字，出自王维所撰韦斌《神道碑铭》（相当于墓志铭）中。韦斌是朝廷重臣，是薛王李业的驸马，唐玄宗的侄驸马、肃宗的堂妹夫。韦斌时任临汝郡太守，战败被俘后为了保全家眷而接受了伪职黄门侍郎，后"吞药自裁，呕血而死"。乱平后，受到朝廷褒旌并追赠官职秘书监。王维就是受命为他撰写碑铭的。现节录韦斌《神道碑铭》碑文的有关部分并译释如下：

呜呼！上京既骇，法驾大迁。天地不仁，谷洛方斗，凿齿入国，磨牙食人。君子为投槛之猿，小臣若丧家之狗。

这一节写当时的紧急形势。大意是：令人悲伤啊！潼关被攻破后，京城震惊，皇上的车驾大转移。天地没了仁爱，恶人就像谷水洛水泛滥肆虐。牙齿如同凿子般的野兽进入都城，正磨利牙齿准备吃人。京城里的高官好比关进笼子的猴子，小吏犹如丧家之犬。

伪疾将遁，以猜见囚。勺饮不入者一旬，秽溺不离者十月；白刃临者四至，赤棒守者五人。刀环筑口，戟枝叉颈，缚送贼庭。实赖天幸，上帝不降罪疾，逆贼恫瘝在身，无暇戮人，自忧为厉。

这一节写王维自己被俘被监押的过程。大意是：我假装成病人准备逃走，因被贼人怀疑而被关了起来。那时汤水不入口达10天，屎尿不离身有10个月。四面都有持快刀监视的人，拿着赤棒看守的人共有5个。他们用刀环击打我的嘴巴，用戟刃横叉我的脖子。我被捆绑着押送到贼寇的官衙。实在是仰赖了上天赐予的侥幸，老天爷没有降下灾难——安禄山病痛在身，没有空闲杀人，正在为他身上长的恶疮发愁呢。

公哀予微节，私予以诚，推食饭我，致馆休我。毕今日欢，泣数行下，示予佩玦，斫手长吁。座客更衣，附耳而语，指其心曰："积愤攻中，流痛成疾，恨不见戮专车之骨，枭枕鼓之头，焚骸四衢，然脐三日。见子而死，知予此心。"言之明日而卒。

这一节写在特殊情况下，韦斌宴请他并托付后事的经过。大意为：韦公怜惜我这微不足道的节操，以诚心爱怜我。他请我吃饭，赠送房子让我休息。有一次高兴聚会完毕，韦公满面流泪，用身上的玉佩向我示意，又做了个手往下砍的动作并长叹一声。趁陪座的人上厕所的时候，他贴近我的耳朵与我私语，指着他的心说："郁结的愤恨直冲内心，源源而来的痛苦积成疾病。我恨不得像大禹杀其骨节装满一车的防风氏那样，砍下这个巨无霸（安禄山身形极为肥硕——笔者注）的脑袋，在街市上焚烧他的尸骨，在他的肚脐点火燃烧三天！见到您而死，让您知我之心。"说了这些话的第二天，韦公就服药而亡了。

从这段叙述可以明确三点：一，王维陷贼被俘后，曾经设谋逃跑过，但没有成功，被长期关押。二，王维是在被贼兵"刀环筑口，戟枝叉颈"情况下，武装押解到洛阳的，并不是《旧唐书》所说的"禄山（对王维）素怜之，遣人迎置洛阳"。三，韦斌在自杀前找王维交心明志以托后事，证明王维同韦斌一样，虽然被迫接受伪职，但内心并没有真正叛唐附逆，与论罪时被杀的陈希烈、张垍（jì）之流的卖身投靠有本质区别。这就可以解释，为什么最终韦斌被朝廷表旌并追赠官职，王维也被免于处分而官复原阶。

被关押期间王维还写过一首诗，这首诗对王维后来获得宽大处理起到了关键作用。这首诗的题目很长："菩提寺禁，裴迪来相看，说逆贼等凝碧池上作音乐，供奉人等举声，便一时泪下，私成口号，诵示裴迪。"原来，安禄山在长安凝碧池大摆筵宴，命掳集来的供奉乐工奏乐助兴。众乐工思念唐玄宗唏嘘泣下，其中有个乐工叫雷海清，掷弃乐器，面向西方（唐玄宗西去蜀）俯首大哭。安禄山当即下令，残酷地将雷海清肢解。诗友裴迪看望王维谈起了凝碧池畔的悲剧，王维听后，恸哭不止，义愤填膺，口诵了四句诗："万户伤心生野烟，百官何日再朝天？秋槐落叶空宫里，凝碧池头奏管弦。"诗中充溢着亡国的悲痛和思念朝廷之情。由于处于严密监视之中，这首诗并没有写出，而是王维口诵由裴迪默记于心，最后得以传入朝廷并为唐肃宗所嘉许，在对王维的甄别定罪时成为关键证据。

史书记载，当时官位已高的王缙，曾请求朝廷"请削己官为兄赎罪"，但可以肯定这不是王维受到宽大处理的决定性因素。真正投敌附逆的张均、张垍兄弟，系前任宰相张说之子，前者为唐肃宗的救命恩人，后者是唐玄宗的驸马、唐肃宗的妹夫，唐肃宗为赦免二人下跪哀求唐玄宗，但最终还是一个被处死、一个被流放。显然，王维被从轻发落，从根本上说，是由王维问题本身的性质和王维在整个事件中的事实表现决定的。如果他是死心塌地附贼卖身求荣，任谁说情也救不了的。

长安沦陷的第二年九、十月间，政府军收复了长安和洛阳。十二月，受伪职的300余名官员被押回长安分六等论罪处置，或斩首，或赐自尽，或杖刑，或降职贬谪。王维经甄别免于处分。翌年（即乾元元年，公元758年）正月，王维被授予"太子中允"之职。据学者杨军考证，太子中允与王维乱前所任的"给事中"官阶相同（见杨军《王维受伪职史实甄别》），故可以说是等于官复原职了。

掐指一算，王维从陷贼被俘的756年六月，到回朝复官的

758年正月，整整一年半时间。应当说，这500多个日日夜夜，是王维人生的至暗时期，王维的肉体生命和政治生命都命悬一线，对老诗人的打击是致命的。接下来直到去世的三年半时间里，虽然唐肃宗对王维信任有加，官职一升再升，直至正四品下的尚书右丞，但王维的状态从此再也回不到辋川时期寄情山水、优雅潇洒的王维了，这一时期的状况可以用四个字概括——多病心惭。他追悔没有如韦斌那样一死全节而深为内疚，"退朝以后，焚香独坐，以禅诵为事。"(《旧唐书》) 故很少回辋川了。

王维复官的当年八月，杜甫从任职的华州来蓝田辋川拜访王维，适王维不在辋川，所以杜甫其时写的《崔氏东山草堂》诗里说："何为西庄王给事，柴门空闭锁松筠？"

又一个春天后，终于，王维为唐肃宗上《请施庄为寺表》，将其辋川山庄捐为佛寺，心情极为复杂地为长达15年之久的辋川隐居生涯画上了句号。

第十二章
王维临终前紧急处理的三件大事

很多人都知道,安史之乱中王维被囚禁洛阳时,曾对裴迪口诵了一首《凝碧池》诗,后来此诗受到唐肃宗嘉许故而王维被宥罪复官的事。其实,王维当时口诵的还有一首《菩提寺禁口号又示裴迪》诗:"安得舍罗网,拂衣辞世喧。悠然策藜杖,归向桃花源。"透露出若重获自由,将彻底远离政治和归隐田园的心曲。后来王维被免于处分,并相继被任命或擢升为太子中允、给事中、中书舍人和尚书右丞。王维对唐肃宗的宽宥和擢拔十分感激,暂时打消了原先准备退隐的念头,继续在朝为官。经历了安史之乱这一浩劫的摧残,王维身体每况愈下,自感不久于人世,于是在758年复官后至761年去世前的这三年多时间里,抓紧处理了他人生最后的三件大事:施庄为寺,回捐职田,责躬荐弟。这三件事虽互不相干,但却从不同侧面,彰显了一个执着信仰、忠君爱民、兄弟情深、有血有肉的王维。

下边通过梳理相关文献资料，还原事件真相，以裨读者朋友对王维有进一步了解。

施庄为寺

王维约于天宝三载（744）前卜居辋川，最初是购得位于辋峪中部思乡城旧址的宋之问山庄，故有"新家孟城口"的诗句。但由于该处人烟繁杂不适合母子静修，遂又迁至辋峪南端飞云山麓（今银杏树北侧），这就是王维诗文里经常提到的"辋川别业""辋川庄""山居"等，王维在这里一直居住到天宝十五载（756）六月长安沦陷前。陷贼受伪职事处理结束复官后，王维无论身体状况还是精神状态，都不可能再继续过悠游山水和"两头顾"的辋川半官半隐生活了。于是，复官不久后的乾元二年（759）春后，王维为唐肃宗上《请施庄为寺表》，请求朝廷批准把辋川庄捐为佛寺。现将此表全文译释如下：

【原文】

臣维稽首：臣闻罔极之恩，岂有能报？终天不返，何堪永思？然要欲强有所为，自宽其痛。释教有崇树功德，宏济幽冥。臣亡母故博陵县君崔氏，师事大照禅师三十馀岁，褐衣蔬食，持戒安禅，乐住山林，志求寂静。臣遂于蓝田县营山居一所，草堂精舍，竹林果园，并是亡亲宴坐之馀，经行之所。臣往丁凶衅，当即发心，愿为伽蓝，永劫追福。比虽未敢陈情，终日常积恳诚。又属元圣中兴，群生受福，臣至庸朽，得备周行。无以谢生，将何答施？愿献如天之寿，长为率土之君，惟佛之力可凭，施寺之心转切。效微尘于天地，固先国而后家，敢以鸟鼠私情、冒触天听。伏乞施此庄为一小寺，兼望抽诸寺名行僧七人，精勤禅诵，斋戒住持，上报圣恩，下酬慈爱。无任恳款之至。

【译文】

臣王维叩首报告：臣听说父母的无穷之恩，儿女哪里能够报答得尽呢？父母永远离去不复返回，儿女怎么承受得了那长久的思念！然而需要勉力有所作为，以宽解自己痛苦。佛教就有宏立功德、普济幽冥的事。臣的亡母前博陵县君崔氏，拜大照禅师为师达30余年，平时只穿粗布衣服，以蔬菜为食，严守戒律，静坐禅修，喜欢住在山林中，一心追求寂静。于是臣在蓝田县置办山居一处，这里的茅屋佛堂，竹林果园，都是臣亡母往日坐禅处所的遗留，和旋回往复修行的地方。臣过去遭遇母丧时，当即许下心愿，期盼山居能成为一座寺院，永远为亡母祈求冥福。此前臣虽然不敢陈述理由提出这个请求，但长期以来心里经常蕴蓄着这一诚恳的心愿。现今正值英明的君主重新振兴大唐，百姓享受着天子降下的福祉，臣虽然极其平庸衰朽，却得以充任朝廷之臣。臣无从酬谢陛下的活命之恩，又拿什么来报答圣上的恩德？情愿恭祝陛下寿如上天，永远当天下之君主，而这只有凭借佛的法力才可做到，因此施舍山居作佛寺的心愿变得更加迫切。向天地呈献臣的一点微薄之力，本来应该先国而后家，臣冒昧地以一个鸟鼠般微不足道之人的私情，来冒犯陛下的视听。恭敬地向陛下恳求，让臣施舍这个辋川山庄成为一座小寺院，并希望抽调各寺院有名望与品行的僧人7个，在这座寺院里专心勤勉地坐禅诵经，持斋守戒，主持事务，以便上报答圣主之恩，下酬谢慈母之爱。臣不胜恳切诚挚之至。

【解评】

佛教有个术语叫作"功德"，指的就是行善所获的果报。佛教认为诵经、布施、放生、修建寺院等善行都是可以获得功德的。王维把自己的居第捐为佛寺，就是祈求获得福报。而所获福报作何所用？纵观此奏章的意思，"施庄为寺"的目的有两个，按本人"先国而后家"的说法，首先是为皇帝祈福（"献如天之寿"）。这是因为，王维觉得皇上对于自己有活命之德、复官之恩，自己感激不尽，却无以报答，所以只有舍庄为寺将福报献给皇上，使皇上长寿。第二个目的，还可将这布施得到的福报给予亡母，使其获得冥间幸福，以酬报慈母之爱。这反映了王维浓厚的忠君孝亲思想，也可看出王维对佛教信仰的执着和虔诚。此表获得朝廷同意，其辋川庄遂改佛寺，初名"清源寺"，后更名"鹿苑寺"，并一直有僧人住持，直至20世纪60年代"三线建设"建厂时被拆毁。鹿苑寺遗址现已被列入蓝田县重点文物保护单位。

回捐职田

职田即职分田，是古代按品级授予官吏作俸禄的公田。职分田于解任时移交后任，不得买卖。官吏受田佃给农民耕种，收取地租。唐制，按官阶给予职田，一品12顷，二品10顷，三品9顷，四品7顷，五品6顷，六品4顷……一般在京城百里内给予，别处可得者听其便。

上元元年（760）夏，王维迁官尚书右丞。之前，王维曾任中书舍人和给事中二职，均五品，故有职分田各6顷。迁尚书右丞后，王维曾上表，请求将中书舍人和给事中两份职分田共12顷一并交回，但皇上只批准收回两任官职其中一任的职分田。于是，王维再次上表，请求将余下的一任职分田之所获谷物，缴回作为施粥所赈济灾民之用，遂有此《请回前任司职田粟施贫人粥状》。现将此状全文译释如下：

【原文】

　　右：臣比见道路之上，冻馁之人，朝尚呻吟，暮填沟壑。陛下圣慈怜湣，煮公粥施之，顷年已来，多有全济。至仁之德，感动上天，故得年谷颇登，逆贼皆灭。报施之应，福祐昭然。臣前任中书舍人、给事中，两任职田，并合交纳，近奉恩敕，不许并请。望将一司职田，回与施粥之所，于国家不减数粒，在穷窘或得再生。庶以上福圣躬，永宏宝祚，仍望令刘晏分付所由讫，具数奏闻。如圣恩允许，请降墨敕。

【译文】

　　事由如右：臣近来看到道路上，受冻挨饿的人，早晨还在呻吟，傍晚就填尸于坑谷。陛下圣明仁慈，怜悯挨饿的人，让官府办煮赈饥的稀饭施给他们，近年来，多有保全救活的。陛下至高的仁德，感动了上天，所以能够一年中种植的谷物颇有收成，叛逆的盗贼全灭亡。神明酬报的感应，上天的赐福保佑，都昭然明白。臣以前担任中书舍人、给事中，这两任官职的职分田，都应该上交，最近奉陛下加恩的敕命，不批准臣将两任官职的职分田一并上交的请求。臣希望将余下一任官职的职分田所产的谷物，转送于官府发放赈饥稀饭的处所，这对于国家而言，并不减少多少粮食，而在贫穷窘困的人来说，或许能够因此而再生。但愿以此上赐福给皇上，让大唐的天命永远光大。臣还希望，令京兆尹刘晏嘱咐有关官吏完事后，开列一任官职的职分田所产谷物的数量，向陛下报告。如果陛下恩准臣这样做，请求下达亲笔诏令。

【解评】

　　"状"是向上级（包括君主）陈述事实或意见的奏章。王维在此状开头陈述了亲眼看到京畿一带百姓饿死的悲惨景象，反映了安史之乱发生后民不聊生的严重情况。作者再次提出把另一份职分田所得的谷物转用于赈灾，以使多一些饥民活命。心怀慈悲，言辞恳切，表现出了作者心系民瘼的仁政理念和忠君安民的社会责任感。

责躬荐弟

责躬，即自陈己过，用我们今天的话说，就是引咎自责；荐弟，就是向朝廷推荐可堪所用的人才——弟弟王缙。

虽然唐政府取得了平叛胜利，唐肃宗决心重振纪纲，中兴唐室，但经此浩劫，国运再也无法恢复到开元盛世了。平叛战争的副作用埋下了藩镇割据这一王朝覆灭的种子。这种"百年未有之大变局"，造成了王维思想上的复杂性。一般认为，王维这一时期是思想更加颓废，更加信奉佛教，王维自己也说"老年惟好静，万事不关心"。但这只是他思想的一个方面。从另一方面看，王维虽是虔诚的佛教徒，但王维从小受儒学教育，儒家积极用世、忠君爱民思想始终是构成王维"三观"的底色。他关心国事，体恤民情，到临终也未忘怀。这除了施庄为寺、回捐职田外，还集中表现在他临终前"责躬荐弟"这一重要行为上。现将王维《责躬荐弟表》全文译释如下：

【原文】

臣维稽首言：臣年老力衰，心昏眼暗，自料涯分，其能几何？久窃天官，每惭尸素。顷又没于逆贼，不能杀身，负国偷生，以至今日。陛下矜其愚弱，托病被囚，不赐疵瑕，屡迁省阁。昭洗罪累，免负恶名，在于微臣，百生万足。

【译文】

臣王维叩首报告：臣我已经年老体衰，脑子糊涂，眼睛不明，自料寿数还能有多少？臣窃取皇上的官位已久，常常自愧尸位素餐。过去又曾沦落于叛贼中，不能舍身，辜负国家，苟且偷生，直到今天。陛下怜悯臣愚昧懦弱，假装得病而被贼囚禁，不给予追究，还连续升迁为中书、门下、尚书三省之官。洗去污垢赦免罪过，免于承受恶名，这对于我这个卑微之臣来说，已感到像重活了一百回，有一万个满足。

【原文】

昔在贼地，泣血自思，一日得见圣朝，即愿出家修道。及奉明主，伏恋仁恩，贪冒官荣，荏苒岁月，不知止足，尚忝簪裾，始愿屡违，私心自咎。臣又闻用不才之士，才臣不来；赏无功之人，功臣不劝。有国大体，为政本原，非敢议论他人，窃以兄弟自比。

【译文】

过去臣在叛贼那里，泪如血涌地曾设想过，一旦得以再见皇上，就情愿出家修道。等到侍奉了圣明君主，便留恋皇上的仁恩，贪图当官的荣耀，随着时光渐渐推移，仍不知停步，不知满足，至今尚受之有愧地穿着朝服，屡屡违背初心，心里私下自己责备自己。臣又听说任用没有才能的人，有才能的人就不会来；奖赏没有功劳的人，功臣就不会努力。这是治理国家的要领，推行政事的根本，臣不敢议论别人，私以臣家的兄弟自做比较。

【原文】

臣弟蜀州刺史缙，太原五年抚养百姓，尽心为国，竭力守城。臣即陷在贼中，苟且延命，臣忠不如弟，一也。缙前后历任，所在着声，臣忝职甚多，曾无裨益，臣政不如弟，二也。臣顷负累，系在三司，缙上表祈哀，请代臣罪。臣之于缙，一无忧怜，臣义不如弟，三也。缙之判策，屡登甲科，众推才名，素在臣上。臣小言浅学，不足谓文，臣才不如弟，四也。缙言不忤物，行不上人，植性谦和，执心平直。臣无度量，实自空疏，臣德不如弟，五也。

【译文】

臣的弟弟现任蜀州刺史王缙，在太原府5年，爱护体恤百姓，尽心为国家，竭力守太原城。而此时臣却沦落在叛贼中，勉强延续着生命，臣的忠诚不如弟弟，这是第一点。王缙前后连续担任各种职务，所到之处都有声名，而臣愧居的官职甚多，竟无所补益，臣的政绩不如弟弟，这是第二点。臣过去获罪，为三司使拘禁，王缙上书祈求皇上怜悯，请求让他代替臣承担罪责。而臣对于王缙，全无怜念爱惜之意，臣的义气不如弟弟，这是第三点。王缙参加朝廷判、策考试，屡次进入甲等，众人推许他的才名，一向在臣之上。而臣的言论不合大道，学识短浅，不能称为有文才，臣的才能不如弟弟，这是第四点。王缙的言语不触犯人，行为不凌驾于人，生性谦和，秉心平正。而臣缺少度量，实在空洞浅薄，臣的品德不如弟弟，这是第五点。

【原文】

臣之五短，弟之五长，加以有功，又能为政。顾臣谬官华省，而弟远守方州，外愧妨贤，内惭比义，痛心疾首，以日为年。臣又逼近悬车，朝暮入地，阒然孤独，迥无子孙。弟之与臣，更相为命，两人又俱白首，一别恐隔黄泉。傥得同居，相视而没，泯灭之际，魂魄有依。伏乞尽削臣官，放归田里，赐弟散职，令在朝廷。臣当苦行斋心，弟自竭诚尽节，并愿肝脑涂地，陨越为期。葵藿之心，庶知向日；犬马之意，何足动天。不胜私情恳迫之至。

【译文】

臣有五个短处，弟弟有五个长处，加以他有功劳，又善于政事，却反而臣在尚书省为官，而弟弟在地方上当州刺史，这样对外臣妨碍贤才的进用，对内惭于与弟弟比较道义，这让臣十分痛恨自己，过一天像过一年那样长。臣又逼近暮年，早晚埋入地下，家里寂静孤独，全无子孙。弟弟之与臣，相依为命，两人又都头发变白，一别恐怕要阴阳隔绝。倘若能住在一起，相互看着而死去，那么离开人世之际，魂魄也会有个依靠。恳求陛下全部削去臣的官职，放臣回到民间，赐给弟弟一个闲职，让他留在朝廷里。臣当修习佛教的苦行，去欲清心，弟弟自会竭尽忠诚，竭尽全力，都情愿一死报答陛下，直到死时为止。臣对陛下就如葵花向日那样忠诚，而效犬马之劳的心意不足以感动上天。臣的私情不胜诚恳急迫之至。

【解评】

此表是王维在逝世的前几个月上奏皇上的，目的是恳求皇上把自己的弟弟王缙从地方官调回朝廷任京官。为了这个请求，他情愿"尽削己官，放归田里"。王维之妻早亡，身后没有子孙，他希望在自己离开人世的时候，弟弟能够守在身边。他有这个愿望，完全可以理解。此表感情真挚，言辞恳切，最终获得唐肃宗恩准，王缙被召回朝廷任职。但他希望临死之时弟弟能够在侧的愿望却没能实现，王维于上元二年（761）七月辞世之际，王缙还在从蜀州回朝的途中，才至凤翔。

此表的前半部分旨在"责躬"，自始至终表现了作者对于陷贼经历愧疚补过的心理。但他并非完全出于思老念亲的一己私情，他讲的一番道理"用不才之士，才臣不来；赏无功之人，功臣不劝。有国大体，为政本原"，乃古今治国为政之真理。此表的后半部分旨在"荐弟"，着眼于从忠、绩、义、才、德五个方面，比较弟之五长与己之五短，意在把弟弟作为人才推荐给朝廷，亦体现了老诗人临终之际既念亲情、亦怀社稷的家国情怀。王缙后来任代宗朝宰相。

附：

谢弟缙新授左散骑常侍状

【题解】

王维上元二年（761）春所上《责躬荐弟表》，提出了"尽削臣官，放归田里，赐弟散职，令在朝廷"的请求。《新唐书》在记载呈进此表后说："议者不之罪"，也就是朝廷评议时没有因此怪罪、责备王维，王维也没有被削官和放归田里；同时，授予了王缙"左散骑常侍"之职。此状作于朝廷授王缙新职后的五月四日，是一篇谢恩状。文中开首8句，抒发兄弟深情，与前表所云"弟之与臣，更相为命，两人又俱白首，一别恐隔黄泉，傥得同居，相视而没，泯灭之际，魂魄有依"，皆真切感人之语。也许正是此等肺腑之语令唐肃宗为之感动才有了令人欣慰的处理结果。

【原文】

右。臣之兄弟，皆迫桑榆，每至一别，恐难再见。匪躬之节，诚不顾家；临老之年，实悲远道。陛下均平布政，中外带迁，尚录前劳，仍收旧齿，使备顾问，载珥貂蝉，趋侍玉墀，从容琐闼。不材之木，跗萼联芳；断行之雁，飞鸣接翼。自天之命，特出宸衷；涂地之心，难酬圣造。不胜戴荷踊跃之至。上元二年五月四日，通议大夫守尚书右丞臣王维进状。

【译文】

事由如右：臣家的兄弟，都逼近暮年，每次一离别，恐怕难于再见到。有尽忠而不顾身的操守，真的可以不顾家；但到了年老的时候，实为弟弟在远方而悲伤。陛下均平施政，让中央和地方的官吏交互轮换，还录用过去有功劳的人，并接纳旧臣，让他充任顾问，戴上饰以金蝉插着貂尾的帽子，在皇宫侍奉皇上，从容地盘桓于朝廷。臣犹如那不成材的树木，竟与弟弟一起散发芬芳；离开行列的大雁，如今又翅膀挨翅膀地一起边飞边叫。来自上天的命令，却出自圣上的心意；臣这不惜舍生而尽忠之心，真难于报答陛下的所为。臣不胜感谢欢欣之至。上元二年五月四日，通议大夫尚书右丞臣王维进呈状文。

肃宗皇帝答诏

【题解】

这是唐肃宗对王维《谢弟缙新授左散骑常侍状》的答复批示。可以看出，皇帝在坚持用人唯贤原则的前提下，对甫罹磨难、又臻孤老的老臣王维的顾恤还是挺有人情味的。

【原文】

敕：幸求献替，久择勋贤。具察咸推。令弟有裕。既膺赞相之任，俯观规谏之能。建礼朝升，鹤行并列；承明晚下，雁序同归。乃眷家肥，无忘国命。所谢知。

【译文】

诏令：期望寻求诤言进谏之士，长久遴选有功劳与才能之人。希望官员们全都推荐。令弟的才能绰有余裕。既然担当了辅佐之任，朕当下观其劝诫谏诤的能力。建礼门早晨上朝，兄弟俩并列朝班；承明门傍晚下班，兄弟俩一起归家。你眷恋兄弟亲睦，但不要忘记国家的命运。你的感谢朕已知道。

第十三章

细说《辋川图》[1]

举世闻名却又扑朔迷离的《辋川图》

但凡对王维有所了解的人，鲜有不知道《辋川图》的。

《辋川图》，是王维隐居辋川期间，以其《辋川集》吟咏过的 20 处胜景（俗称"辋川二十景"）为素材，在他的辋川山居墙壁上绘制的一幅大型壁画。其时，辋谷里那面 10 里欹湖还在，王维将华子冈、孟城坳、南北垞、临湖亭、辛夷坞等 20 个湖山景点，沿狭长的湖滨一字儿排列并一一标示出名称。画面群山环抱，林木掩映，亭台楼榭，舟楫悠然，三三两两人物，或弈棋饮酒，或投壶流觞，个个儒冠羽衣，安闲飘逸。整幅作品有如古朴悠远的诗意流淌。

据史书记载，王维山水画中最受推崇的，当数《辋川图》。元代汤垕（hòu）在《画鉴》中说："其画《辋川图》，世之最著者也。"正是凭借了《辋川图》的巨大影响，王维奠定了在

---

[1] 阅读本篇，可参阅书前"历代仿王维《辋川图》名作选辑"。

画史上的崇高地位，从而被尊为中国文人画的创始者和南宗画派的鼻祖。

自五代起，对《辋川图》的仿制、收藏、题咏，成为文人竞相为之的风尚，陆续出现了郭忠恕、赵孟𫖯、商琦、王蒙、沈周、文徵明、仇英、宋旭、董其昌、王原祁等众多名家仿本，历史上林林总总的《辋川图》，冠以辋川题名的山水画作的单本、册页、手卷层出不穷，无论是"仿王维""类王维""伪王维"，只要跟王维、辋川沾点边儿的画作，在当时都能充分引起文人赏玩、评鉴的热情。人们对于一件艺术品反复临摹，千百年来热度不减，这在中国文化史上，只有王羲之的《兰亭集序》可与之相媲美。

《辋川图》在国外也有广泛传播，曾对韩国古代的文人山水画和山水田园诗的创作产生了深远影响，日本历代学者都曾把《辋川图》作为学术研究的重要对象。王维《辋川图》的临摹本被作为稀世珍宝，被日本、美国、英国、瑞典等国的国家美术馆博物馆等国际艺术殿堂收藏。

《辋川图》在中国画史上具有重要地位，也是王维辋川文化遗产熠熠闪光的一页。但令人惋惜的是，这样一幅稀世名画，它的真迹却早已消失了。历代关于《辋川图》画迹的记载一直都繁缛庞杂，历史上流传的众多临摹本也纷繁芜杂，良莠不齐。这种情况使得《辋川图》蒙上了一层面纱，即如对王维相当熟悉者也对《辋川图》的有关情况说不清、道不明，更遑论一般读者了。

这篇文章通过有关文献史料的梳理，为您详细讲述有关

《辋川图》的真迹存续、流传脉络、版本演变和历史影响，揭示持续千年的"辋川图热"现象背后深刻的文化诠释。相信无论作为一个王维文化爱好者，抑或只是个美术爱好者，对此都会感兴趣，也都有必要予以了解的。

王维到底画没画过《辋川图》？

前边说过，《辋川图》真迹世已无存。也许有朋友因此而怀疑王维是否真实作过《辋川图》？倘若有依据能证明《辋川图》真有其画，那么它又是在什么时间什么情况下消失的呢？检阅历史文献，可知王维于辋川创作《辋川图》是有可靠历史记载的。权威的文献史料有以下三则：

第一则是中唐时期朱景玄在其所著《唐朝名画录》中的记载：

> 王维字摩诘，官至尚书右丞。家于蓝田辋川，兄弟并以科名文学冠绝当时，故时称"朝廷左相笔，天下右丞诗"也。其画山水松石，踪似吴生（吴道子）而风致标格特出。今京都千福寺西塔院掩障一合，画青枫树一图。又尝写诗人孟襄阳浩然马上吟诗图见传于世。复画辋川图，山谷郁郁盘盘，云水飞动，意出尘外，怪生笔端。

朱景玄是唐武宗会昌年间（841—846）翰林学士，所著《唐朝名画录》是已知中国最早的一部断代画史。这本书成书的时间失载，但根据朱景玄是"唐武宗会昌时人"的有关记载判断，应不迟于会昌末年，即846年之前。朱景玄说王维的《辋川图》"山谷郁盘，云水飞动，意出尘外，怪生笔端"，他应当是见过王维原画才可能有这样具体评价的。

第二则是张彦远在《历代名画记》中的记载：

> 王维，字摩诘，太原人。年十九进士擢第，与弟缙并以词学知名，官至尚书右丞。有高致，信佛理，蓝田南置别业，以水木琴书自娱。工画山水，体涉今古。人家所蓄，多是右丞指挥工人布色，原野簇成远树，过于朴拙，复务细巧，翻更失真。清源寺壁上画辋川，笔力雄壮。

张彦远（815—907）是中唐时期出身于"三代相门"的著名画家和绘画理论家，所著《历代名画记》成书于大中元年（847），是我国第一部系统的完整的关于绘画艺术的通史性著作。该书清晰记载《辋川图》是王维画在清源寺墙壁上的。清源寺的前身，是王维在辋川后期的居第——飞云山南麓山居，王维称"辋川庄""辋川别业"。王维于去世前上表朝廷，将其捐为佛寺，初名"清源寺"，后更名"鹿苑寺"，亦即现今的辋川王维手植银杏树处的王维故居遗址。

第三则史料有点特殊，它出现在宋人的著作里，但记载的却是唐人写下的文字。南宋著名文学家洪迈在其史料笔记体著作《容斋三笔》中，有《李卫公辋川题跋》一节云：

辋川图一轴，李赵公（李吉甫）题其末云："蓝田县鹿苑寺主僧子良贽于予，且曰：'鹿苑即王右丞辋川之第也。右丞笃志奉佛，妻死不再娶，洁居逾三十载。母夫人卒，表宅为寺。今冢墓在寺之西南隅，其图实右丞之亲笔。'予阅玩珍重，永为家藏。"弘宪题其前一行云："元和四年八月十三日弘宪题。"弘宪者，吉甫字也。其后卫公（李德裕）又跋云："乘闲阅箧书中，得先公相国所收王右丞画辋川图，实家世之宝也。先公凡更三十六镇，故所藏书画多用方镇印记。太和二年戊申正月四日，浙江西道观察等使、检校礼部尚书兼润州刺史李德裕恭题。"又一行云："开成二年秋七月望日，文饶记。"

这则史料说的是《辋川图》上的三条跋语，涉及三位历史人物：一是李吉甫（758—814），字弘宪，唐朝时期政治家、地理学家，李德裕的父亲，曾两次拜相，被封为赵国公。二是李德裕（787—850），字文饶，唐代杰出的政治家、文学家、战略家，李吉甫的次子。他历仕唐宪宗、唐穆宗、唐敬宗、唐文宗四朝，两次入相，被封为卫国公。三是僧人子良，他是鹿苑寺的住持。

现在再回过头看这则史料，就容易看懂了：蓝田县辋川鹿苑寺的住持子良，送给宰相李吉甫了一幅《辋川图》，并强调绝对是王维亲笔所画。李吉甫十分珍重此图，在画旁写了一段话（即跋），记录下僧子良送画这件事，并申明《辋川图》永为家藏之宝。过了28年后，儿子李德裕又续写了两段跋语（后一段跋语应是李德裕间隔9年后再一次赏玩时记录了日期），强调他的相国父亲收藏的这幅《辋川图》，是李家世世代代的传家宝。

说到这里，有读者朋友可能就发现问题了：既然说《辋川图》是王维画在故居墙上的壁画，那怎么能如洪迈笔记记载的那样，可以作为赠品并且被收藏呢？这就是历史的扑朔迷离之处。据上述记载，我们推测：王维在作壁画之前，应当是先创作了一幅绢本《辋川图》，后来将这幅图作范本，放大复绘在故居墙壁上的。也可能那幅绢本《辋川图》，就是在作壁画前专门制作的样稿。总之，僧子良赠送李吉甫的，应该就是绢本《辋川图》。

《辋川图》壁画是何时消失的？

从以上分析可知，王维《辋川图》原作是有一大一小两幅画作的。小的是绢本，被鹿苑寺住持子良赠予宰相李吉甫了；而大的壁画《辋川图》，随着"表庄为寺"，自然就为清源寺所有。但清源寺这幅壁画到底存续了多长时间，由于没有史料记载，不得而知，但肯定最后终归是损坏了，消失了。

《辋川图》是怎么消失的？一直以来，存在两个流行的说法：一是毁于唐末战火，二是随着寺墙崩塌修缮而毁灭。从情理上推测，这两种说法的可能性是存在的，但都缺乏史料记载的支持。

学界更多认可的是另一种说法，即《辋川图》壁画毁于中晚唐会昌年间的一次灭佛事件之中。例如日本京都大学教授曾布川宽在《王维〈辋川图卷〉和风水论》一文中写道：

> 晚唐会昌二年至四年间，以长安为中心席卷全国的废佛毁佛风暴，理所当然地袭击了清源寺，我想，壁画《辋川图》也就在此时与寺院一起被毁坏了。

文章提到的"席卷全国的废佛毁佛风暴"，就是通常所说的"会昌灭佛"事件。唐朝中后期，由于佛教寺院经济的过度扩张，严重损害了国家的财政收入，唐武宗在宰相李德裕等的支持下，推行一系列"灭佛"政策，以会昌五年（845）四月颁布的敕令为高峰，使佛教遭到了一次沉重的打击。除长安、洛阳两座都城保留了少数寺院和僧尼外，原先遍布全国各地的佛寺和招提、兰若（民间私立僧居）全部拆毁，庙产全部没收国有，史书记载共毁天下寺四千六百余所，招提、兰若四万所。辋川清源寺，虽系当年王维上表肃宗并经朝廷批准由辋川庄改设的，但却不在武宗诏书所规定的"长安、洛阳左右街各留二寺，每寺僧各三十人"的范围之内，寺毁画亡是其必然命运。这从以下两则史料也可得到佐证：

张彦远在《历代名画记》中记曰："武宗毁天下寺塔，两京各留三两所，故名画在寺壁者，唯存一二。"

晚唐诗人郑嵎曾写过唐诗中最长的一首诗（整 1400 字），名《津阳门诗》，反映安史之乱以来华清宫由鼎盛到败落的历史变迁："……会昌御宇斥内典，去留二教分黄缁。庆山污潴石瓮毁,红楼绿阁皆支离。奇松怪柏为樵苏,童山督谷亡岭巘。烟中壁碎摩诘画,云间字失玄宗诗。"这几句译成白话诗就是:"会昌年间实行毁佛政策,去佛留道分清黄缁。庆山石瓮等寺院遭毁,红楼绿阁都支离破碎。奇松怪柏被樵夫砍伐,童山溪谷失去了险峻。烟中壁碎没了摩诘的画,云间也失去玄宗的诗。"后两句是说,华清宫石瓮寺红楼中原有的唐玄宗的两首题诗和王维两幅山水壁画,均在此次事件中灰飞烟灭。

我们再从时间轴角度,梳理一下《辋川图》在唐代时的画迹:

1. 公元761年(唐肃宗上元二年),王维去世,在辋川有遗作《辋川图》;

2. 约48年后的809年(唐宪宗元和四年),鹿苑寺住持子良赠《辋川图》与李吉甫,李并作跋;

3. 76年后即837年(唐文宗开成二年),李吉甫之子李德裕续跋《辋川图》;

4. 84年后即845年(唐武宗会昌五年),诏令全国毁寺灭佛,"名画在寺壁者,唯存一二"。

5. 86年后即847年(唐宣宗大中元年),张彦远出版《历代名画记》,记载有"清源寺壁上画辋川,笔力雄壮"。同一时期稍早,朱景玄在《唐代名画录》里记载:"复画辋川图,山谷郁盘,云水飞动,意出尘外,怪生笔端";

从以上时间轴可以看出,唐代记载《辋川图》的两部文献,成书时间虽然比"会昌灭佛"事件晚1—2年,但记载的《辋川图》画迹,肯定是灭佛事件之前的史实。自唐武宗会昌年间之后，历代再无有《辋川图》壁画画迹的有关记载了。

综上，可以得出这样的结论：《辋川图》壁画，大概率毁于"会昌灭佛"事件。

千载流传话脉络（之一）——"李氏藏本"

稀世珍宝《辋川图》壁画，不幸在政治与宗教博弈的浩劫中毁于一旦。令人欣慰的是，李吉甫（赵国公）、李德裕（卫国公）父子家族收藏的《辋川图》绢本，却侥幸得以保存，并在后世广泛流传开来，甚至成了中国文化史上传播最广、影响最大的艺术品之一。

据史料记载，唐代时就有《辋川图》的临摹本，宋元之际，出现了大量的王维《辋川图》仿本和手卷（手卷是能握在手中顺序展开的长卷）。明清两代流传的《辋川图》版本十分繁杂，有关《辋川图》的单幅画、手卷、册页（册页是由一张张对折的硬纸板组成，可以左右或上下翻阅的小型画册）等层出不穷，文人画家冠以"辋川"的山水画作也很常见。晚明时文学家、书画家李日华（1565—1635）在《味水轩日记》中说："王维《辋川图》，好事者家有一本。"这里说的"好事者"，是指书画鉴赏收藏家，意思是说，当时天下鉴藏家没有不收藏《辋川图》的。著名的如晚明武林高瑞南藏本、徐太常藏本、临溪吴氏藏本、长安周生藏本等。仅署名"郭忠恕"的临本，图名亦有《临摹诘辋川图》《临王维辋川图》《摹辋川图卷》《辋川招隐图》《郭恕先山水卷》等不同的记载。

在千年流传过程中，《辋川图》的样貌也出现了各种变化：

如规模，出现了所谓的矮本和高本，"矮本"指用短纸作画，"高本"是用超长的纸张作画，最长的甚至有号称"卷长三丈"的长卷；如设色，有的是无彩色的水墨画，有的是青绿设色；如人物，有的画中有二三十个人物，有的是纯山水风景而无人物；如季节，一般为生长季节，有的却是雪景；如景点，一般画上标记"辋川二十景"名称，但也有多一景成了21景或少一景是19景，也有不标景点的……

有关《辋川图》流传情况的记载繁多而庞杂，仅清人赵殿成（1683—1756）《王右丞集笺注》收录的历代有关画迹的记载就有119则，15000余字，真是林林总总，卷帙浩繁。

为了尽量通俗明白地说清楚《辋川图》历史流传的来龙去脉，笔者试着将王维《辋川图》千年流传轨迹梳理为"两条主线"和"一个节点"，希望能通过抽丝剥茧，理清头绪，给读者朋友提供一个溯源疏流的观察角度。

两条主线，一条是沿着李吉甫、李德裕家族收藏本向后流传，简称"李氏藏本线"；一条是沿着五代末、北宋初画家郭忠恕的临本向后流传，简称"郭氏临本线"。一个节点，指从元代王蒙临本起出现的临摹画法新动向。

先说李氏藏本线。

辋川鹿苑寺住持子良把王维《辋川图》绢本赠予李吉甫后，李氏父子如获至宝，申明子孙要"永为家藏"。后来在李氏家族不知传了多少代，又不知怎样就流传到社会上去了。传着传着，又成了五代南唐的宫廷秘藏画了。

这个说法有证据吗？有啊。前边说到的南宋洪迈《容斋随笔》关于《辋川图》的那段记载，原文在叙述完了李氏父子的三则跋语后，接下来的文字里有这样的一段："（此画上还有）内合同印、建业文房之印、集贤院藏书印，此三者，南唐李氏所用，故后一行曰：升元二年十一月三日。"这是说"内合同印""建业文房之印""集贤院藏书印"这三方收藏印章，都是南唐李氏王朝之物，"升元"是南唐开国皇帝李昪的年号。顺便说一下，大家熟知的写"问君能有几多愁，恰似一江春水向东流"名句的那位"文艺范"皇帝李煜，就是南唐最后一位皇帝李后主，是开国皇帝李昪的孙子。

宋元时期的许多《辋川图》临本，就是以南唐宫藏本为样本（业内称粉本）的。这也有不少的记载，我们这里举出最著名的两部专业著作中的相关记载。

北宋晚期重要的文字学家、书法家黄伯思（1079—1118）所著《东观余论》中，有两则关于《辋川图》的题跋。一则写于徽宗大观四年（1110），跋云："世传此图本，多物象麋密而笔势钝弱。今所传则赋象简远而运笔劲峻，盖摩诘真迹之不失其真者，当自李卫公家定本所出云。"另一则跋语在时间上仅晚了一年，跋云："辋川二十境，胜概冠秦雍。摩诘既居之、画之，又与裴生诗之。其画与诗后得赞皇父子诗之，善并美具，无以复加，宜为后人宝玩摹传，永垂不刊。"

跋语前则的"李卫公"和后则的"赞皇父子"，都是指李德裕父子（"赞皇"是李氏的籍贯）。黄氏题跋说该画"当自李卫公家定本所出"，是说这幅临摹作品的粉本，就是"李氏藏本"《辋川图》。这说明了宋代中后期，带有李氏父子跋文的王维《辋川图》颇行于世。

与蔡襄、苏轼、黄庭坚合称"宋四家"的北宋书法家、画家、书画理论家米芾（1051—1107）所著《画史》中，也有两则关于《辋川图》的跋语。一则云："王维画小辋川摹本，笔细，在长安李氏，人物好，此定是真。若比世俗所谓王维，全不类。或传宜兴杨氏本上摹得。"是说这幅临王维《辋川图》的小幅画作（即"矮本"），其粉本源于"长安李氏"，亦即"李氏藏本"。还说这个《辋川图》仿作有"人物好"的特点，所以肯定来源于王维的真本，不像社会上流传的标榜临摹王维原画的一些作品，完全没有王维画的特点，可能依据的是"宜兴杨氏本"。这也说明其时已有别的《辋川图》版本流行。

米芾的另一则跋语，讲了一件有趣的事："文彦博太师小辋川，拆下唐跋，自连真还李氏。一日同出，坐客皆言太师者真。"这个故事的主人公文彦博，是北宋时政治家、书画家（曾追封太师）。他与"蓝田四吕"的吕大防晚年的生命轨迹高度重合：同为元祐党人核心人物，二人曾同掌相印，同罹"党祸"并都于1097年同年死亡。跋文讲述文彦博向李氏后人借来其家收藏的《辋川图》作范本，制作了临摹本，并将原画上的跋语拆下（古画中有些跋语不是写在原画上而是用另纸写了和原画裱接在一起），然后将自己的临摹画和原画一并归还李氏。有一次，李家人将这两幅《辋川图》拿出来让来客辨认哪幅是藏品原画，结果满座客人都指认文彦博的那幅画是藏品原画。

黄伯思两则跋语分别写于1110年和1111年；米芾跋语写作时间失载，但根据米芾卒年1107年估计，米跋与黄跋应是同期稍早些。这样算来，李氏藏本《辋川图》到北宋晚期时已传世300年了。

可惜，传着传着，就渐渐没了下文。大约最迟自元末起，就再也看不到李氏藏本的有关记载了。自此，国人再也无缘一睹王维《辋川图》真迹的本来面目了。

不仅《辋川图》的命运如此，例如《宣和画谱》记载的王维100多幅画作，现在也难觅真迹。至今流传的"传为王维"的《雪溪图》《江山雪霁图》《江干雪意图》等，大概率亦为后人摹作或托名之作，这不能不说是中国艺术史上的一个重大遗憾。

千载流传话脉络（之二）——"郭氏临本"

上边说了这么多，都是在交代第一条主线。下面，我们说说另一条主线——郭氏临本线。通过后边笔者列举的史实大家可以看到，第二条主线是从第一条主线派生出来的，也就是说，两条主线是同一源头，而且在第一条主线断线后，王维《辋川图》正是沿着这第二主线继续向后流传的。

宋元时期，随着文人绘画的崛起，众多文人对于王维画抱以极大兴致，涌现了数量众多的《辋川图》临摹本，其中最为驰名的是郭忠恕的临本。清代内阁大学士王鼎曾说："自王右丞绘图后，代有临摹，唯宋代郭忠恕为最……当与斯图并垂不朽矣。"

郭忠恕（？—977），字恕先，五代末期至宋代初期的著名画家，兼精文字学、文学和书法学。当时画界公认他画品高洁，且身擅两大画技"绝活"——界画和宫室楼阁画（这点后文还要说到）。

最早记录郭忠恕《辋川图》临本的，是南宋画家李珏于元大德二年（1298）所作的《辋川图》跋：

> 河北郭忠恕，奉命复本王右丞《辋川图》，与余昔在杭苕故家见者一样，前有集贤院御书印，内合同印，题摩诘本《辋川图》，后书郭忠恕奉命复本。则知为江南李后主时临本也。大德戊戌冬至，庐陵民八十叟李珏元晖敬跋。

这则跋文说到了郭忠恕奉南唐宫廷之命临摹王维《辋川图》，是有"集贤院御书印""内合同印"为证的。

明代书画鉴赏家李日华（1565—1635）《味水轩日记》在"万历三十七年五月十二日"条下记载：

> 访高瑞南子麟南，出其所藏郭忠恕复写摩诘《辋川图》，上有内合同印，元人袁桷跋。又有庐陵李珏字元晖者叙述本末，云是忠恕奉江南李后主命复写者。卷长三丈，树石极精微，山有钩斫，略用笔，渰淡，所谓松针石脉，别有异趣。

跋文中的"高瑞南"，是晚明书画收藏鉴赏家高谦，字深甫，号瑞南。李日华说他在高家看到了其收藏的郭忠恕王维

《辋川图》临本，画上附有的"内合同印"和说清楚了来龙去脉的跋语，都证明郭忠恕是奉南唐后主李煜之命而临摹此画的。

清代书画鉴赏家安岐（1683—约1746），在《墨缘汇观》中记载了他所见到的郭忠恕《临王维辋川图》：

> 绢本，水墨淡色长卷，图后细书小字款行。有李珏、袁桷等题，内有合同印及明武林高深甫家藏印。

从跋文可知，安岐所见，与明代李日华所见应是同一个本子——都是高瑞南家族收藏的郭忠恕《辋川图》临本。

比较以上元、明、清三个朝代的三则跋文，联系《辋川图》在元、明、清时广为流传的实际，可以得出这样几点结论：

一、郭忠恕的王维《辋川图》临本，是奉南唐宫廷之命制作的。作为其范本的南唐宫藏王维《辋川图》，正是"右丞之真笔"的李氏藏本，所以后世在无缘再见王维真迹而面对不时而出的各色版本时，就把郭忠恕仿本看作是"最接近王维"或"最能代表王维"的嫡传样本，是"血统"最正的一脉。

二、在李氏藏本于元代失传之后，郭氏临本成为明清时鉴藏家的热门收藏对象。

三、郭氏临本在李氏藏本失传之后，"接力"担负起传承王维《辋川图》的历史功能，从元代开始，历经明清一直传到近现代。我们现在所能看到的《辋川图》，源头皆从郭本而来。

这里举一个我们身边的例子：

明万历四十五年（1617），蓝田知县沈国华发起了一波辋川刻碑热潮，其中最受世人瞩目的是刻立了一组共6块仿王维《辋川图》石碑。据沈令的跋文所说，石刻的蓝本，是他从收藏家三原县来复处借来的亲临王维原作的郭忠恕临本，又聘请他的乡友画家郭世元摹画刻石。这组历经风雨的6块珍贵碑石，现在仍保管在蓝田县文管所。其拓片广为流传，被当作高雅的文化礼品，并被芝加哥东方图书馆、新泽西州普林斯顿大学博物馆和日本大阪市立美术馆收藏。

这组碑刻，由于是临摹于早期流行的郭本《辋川图》，所以在晚明和清代也出现了郭忠恕《辋川图》不同版本的情况下，其作为难得的"原始版本"价值引起了海内外学者的格外重视。例如北京大学教授宁晓萌的论文中说："目前我们所能看到的、被认为接近原作可能性最大的《辋川图》，乃是明神宗万历四十四年郭世元依据传为北宋郭忠恕的一幅摹本而重刻制的石刻的拓片。"日本学者曾布川宽认为："至少在元代以后的《辋川图》，其中的大多数不仅在绘画风格上与这个石刻本几乎一致……"台湾师范大学孙菊君也有硕士学位论文《万历年间郭世元摹〈郭忠恕临王维辋川图〉石刻拓本研究》。

千载流传话脉络（之三）——"节点"王蒙

上面说完了《辋川图》流传的两条主线，接着说说其流传的节点。这里所说的"节点"，即关节点，其含义是指事物从一种状态转化成另一种状态的分界点。

《辋川图》历史传承的节点出现在元代。

入元以后，有一位画坛领袖掀起了临摹研究王维《辋川图》的热潮，这个人就是书法爱好者都熟悉的赵孟頫（1254—1322）。他是宋太祖赵匡胤十一世孙，是南宋晚期至元朝初期著名书法家、画家、诗人。在赵孟頫周围形成了一个同道画家群体，其中两位是他的弟子，元朝秘藏书画的秘书监长官商琦和他的同乡画家唐棣，还有一位是他的外孙、号称元末四大家之一的王蒙。这几位大师的《辋川图》临摹本，现分别收藏在大英博物馆（赵孟頫）、日本圣福寺（商琦）、日本京都国立博物馆（唐棣）以及美国弗利尔美术馆（王蒙）。

对《辋川图》的传承脉络最具承上启下节点意义的是王蒙。

王蒙（1308—1385）是元末明初颇有影响的画家，他年轻时在黄鹤山（今杭州皋亭山）几十年"卧青山、望白云"的隐居生活（他因此号"黄鹤山樵"），使其对隐逸文化有了很深的感悟。《辋川图》是王蒙艺术盛期之作，此画彰显了王蒙艺术之巅峰。更特别的是，在历时三年的精心创作中，王蒙加入了更多的个人演绎成分，完成了一幅重新构思、别开生面的《辋川图》。王蒙的这一作品，画笔精秀、风致缥缈，所绘辋川山水精细妍雅、众妙毕臻，是对王维《辋川图》意境的再创造。

我们之所以把王蒙《辋川图》仿本称作"节点"，是因为自元代以后，画者摹写的《辋川图》，都或多或少的受到了王蒙版本的影响，改变了以往仅仅以郭忠恕版本为固定模式的局面。自此，各朝代文人画家对《辋川图》的摹写，在表达对王维《辋川图》崇敬的同时，更多的是结合画家自身的人生际遇和审美意趣，创造出属于"自己心目中的辋川"，使每个版本画作都呈现出不同的面貌，从而使《辋川图》的延续朝着题材丰富化、风格个性化的方向发展。

为了使读者朋友对此能有一个感性认识，这里将网上关于部分明清大家名作《辋川图》的评价文字，选录以供参考，各位可以结合观赏原画予以体味——

宋旭（1525—1606）

图中万壑千岩、奇峰危石、深涧幽谷、云泉长河、茂林烟树、孤村崇阁、溪桥曲径层出不尽。有诗人登高远眺的高岗幽径，有他常去弹琴吟啸的松坡竹林，有足供给衣食的良田鱼塘，有可以采药寻仙的云山雾谷，有可渔可游泛舟会友的秋水长河，有人迹罕至可以读书静坐的崖畔小筑，有层楼叠阁庭院宽畅的湖上园林……总之，一个隐逸文人可以想象的闲适散淡的理想生活场所，可以登临泛游的名山似乎都已收罗入画卷之中，它已不是一个小小辋川能够容纳的了。（君来访书画苑）

沈周（1427—1509）

沈周的《辋川图》更有一种文人画的平淡冲和之风，从画面本身来看，已经不再局限甚至完全脱离了辋川这一现实场景再现的原始意味，更多的是借助笔下的山水来抒发心中的辋川之意。（燕山茶社）

文徵明（1470—1559）

文徵明将王维《辋川集》诗作中的人文景观，通过图绘性的画作艺术再现，巧妙地将自己在园林山水方面的造诣和对江南山水的体悟融入笔端，为我们营造出了他心中那高华而闲远的江南式"辋川意象"。（丁某的崇拜者等）

仇英（约1498—1552）

仇英的青绿山水之作《辋川十景图》给人一种强烈的视觉冲击力和装饰感，青绿山水之中那些随山就势的庄舍和影影绰绰的人物，起到了一种很好的点睛之妙，对山水与建筑、人物之间的匠心独具的精妙设计，使这幅作品在整体掌控和细节把握上呈现出水乳交融雅俗共赏的妙境。（燕山茶社）

王原祁（1642—1715）

画家以王维的辋川别业诗为母题，将诗意与笔墨交融，以诗作中场景，绘出了《辋川图》。此图笔墨苍劲，色彩平和，墨色中互不相碍。追求拙朴，纯熟老练，有"熟而后生"之意味，所画山石，妙如云气腾溢，模糊蓊郁，一望无际，此图集中了所有文人对

私人庄园的向往，反映了文人的生活模式。（繁华堂）

郭忠恕《辋川图》的"真"与"不真"

郭忠恕《辋川图》是最接近王维原作、最能代表王维画意的，这一结论乃是古今共识。

有朋友可能会有疑问，王维的《辋川图》早已失传了，凭什么认定郭忠恕所画是最肖王维的呢？会是人云亦云吗？

笔者可以肯定地说，这并非人云亦云。因为曾有人较真，将郭忠恕和王维的画风做过反复、认真的比较。

晚明时有个书画家董其昌（1555—1636），他40岁时在公务出巡之余，专门绕道江南寻访古画，三年内两次拜访收藏家冯开之和高深甫，欣赏了他们收藏的王维《江山雪霁图》和郭忠恕《辋川图》临本（应该都是真迹）等。这次寻访之旅，使得董其昌自信已经深谙王维画风，经反复比较，董其昌已然将郭忠恕视为王维画风的合格继承者，将郭忠恕的《辋川图》临本作为理解王维画风最为可靠的依凭。中国台湾资深研究学者石守谦对此也很肯定："（郭忠恕）《辋川图》才真是当时公认的最重要之王维名迹。"

《百度百科》"辋川图"词条是这样介绍的："宋代的摹本中，独以北宋的《郭忠恕临王维辋川图》为大宗，且郭本用笔精妙，与王维相仿。所以郭忠恕无疑是王维之后与辋川关系最为紧密的人。"

这样说来，那是不是郭忠恕《辋川图》和王维《辋川图》可以完全画等号呢？也不能这么说。有一句名言不是说了吗，

"世上没有两片完全相同的树叶"。首先要请读者朋友注意的是，郭忠恕《辋川图》是王维原图的"临本"而非"摹本"。临，是照着原作写或画；摹，是用薄纸（绢）蒙在原作上面写或画。"临"画实际上是一种再创作，或多或少都会有点"自家面目"的；而"摹"则是"依样画葫芦"，一点都不走样的。

不信可以仔细看看，郭忠恕的《辋川图》，还真有两点明显的"自家面目"，恰是他擅长的画技"绝活"的体现，都自觉地凸显出来了：

一个是界画的画法。所谓"界画"，就是使用界尺引线作画，特别表现在画建筑物时，那些屋脊、廊柱、栏杆等的轮廓，全是均匀笔直的线条。郭忠恕的界画非常出名，《圣朝名画评》说他的界画为"一时之绝"，被列为"神品"。郭忠恕《辋川图》临本界画的特征，大家与其他版本的《辋川图》作以对照，还是非常"跳眼"的。

再是对建筑物的铺张渲染。郭忠恕的另一绝活就是善画亭台楼阁。北宋绘画史论家刘道醇把他列为屋木类之神品第一人，并曰："忠恕尤善丹青，为屋木楼观，一时之绝也，上折下算，一斜百随，咸取搏木诸匠本法，略不相背。"《闻见后录》云其："画重楼复阁，间见叠出，善木工料之，无一不合规矩。"听听，这不就是工程师画建筑蓝图吗？郭忠恕临作《辋川图》，大秀其所长，把王维诗里形容为"荒村""贫居""柴门""蓬径"的别业建筑，夸张渲染成亭台楼阁，栋宇连云，画梁雕柱，金碧辉煌。这肯定既不符合王维辋川别业建筑的实际，也完全违背了王维隐居辋川的淡泊恬静的生命理念。这个问题，涉及王维辋川隐居生活状态的真相，笔者将另文予以详说。

神化·神往·辋川情结与辋川现象

元人《琅嬛记》里讲了这样一个故事：王维曾为岐王画了一大山石，"信笔涂抹，自有天然之致"。一天，狂风骤雨，电闪雷鸣，忽然画中石头拔起飞去，房屋都被损坏了，但见画轴成空，才知道是画中石飞走了。大约百年之后，到了唐宪宗时，高丽使臣进献一奇石，石上有王维字印，经过鉴定，字印确实是王维真迹。

这个故事，荒诞离奇，不足为信，但却折射出世人的普遍心态，即人们为王维画作的魅力所倾倒，甚至视王维画作为"神品"。

宋初之时陶穀的《清异录》里，讲述了两个有趣的例子：其一是唐朝末年，有一个无赖男子附庸风雅，将《辋川图》用针刺在皮肤上，绘制成刺青纹身。再一个是五代时期著名的女厨师、尼姑梵正，用腌鱼、干肉、瓜果、蔬菜等原料，以《辋川图》20个景点为原型并以之为冷盘菜名，拼出20只独自成景的小冷盘，构成一组名为"辋川小样"的迷人美食，以至于这道菜"人多爱玩，不忍食"。

如果说以上情况反映了《辋川图》在市井平民中的广泛影响，那么，《辋川图》对于士大夫阶层（古代知识阶层）的影响，则不仅是广泛的、长期的，而且是十分深刻的。深刻到何种程度？《辋川图》不时地拨动他们心底之弦，千百年来不曾停歇。

历朝历代对于《辋川图》层出不穷、蔚为大观的仿制、题咏和收藏，从表面上来看，是后世对《辋川图》的一种崇尚现象，其实，这些行为的背后，暗藏着更为深刻的文化意义。这种文化现象，被学者们称为"辋川现象"。

中国古代士大夫普遍怀有"桃源情结"。而王维亦官亦隐、山林富贵两得其乐的辋川生活方式，高度契合士大夫的生活理想；其诗画兼擅的才华与潇洒出尘的性情，更成为传统士人尊崇的理想人格范型，《辋川图》以其丰富内涵和理想化的呈现，将陶渊明的桃花源世界精美化、现实化，对士人更具现实吸引力。他们将《辋川图》展现的辋川视为隐居的理想境界，将王维奉作令人高山仰止、倾心向往的理想人格。《辋川图》由此成为这种情怀的符号化、概念化载体。仿制《辋川图》成为士大夫抒发高雅情致的寄托，"借他人酒杯浇自己块垒"，至于笔下形象是否符合辋川实景，反不那么重要了。

这种由《辋川图》引发的"辋川现象"痕迹，在中国古代文化典籍里俯拾即是。大家都熟悉的，如北宋词人秦观在《书辋川图后》（参见彩页14）记录的自己一段经历：久病卧床的秦观，看了朋友特意送来的《辋川图》，"恍然若与摩诘入辋川"，一同游历辋川的20处优美景致，于是心旷神怡，绵延多日的肠疾，竟然奇迹般痊愈了。明代文学家、史学家王世贞，在《摹辋川图后》中也记述了由观赏《辋川图》而神游辋川、痴迷王维的情景：

余尝谓读摩诘绝句，更一览辋川图，觉便如上下华子冈、斤竹岭，骋于宫槐陌，泛南北垞、欹湖、柳浪，徙倚木兰柴、茱萸沜，即文杏馆而休焉。酌金屑之泉，与裴迪秀才对语，不知我之为摩诘，摩诘之为我与否也。

更有甚者，演绎了一段由"神往"而"梦游"，终以"梦境"成就名画的传奇故事。这个故事的主人公就是号称"清初四王"之一的著名画家王鉴（1598—1677），他这幅颇具神奇色彩的《梦境图》的跋语这样写道：

今六月避暑半塘，无聊昼寝，忽梦入山水间，中有书屋一区，背山面湖，回廊曲室，琴几潇洒，花竹扶疏，宛似辋川。轩外卷帘，清波浩渺，中流一艘，乘桴垂纶，旷然自得。余趺坐中堂，观左壁画，乃思翁笔，幽微淡远，不觉抚掌赞叹。遂尔惊醒，鼻端拂拂犹作异香，令人有天地真人之想。嗟！余焉能真有此境，便当老是乡矣……起而涤砚伸纸，记境成图，不爽毫发。悬之座右，以当望梅止渴而已，掷笔惘然。丙申（清顺治十三年）夏六月哉生明，王鉴识。

此画堪称中国绘画史上唯一以梦境为题材的山水画杰作，现为故宫博物院一级文物。跋语中"余趺坐中堂，观左壁画，乃思翁笔"，意为作者趺坐（指佛教徒盘腿坐姿），见左壁所悬乃董其昌（号思翁）摹《辋川图》。此细节巧妙将《辋川图》

［清］王鉴《梦境图》

纸本，纵162.8厘米，横68厘米，现藏北京故宫博物院。

与"辋川梦"糅合：因图生梦，梦中见图，图梦交融，正应"日有所思，夜有所梦"之语。"余焉能真有此境，便当老是乡矣"一句，道出士大夫共通的心曲。正是这魂牵梦绕的"辋川情结"，催生了绵延千年、蔚为大观的"辋川现象"，成为中国传统文化史上一大奇观。

《辋川图》为王维赢得了两顶"桂冠"

标题里说的这两顶"桂冠"，一是"文人画鼻祖"，一是"南宗画祖"。说《辋川图》为王维赢得这两个"祖"字号殊荣，似乎不太准确，因为王维不只有《辋川图》，仅北宋官方的《宣和画谱》记载的王维画目录就有126幅。但王维画作里数《辋川图》无疑是王维画作中最负盛名的代表作，这一点古今公认，所以这样说也大致不差。

文人画，也称"士大夫写意画"，是有别于民间和宫廷画院的绘画。书卷气是文人画的重要特征，即以特有的"雅"的品位而独树一帜。王维的《辋川图》以诗画融合入画，体现了士大夫向往的文雅风流的文人风范。宋元时期，随着文人绘画的崛起，他们给予《辋川图》以理想化的解读与重塑，不仅使之成为文人绘画观念的载体，而且将之作为文人绘画创作的典范。

推动王维"文人画创始人"这一历史定位的，有两个重量级人物起了关键作用，一个是苏轼，一个是董其昌。

公元1061年，24岁的苏东坡得到了第一份正式工作——陕西凤翔府判官。他去看了凤翔府的普门、开元二寺里吴道子和王维的画的真迹后，作《王维吴道子画》一诗评价道：吴道子和王维是中国画坛数一数二的人物，但比较起来，"吴生虽妙绝，犹以画工论。摩诘得之于象外，有如仙翮谢笼樊。"他认为吴道子虽然画得好，但未脱匠气，而王维得到了物象内在的精神，就如仙鸟飞离樊笼超脱于形迹以外，其画才是神逸之品。苏轼进一步完整地提出了有关文人画的一套理论，他总结的"味摩诘之诗，诗中有画；观摩诘之画，画中有诗"成了千古名言，这样就把王维推上了文人画的神坛。王维画更多以文人气质取胜，与文人士大夫在志趣上天然有一种亲切之感，后世文人在无缘得见《辋川图》本来面目的情况下，更多的是在苏轼重塑王维画作的绘画理论之中对于这幅画作以及王维画风展开审美接受的。

　　由于苏轼的大力鼓吹，宋代以降，王维绘画的地位呈现持续上升的态势。接着，明代董其昌的"南北宗"论，把王维的画史地位推向了巅峰。

　　我们前面已经说到董其昌下江南追寻王维画迹的事，在对王维以及众多绘画流派全面研究比较的基础上，董其昌按不同的风格，将其分成"以王维为首的南宗文人画派"和"以李思训、李昭道为首的北宗画工画派"两个画派。董其昌推崇南宗，贬抑北宗，并强调"文人之画，自右丞始"。董其昌"南北宗"论一经提出，受到了众多文人与画家的认同，并产生了巨大影响，正如清末学者叶德辉所言："自思翁持论尊南抑北，自是三百年，海内靡然成风。"随着南宗画派正统地位的形成，王维"文人画鼻祖""南宗画祖"的历史定位确立了。

第十四章
"辋川样"：后世文人的精神范式与生活理想

后世文人对王维的崇拜，很大程度上是和"辋川"二字联系在一起的。

王维后半生的大部分时间都是在辋川度过的。王维在辋川留下了一部自编诗集《辋川集》。这部文学史上堪称经典的山水诗集，共收录了40首五言诗，王维自己20首，诗友裴迪和了20首。每首诗都是以二人悠游赏玩的辋川山水佳处的名称命名的，如华子冈、欹湖、鹿柴、竹里馆、辛夷坞等。王维还以《辋川集》吟咏的20处美景为题材绘制了山水壁画《辋川图》。《辋川集》是王维、裴迪辋川闲雅悠游生活方式的记录，不仅被认为是王维辋川诗的代表作，而且是中国山水田园诗的巅峰之作，后人对《辋川集》的喜爱，不仅是对其诗歌艺术和诗歌意蕴的鉴赏，也突出地表现为对一种生活方式和精神境界的认同与神往。后世文人们以大量模仿、唱和之作表达对

《辋川集》的爱赏和推崇；将《辋川集》和《辋川图》所呈现的诗意辋川，看作是心目中最理想的现实版桃花源；以与《辋川集》《辋川图》相关的题咏和收藏等行为，将王维半官半隐的林下风流和与裴迪游吟唱所展现的文采风致化为自己高雅生活的"标配"。这种与王维及其辋川生活相关联的精神境界和人格范型，被称作"辋川样"。由"辋川样"催生的文人们普遍对王维赏慕、追摹的"辋川现象"千百年来热度不减，成为中国传统文化的一大奇观。

辋川体：从模仿到范式的形成

与倾慕伴生的就是模仿。对《辋川集》的模仿，在王维离世前后的第一时间、第一地点就开始了。

于王维去世前三年出任蓝田县尉且与王维多有过从的著名诗人钱起，在其蓝田任内，仿照王维《辋川集》20首，写了《蓝田溪杂咏二十二首》。钱起是"大历十才子"之一，其人其诗在大历诗坛上堪坐"头一把交椅"。在他的带动下，大历诗人对《辋川集》多有仿效，如皇甫冉《山中五咏》，顾况《临平坞杂题十三首》，姚合的《题金州西园九首》《杏溪十首》《陕下厉玄侍御宅五题》等，无论诗的形式和意蕴，都可以明显看出是对《辋川集》的直接借鉴。

后世围绕《辋川集》层出不穷的仿作，犹如拱月的群星，而这漫天星云中，也不乏巨星魁斗，如韩愈、苏辙、朱熹、胡应麟、赵秉文等。韩愈的《和虢州刘给事使君三堂新题二十一咏并序》，苏辙的《题李公麟山庄图并叙》（20首），从形式到规模都是对《辋川集》的刻意效仿。南宋大儒朱熹的《家山堂晚照，效辋川体作二首》，和明代著名学者、文艺批评家胡应麟的《别业激溪之南，平湖远岫，幽谷长林，登顿沿泗，颇擅独往之趣。暇日效右丞辋川体为五言绝三十章，并拉诸同好作焉》两诗中，不约而同地提出了"辋川体"的概念。没有材料可以证明胡学者也使用"辋川体"的概念是受了朱大儒的影响，大概率是不谋而合，英雄所见略同吧。

什么是"辋川体"？总览以上《辋川集》的模仿作品，可以看到后世文人们对所谓"辋川体"概念的体味，包含三点：一是形式上是短小的五言绝句；二是题材为山水风光；三是风格自然平淡而耐人寻味。如上边提到的朱熹仿辋川体二首之一诗："山外夕岚明，山前空翠滴。日暮无与期，闲来岸轻帻。"空灵淡远，清丽疏朗，从形式到韵味，放到《辋川集》里都几可乱真！

朱熹老夫子也挺矛盾的，一方面，他站在道学家的立场上，对王维迫受伪职多有苛责，说过其人品"不足言"，其传世之作"适足为后人嗤笑之资耳"的狠话。另一方面，对王维的《辋川集》中的诗又喜爱有加，甚至他在生命的最后时光里，还写下了这样一段话："王摩诘《辋川·漆园》诗云：'古人非傲吏，自阙经世务。偶寄一微官，婆娑数株树。'余深爱之……"他能把仿王维的诗写得惟妙惟肖，必然是对《辋川集》素日习诵、吟赏不绝的结果。这种浓郁的辋川情结，普遍存在于后世文人群体中，他们历代相沿对《辋川集》的仿作、习诵、吟赏、书帖和题咏等丰富多样的接受形式，正是《辋川集》的内蕴精髓与文人高雅生活理想同频共振的体现。

辋川图：世外桃源的视觉化呈现

辋川的盛名，离不开王维的主动塑造。

首先要解决的是"高大上"的定位问题。王维看不上诸如"风景佳地""名胜之区""山清水秀"这一类寻常好词，而是一下子就上了一个中国人心目中顶级的概念——世外桃源。下边这些贴着"桃花源"标签的句子，都出自王维辋川诗：

杏树坛边渔父，桃花源里人家。　　（《田园乐其三》）
笑谢桃源人，花红复来觌。　　　　（《蓝田山石门精舍》）
草色人向好，桃源人去稀。　　　　（《送钱少府还蓝田》）
悠然策藜杖，归向桃花源。　　　　（《口号又示裴迪》）

本尊的卖力叫好，借助其在中国文化界的地位和影响，于是，"辋川＝桃花源"的品牌定位，获得了极高的认可度，后世很多诗文都把辋川与陶渊明笔下的桃花源相提并论，如：

元代元好问《寒食灵泉宴集序》中，把文人雅集的名胜之地东平湖灵泉寺称为"盖辋川之乡社，而桃源氏之别业也"。

元初宋遗民创立的月泉吟社，点评诗社优秀诗作的《诗评》里就有这样的话："使人诵之如游辋川，如遇桃源。"

明代著名文学家于慎行《夏日村居》里有这样的诗句："面面溪山缭绕，村村花树蒙笼。人在渊明记里，家居摩诘图中。"

还有来过辋川的两位大诗人，调子更高：一位是参观过王维别业的钱起，作《中书王舍人辋川旧居》诗，直接肯定辋川就是桃花源："谁谓桃源里，天书问考槃。"一位是王维逝世700多年后来辋川凭吊的明代诗人何景明，其《辋川》诗云："即此买山堪避俗，桃源何必访神仙。"定位又上了一个档次，称辋川胜过桃花源。

平实而论，辋川"世外桃源"的美誉，首先是与辋川的地理幽僻、山水秀绝、桑麻古朴等因素有关，但更重要的是，王维卓绝千古的辋川山水诗画，在辋川形象上寄寓了士大夫理想精神、审美情趣的内涵，使辋川山水散发出神奇的美学光华和诗性力量，成为文人墨客向往的精神"神境"。

多次来过辋川的日本著名学者、王维研究专家入谷仙介先生说过："《辋川集》的目的，就是把辋川构建成一个与世隔绝的理想世界。"入谷先生这里只说到《辋川集》，其实在这个构建过程中，《辋川图》也曾发挥过神奇的作用。

王维《辋川集》吟咏的"二十景"，成为辋川胜迹的标志和符号。王维后来又以"二十景"为题材绘制了《辋川图》。诗、图相配，并行于世，形成了一个复合审美空间，使世外桃源辋川更直观化、理想化。后人通过对《辋川图》的欣赏和联想，获得了更直接的精神愉悦、审美享受和理想寄托。如苏轼就有"《辋川图》上看春暮，常记高人右丞句"诗句。写有"两情若是久长时，又岂在朝朝暮暮"名句的北宋著名词人秦观，也曾写有《书辋川图后》，记录了自己卧病在床于枕边观图而沉醉于图中辋川优美的20处景致之中，不久迁延多日的肠疾得以痊愈的神奇经历。

《辋川图》千年流传，早已沉淀为中国隐逸文化的经典符号，更承载着历代文人墨客的精神追求与生命理想。他们把《辋川图》所呈现的"辋川样"，看作是文人雅士理想的山川卧游之地，是陶渊明的桃花源的现实再现。清代著名画家王鉴，把梦境中的辋川画成一幅《梦境图》，并作序感叹道："嗟！余焉能真有此境，便当老是乡矣。"

　　王维的《辋川图》真迹虽于元代失传，但辋川情结却在文人士大夫的心里扎了根。凭借郭忠恕一幅"嫡传"临摹画，《辋川图》遂成为中国画史上代代相沿的诗画"母题"，各种仿制、收藏、题咏成为无数文人竞相为之的风尚，冠以"辋川"的山水作品也层出不穷。自元代王蒙以后，对《辋川图》的摹写又出现了题材多样化、风格个性化的倾向，每个版本的画作都呈现出不同的样貌。但千变万化，有一点永远不变，那就是每幅《辋川图》里，都藏着一个画家自己心里的"桃花源"。

高人王右丞：仕隐两全的人格典范

　　第一个在诗文中把王维称作"高人"的，是杜甫。王维去世5年后，颠沛流离于蜀地的杜甫，以"不见高人王右丞，蓝田丘壑漫寒藤"的诗句，寄托自己的哀思。与另一位同为盛唐诗坛大咖且与王维同庚，但彼此却互不"来电"的李白不同，杜甫小王维11岁，却是一枚有情有义的"维粉"。他曾于乾元元年（758）专程来辋川拜访王维而不遇，此行为蓝田留下了气象峥嵘、力可拔山的千古名句"蓝水远从千涧落，玉山高并两峰寒"。不知道他在吟哦"玉山高并"时，是否已在酝酿借其"高"来比拟自己心目中的王维?

明人张昱写有一首赞扬王维的诗,诗题就叫《高人王右丞》。宋人韩淲诗句"不见高人王辋川,兴来独往句能传",除了继续复制"高人"的标签外,还赠给王维一顶新桂冠——"王辋川"。这一称号直接把王维同他的"辋川样"相挂钩,反映了后人对王维"高人"和"辋川样"的认可和钦仰,如同"陶彭泽""孟襄阳""白香山""韦苏州""杜樊川"等一样,"王辋川"成为一种令后人追慕的人格形象和精神境界。

王维为什么被称为"高人"?探讨理由,大家一定会想到出身高贵,家世显赫,多才多艺,形象俊美,风度儒雅,性情温和,处世圆融,久居朝堂,名满天下,等等。这些对不对?都对,但都不是王维"史无前例"的最独特之处。

南宋诗论家张戒深入研究了王维的辋川生涯,他认为:

> 摩诘心淡泊,本学佛而善画,出则陪岐、薛诸王及贵主游,归则屡辋川山水,故其诗于富贵山林两得其趣。
>
> (《岁寒堂诗话》)

张戒这段话虽有与史实不符之处(王维陪诸王游时并没有隐居辋川),但他对王维辋川独特的生活方式及诗歌创作"富贵山林两得其趣"的总结,堪称精辟。

"富贵(仕宦尊荣)"和"山林(林泉隐逸)",自古就是隐士们的两难选择,要么仕,要么隐,一般难以两全。在王维之前,无人能解决好这一对矛盾。但王维却以半官半隐方式,变仕隐两难为仕隐两全,多么高明的处世智慧。

我们将王维与同为隐逸诗人的陶渊明作以比较。

有人认为,陶渊明、王维虽皆为隐士,却有"穷隐"与"富隐"的分野。陶渊明由于不满官场黑暗,不愿同流合污,不愿"为五斗米折腰"而弃官归隐,因此失去经济来源而致穷困潦倒,家徒四壁,最后在贫病交加中谢幕。而王维在出入朝堂和山林之间始终保持随遇而安的平和心态和悠游闲雅的生活方式。他虽然也追求仕进,但并不为了功名利禄而卑躬屈节,不辨是非,逢迎苟且。而亦官亦隐的"带薪隐居",不仅不必为"五斗米"发愁,还可车马仆从优雅地维持着上流社会的尊严生活,从而能维持闲情逸致悠游山水,享受闲适。这种既有较为优裕的经济来源保障,又能保持相对独立自由人格的闲雅自在生活,是仕隐矛盾得以调和后达到的理想状态。这种"理想状态",直接影响了王维的诗歌创作,学者袁晓薇就指出:"王维诗歌在写山林隐逸时,于淡泊闲旷中透出一种朗秀高华的气象,毫无寒俭疏野之态;写台阁荣遇时则于典丽宏阔中不失清新优雅之情致。"这大概就是杜甫称王维为"高人"的理由所在。

王维在仕与隐之间圆融无碍的选择,被封建社会绝大部分文人士大夫所认可和推崇。人们虽然敬佩、赞誉陶渊明蔑视权贵、不媚世俗的气节,但要让在陶渊明、王维的生活方式中做出选择,恐怕大部分人会选择王维。所以在王维之后,中国的隐逸文化出现了微妙变化:很少再出现像陶渊明那样愤世嫉俗、遁迹山林的"真"隐士,而是多了些号称"弃世归隐""独善其身",却又迷恋庄园理想、并不与物质享受"绝缘"的所谓"中隐"之士。

例如那位梅妻鹤子的林逋,自称"青山绿水与我情相宜",其结庐而隐之地,却是繁华杭州的西湖孤山。

还有一个知名的杭州籍隐士,文笔与纪晓岚齐名的袁枚,他辞官隐居于堪称天下第一名园的南京小仓山随园,其前身为曹雪芹祖父所建,是《红楼梦》中大观园的原型。袁枚不光住得讲究,还是有名的美食家,据说顿顿不离肉,一口气可以吃掉一根金华火腿。他几乎含遍江南美食的名馔专著《随园食单》,与他颇负盛名的《随园诗话》并传于后世。

清朝像袁枚那样的"富隐士",还有一个李渔,字笠翁,就是旧时写诗作联人都很熟悉的经典《笠翁对韵》的作者。他入清后无意仕进,于南京城筑了大名鼎鼎的芥子园,著书立说,带班演戏,是休闲文化的倡导者和文化产业的先行者。他留有诗句"此身不作王摩诘,身后还须葬辋川",道尽了对王维"辋川样"的追慕。

辋川酬唱:文人雅集的精神原型

历代文人雅士对王维"辋川样"的效仿之举,还表现在他们对王维、裴迪辋川游吟唱和的文雅风流的倾慕和追慕上。

《旧唐书·王维传》载:"得宋之问蓝田别墅,在辋口,辋水周于舍下,别涨竹洲花坞,与道友裴迪浮舟往来,弹琴赋诗,啸咏终日。尝聚其田园所为诗,号《辋川集》。"

王维辋川诗文里,也多次记录了他与裴迪辋川酬唱的情景，如：

  与裴迪闲暇各赋绝句云尔。 （《辋川集·序》）
  多思曩昔，携手赋诗，步仄径，临清流也。
           （《山中与裴秀才迪书》）
  日日泉水头，常忆同携手。 （《赠裴迪》）
  风景日夕佳，与君赋新诗。 （《赠裴十迪》）
  复值接舆醉，狂歌五柳前。（《辋川闲居赠裴秀才迪》）

  在王维存世的370多首诗中，与裴迪赠答与同咏的诗多达30余首，《全唐诗》收裴迪诗29首，大都是与王维辋川唱和之作。因此，王维、裴迪一起悠游山水、诗歌唱和，成为王维辋川隐居生活的标志性内容和隐士山林游吟的传世佳话。明代彭大翼《山堂肆考》就将王维、裴迪的辋川相酬列入古今盛事。

  王维、裴迪这种酬唱尽欢的风雅高致，被视为高雅生活的象征，很大程度上契合了士大夫普遍具有的生活理想，引发了后世文人的无限向往和追慕。

  宋代杰出画家李公麟作了幅山水画《龙眠山庄图》，亦称《山庄图》，也像《辋川图》一样画有20处游止，《宣和画谱》赞其《山庄图》可与王维《辋川图》相媲美。这就触发了苏轼的辋川情结，不仅为之热情地作了一篇序文，还拉上弟弟苏辙也作诗《题李公麟龙眠山庄图》"凡二十章，以继摩诘辋川之作"，接着又引发了诗人韩驹也激情和诗20首。看看，这不活脱脱的一个辋川酬唱的克隆版。

清代杰出文学家、学者王士禛在《抱山堂诗序》中，以诗样的语言，又一次对辋川酬唱进行了"复制粘贴"：

> 长兄考功先生嗜为诗，故予兄弟皆好为诗。尝岁暮大雪夜集，堂中置酒，酒半，出王、裴《辋川集》，约共和之。每一诗成，辄互赏激弹射。诗成酒尽而雪不止。

史上最大的一次王维、裴迪辋川酬唱"模仿秀"，是发生在元末的"玉山草堂雅集"。雅集的召集人江南巨富顾瑛，书画俱佳，诗文皆通。他在昆山以王维辋川庄为"模板"，又借用杜甫苍蓝访王维诗句"爱汝玉山草堂静"为楹匾，构筑了"玉山草堂"。草堂内不仅有园池亭榭之胜，更有主人耗费巨大财力搜集来的古书名画、鼎彝珍玩，从而使这个草堂成为文人最理想的游赏休憩之所。顾瑛依仗其雄厚财力，广邀天下名士，前后持续10余年，举行雅集百余次。仅记录雅集唱和的诗集《草堂雅集》就有18卷，收入诗人多达80人。清《四库全书》赞曰："其所居池馆之盛甲于东南，一时胜流，多从之游宴……元季知名之士，列其间者十之八九。考宴集唱和之盛，始于金谷、兰亭，园林题咏之多，肇于辋川、云溪，其宾客之佳，文辞之富，则未有过于是集者。"这场"源于辋川而盛于辋川"的雅集，正是"辋川样"跨越时空的生命力证明。

第十五章

裴迪，王维辋川的烟霞知音

熟悉而又模糊的青年诗人

但凡阅读王维或研究王维的人，都会频繁地遇见一个人名——裴迪。在多如满天繁星的唐代诗人中，裴迪只是其中平凡的一位，却因为同王维的特殊关系，留名于文学史。他的诗作并非特别优秀，却也为广大读者所阅读所熟知。然而，若要让大家说出裴迪的生平事迹，众人多半只能摇头：不清楚。所以笔者在标题中称他是一个"熟悉而又模糊的青年诗人"。

说他熟悉，是因为他在有关王维叙事系统中的"出镜率"很高，说到王维往往绕不过他。

裴迪是王维隐逸辋川全过程的追随者、陪伴者。《旧唐书·王维传》载："与道友裴迪浮舟往来，弹琴赋诗，啸咏终日。"《新唐书·王维传》称："别墅在辋川……与裴迪游其中，赋诗相酬为乐。"王维与裴迪的唱和诗包括《辋川集》在内共有30余首，远远超过王维与其他任何一位盛唐诗人的唱和之作；翻开《全唐诗》，裴迪的28首诗几乎全是与王维的赠答唱和之作。可见二人志同道合，同隐同修，心心相印，惺惺相惜，犹师生挚友，如父子兄弟。这种非同寻常的密切关系，给因政治黑暗以及母丧、陷贼等不幸遭遇导致幽愤、伤悲、惭悔的王维，带来了些许宽解和安慰。所以，裴迪被读者看作是王维的忘年至交，王维文化爱好者，王维的崇拜者们，爱屋及乌，对裴迪也会留下切近甚至亲近的印象。

说他模糊，是因为有关裴迪的籍贯、生平、科考、仕途等记载史料少而又少，且存在诸多疑团。

例如，辞典、教科书以及网上文章等大都这样介绍裴迪：生卒年不详，字、号不详，关中人，曾任职蜀州刺史及尚书省郎、张九龄荆州府幕僚等。这里边的疑点就很多了，比如：

说是关中人，但到底是关中哪个县？只差薄薄的一层纸却不能戳破，这似乎不大合理。

说裴迪曾任蜀州刺史，刺史那可是相当于省部级的三四品的地方大员了，在唐代一般是少不了进士出身的。可从没发现有裴迪进士及第的有关史料记载，也没有及第后取得何官职以及逐级升迁的任何记录。王维在辋川诗文中称裴迪为"秀才"，如《辋川闲居赠裴秀才迪》《登裴秀才迪小台》《山中与裴秀才迪书》等。其时，"秀才"是对于参加进士科考试的生员的统称。王维在《山中与裴秀才迪书》这封邀约裴迪同游辋川的书信中，曾说"足下方温经，猥不敢相烦，辄便独往山中"，表明裴秀才正在紧张地复习功课准备进士科考试，谦逊而体贴朋友的王维谨告："鄙人不敢烦扰阁下。"直至天宝末年（754—756）王维囚于洛阳时写给裴迪的两首诗中，对裴迪的称呼还是直呼其姓名，说明那时的裴迪仍是一介布衣（平民身份应该是裴迪之所以敢于冒险深入虎穴探望王维的原因所在）。可是只过了两三年（759），裴迪随王缙入蜀做官，却被后人记载为任蜀州刺史。一个连进士都不是，且没有科举入仕和任官履历（进士一般都是从八九品的官秩做起）的人，怎么可能一步登天成了三四品的高官？蓝田县王维文化研究会刘弈先生曾对此做过专门考证，结论是：裴迪在蜀州时并非刺史，而是任蜀州刺史王缙的幕僚。至于尚书省郎、张九龄荆州府幕僚，也都并无确切依据。

因为裴迪与王维学术研究的密切关系，学界对裴迪的研究也有所开展。学者潘良炽、刘孔伏在《裴迪与王维交游考》中，通过梳理史料得出了比较有据的结论：裴迪祖籍河东闻喜（今山西运城闻喜县；王维祖籍山西祁县，里贯为河东永济，王维、裴迪可谓河东"小同乡"），出身于官宦世家，约生于开元六年（即718年，约小王维17岁）。父亲裴敫珍，曾任低级官吏薛王府曹参军，在长安新昌坊（今青龙寺附近）有宅第，有裴回、裴迪等5个（或6个）儿子。裴迪长兄、任鲁郡任城县尉的裴回39岁病故，应裴迪之请，王维曾为其撰写《墓志铭》（铭文今存王维集）。唯一为官的长兄病故后，裴家陷于困窘。裴迪就是在这种情况下，从天宝初随同王维来到辋川，边隐居边温经备考，但史料未见有登第的记载。

形影不离的隐居伙伴

《辋川集》中，王维写有"新家孟城口"的《孟城坳》诗，裴迪和曰："结庐古城下，时登古城上。"据此可知，裴迪入住辋川的时间，应该是与王维同时或稍晚一点。从此，在这个世外桃源里，裴迪自始至终都陪伴着王维。二人悠游赏遍辋川的山水胜处，并赋诗唱和，于是才有了被后世奉为文人雅集唱和典范的《辋川集》。他们二人还一同造访灞陵边的化感寺，拜访长安闹市的"高隐"吕逸人，还曾同赴蓝峪口崔氏林亭和长安青龙寺的诗友雅集。

无论是游赏行吟辋川，还是外出赴会访友，王维、裴迪二人都朝夕相伴，形影不离。王维写他到裴迪家游玩的《登裴秀才迪小台》，诗的末尾两句是："好客多乘月，应门莫上关。"意思是，主人好客多半要留客人趁月光明亮出游，我家照看门户的仆人且不要关门。裴迪以王维《鹿柴》诗唱和道："日夕见寒山，便为独往客。不知深林事，但有麏麚迹。"他为什么要称自己是"独往客"呢？或许是因为他与王维携手出游似乎成了习惯和常态，而鹿柴离裴迪家很近（王维孟城坳家距此还有五六里），偶尔独自去游鹿柴，这在裴迪看来似乎是个例外，所以就自觉不自觉把自己说成"独往客"了。

王维诗文里也多次描写二人肩并肩、手拉手的亲密场景："携手赋诗，步仄径，临清流也。"（《山中与裴秀才迪书》）"日日泉水头，常忆同携手。"（《赠裴迪》）

这后两句诗说的是，有一次，二人因故分离了一段时间见不上面，王维思念友人，于是给裴迪写了首《赠裴迪》：

不相见，不相见来久。

日日泉水头，常忆同携手。

携手本同心，复叹忽分襟。

相忆今如此，相思深不深！

感情浓烈深挚，手足之情跃然纸上。尤其值得注意的是，王维着意描摹的"日日泉水头，常忆同携手"这一特别场景。二人为什么会在泉水边天天携手徜徉呢？

原来，裴迪的辋川山居，位于欹湖北端的标志山丘——北垞山脚下的一块高坪上，此地被王维亲切地称作"裴迪小台"。裴迪小台旁边，有一眼水源很旺、水质特优的山泉，这就是王维、裴迪二人吟咏过的"辋川二十景"之一的"金屑泉"。裴迪曾自夸它"迎晨含素华"，王维于是不无调侃地对裴迪说："日饮金屑泉，少当千余岁"。由此可知，对于裴迪小台和这眼不寻常的金屑泉，王维也是常常光顾流连的，例如他在《田园乐之七》中就有"酌酒会临泉水，抱琴好倚长松"的诗句。隐士恋良泉，也真应了庄子所说的鹓鶵（凤凰一类的神鸟）"非梧桐不栖"，"非醴泉不饮"了。

令人十分惊喜和兴奋的是，前些年我们蓝田县王维文化研究会团队在寻找"辋川二十景"遗址时，曾根据王维、裴迪留下的诗文线索，在找到"裴迪小台"遗址的基础上，依据"金屑泉在裴迪家附近"的定位，确定了金屑泉遗址的坐标范围。于是，凭着"这个旺泉不会轻易消失"的坚定信念和镢头铁锨，硬是从地下挖出了已消失在历史尘埃之中的这口神泉，尤为让人惊叹的是，该泉至今仍汩汩冒水。

灵魂默契的忘年知己

王维与裴迪志趣相投，都性情淡泊，喜好山水，且都一心向佛，实乃灵魂之交。二人虽不是一个年龄层，但他们之间的关系，既超越了年龄，也超越了世俗，超越了利益，"携手本同心"，既亲密无间又淡然舒服。

在一个秋高气爽的傍晚，这对老少兄弟又在一起对酒当歌了，裴迪喝得酩酊大醉，佯狂作歌。于是，王维又一首传世名作《辋川闲居赠裴秀才迪》诞生了：

> 寒山转苍翠，秋水日潺湲。
> 倚杖柴门外，临风听暮蝉。
> 渡头馀落日，墟里上孤烟。
> 复值接舆醉，狂歌五柳前。

王维自比"五柳先生"陶渊明，用楚国狂士接舆比拟发酒疯的裴迪。诗中所描摹的画面——倚杖柴门，临风听蝉，恬淡安逸，超然物外，这正是王维、裴迪二位隐士忘机自适的形象写照。醉酒狂歌，放浪形骸，则勾勒出裴迪在王维这位亦师亦友的大兄长面前毫无掩饰的狂傲之态。而王维对此则是完全包容甚至是欣赏的。

还有一次，不知是裴迪还是二人一起遭遇了什么事，一向平和、淡然的王维，却给裴迪写了首情绪起伏的诗《酌酒与裴迪》：

    酌酒与君君自宽，人情翻覆似波澜。
    白首相知犹按剑，朱门先达笑弹冠。
    草色全经细雨湿，花枝欲动春风寒。
    世事浮云何足问，不如高卧且加餐。

  诗的大意是：让我斟一杯酒给你吧，请你自宽自慰。世间人情本就反复无常，如同波澜一般。人与人之间哪怕相交到老，也仍要时时按剑提防对方。那些先得到富贵的达官贵人，总是耻笑和排挤后来出仕做官的人。窗外的野草正在发新芽变绿色，全靠细雨的滋润。开花的枝条正想舒展开来，却遇到春风正寒。世事如浮云过眼，不值一提。不如高卧山林，努力加餐，保重身体为要。

  此诗是王维晚年诗作中十分值得回味的一首，看似豁达，实则意难平。"酌酒与君君自宽"，表面是劝慰友人，其实是胸中郁积愤懑，需与挚友一起借酒将其浇化。玄宗后期昏暗的政治环境，亦官亦隐、半儒半释的人生选择与处世态度，给王维造成了深刻的心理矛盾，通过《酌酒与裴迪》一诗即可透视出此种心绪的复杂：一方面，崇佛向禅，看空一切，随缘自适；另一方面，又放不下积极用世、仕途进取和亲情友爱。残酷的现实，使得用世不能，归隐难平，王维、裴迪二人内心深处的隐痛和感慨是相通的。而诉说这种深层次的内心冲突，在王维的其他诗作里是见不到或很隐晦的，也只有在裴迪面前才会毫不保留地表露出来，这足见二人确是精神高度契合的莫逆之交。

关键时刻的救命恩人

王维隐居辋川的后期，唐王朝最大的政治危机安史之乱爆发，从此大唐的盛世中断了。对于王维个人来说，这也是一次重大的人生危机，险些为之丧命。而最终拯救了王维的，却是一首只有28字的小诗。

据《旧唐书·王维传》记载："禄山陷两京，玄宗出幸，维扈从不及，为贼所得……拘于普施寺（普施寺当为菩提寺之误），迫以伪署。"

王维被俘并被解囚洛阳，可以想象其挚友裴迪的万分焦虑和担忧。裴迪打听到王维被关押在菩提寺的消息，他冒着极大的人身危险，深入虎穴前来探望老友王维，并向王维讲起了叛贼在长安凝碧池制造的一起悲剧：

据《唐诗纪事》记载，安禄山曾大会凝碧池，逼使梨园弟子为他奏乐，众乐人思念唐玄宗唏嘘泣下。其中有雷海清者，掷弃乐器，面向西方（唐玄宗出逃方向）失声大恸。安禄山当即下令，残酷地将雷海清肢解于试马殿上。

王维听裴迪讲述之后，恸哭不止，义愤填膺地口诵了《菩提寺禁裴迪来相看说逆贼等凝碧池上作音乐供奉人等举声便一时泪下私成口号诵示裴迪》（简称《凝碧池》）："万户伤心生野烟，百官何日再朝天。秋槐叶落空宫里，凝碧池头奏管弦。"诗中满是对朝廷的眷恋与国难的悲愤。

诗题中的"私成口号诵示裴迪"，是说在贼人严密监视之下，这首诗没敢公开写出，而是私下由王维口诵，裴迪默记于心中。

关于故事发展下来的情节，《旧唐书·王维传》是这样记载的："贼平，陷贼官三等（应为六等）定罪。维以《凝碧池》闻于行在，肃宗嘉之。会缙请削己刑部侍郎以赎兄罪，特宥之。""特宥之"就是在六等定罪的前提下，法外容情，特别宽宥免除了对于王维的处罚。而免罪的根据，就两条：一是《凝碧池》闻于行在（行在即皇帝所在的地方），唐肃宗嘉之；二是王缙请削己官，为兄赎罪。但这两条所起的作用是不等同的。

王缙当时已任刑部侍郎，且在平叛中有功，其为兄求情，是可能起作用的，但可以肯定这不会是王维受到宽大处理的关键因素。真正投敌附逆的张均、张垍兄弟，系前任宰相张说之子，前者为肃宗的救命恩人，后者是玄宗的驸马、肃宗的妹夫，肃宗为赦免二人下跪哭求唐玄宗，但最终还是一个被处死一个被流放。显然，王维被从轻发落，从根本上说，是由王维问题本身的性质和王维在整个事件中的事实表现决定的，如果他是死心塌地附贼卖身求荣，任谁说情也是救不了的。而最能说明王维问题性质的证据，就是王维的这首《凝碧池》。

据《资治通鉴》记载：关于如何处理这300多受伪职官员，朝廷争论了很长时间，最初的意见是将其全部处死。但宰相李岘上言："……今一概以叛法处死，恐乖仁恕之道。且河北未平，群臣陷贼者尚多，若宽之，足开自新之路；若尽诛，是坚其附贼之心也……上从岘意。"于是才有了分六等定罪的区别对待政策。

所以说，救王维命的关键，是王维的这首口吟《凝碧池》；但真正让这首诗发挥出政治价值和作用的，是裴迪。

冒险将这首救命诗带出贼巢并设法使其"闻于行在"，裴迪一定是想尽了办法和下足了运作功夫的。因此可以说，是裴迪在关键时刻置个人安危于不顾，竭尽所能搭救了朋友王维。唐肃宗从这首诗里看到了王维与其他真正叛唐附逆者的根本区别，于是才有了宽宥王维以体现政策之举。

"与有肝胆人共事，从无字句处读书"。王维能有裴迪这这般侠肝义胆的知己，此生足矣。

第十六章
蓝田夜空的两颗璀璨诗星
——记蓝田县尉钱起与王维

唐代是一个诗人辈出、群星灿烂的时代。在璀璨的历史星河里,有两颗明星在蓝田夜空交相辉映,这便是长期隐居蓝田的王维和曾任蓝田县尉的钱起。其实,说起唐代时在蓝田留下足迹的诗星,实际上不是两颗而是三颗——还有一位中唐明星诗人柳宗元,且他同钱起一样也曾任蓝田县尉。

柳宗元(773—819),字子厚,祖籍河东郡(今山西永济),与王维可称同乡(王维祖籍山西祁县,里贯亦为永济)。柳宗元是唐代杰出的文学家、哲学家、政治家,唐宋八大家之一。柳宗元进士及第后,任秘书省校书郎。唐德宗贞元十七年(801),时年29岁的柳宗元被派到蓝田做了差不多3年的县尉(县尉是县令佐官,掌治安捕盗司法之事)。接着被调回长安任监察御史里行,并成为永贞革新集团的重要成员。永贞革新失败后，柳宗元作为革新派骨干，遭受了朝廷保守势力的长期打压，在经历了连续3次、长达14年的谪宦生涯后，这颗中唐文坛上的明星陨落了，时年只有47岁。

当柳宗元的生花妙笔与蓝田的佳山秀水相遇，理应会有相当数量的佳作名篇问世。但大概因为仕途乖蹇，导致早期作品散轶，现在存世140余首诗，皆为柳宗元被贬永州、柳州期间的作品，包括蓝田时期在内的早期诗作全部见不到了，这不得不说是蓝田文化乃至文学史的一大缺憾。所以本文就只单说王维与钱起的蓝田故事。

钱起其人：一个传为神助的天才诗人

钱起（约719—784），字仲文，吴兴（今浙江湖州）人，是大书法家怀素和尚的叔父。曾任官右拾遗、司勋员外郎、考功郎中、翰林学士等，世称钱考功。钱起约小王维20岁，在王维逝世的前后，曾任蓝田县尉5年多。

钱起早年官运不顺，数次赴试落第，32岁才考中进士，且只觅得了个九品闲职秘书省校书郎，接着又蹉跎了八九年才得以派任蓝田。后幸被宰相刘宴提携，回长安任右拾遗，但没几年就又倒霉，因得罪权贵而遭罢官，只得携带老母妻子暂且退隐蓝田。

比起起步不顺、长期蹉跎的仕途，钱起却早早地就诗名大噪。这缘于他在参加进士考试时的一首惊世名诗《省试湘灵鼓瑟》。这届考试诗题《湘灵鼓瑟》还真有点出人意料，典故出自《楚辞·远游》，背后藏着这样一个凄美故事：舜帝南巡死葬苍梧山，其妃子因哀伤而投湘水自尽，变成了湘水女神，常在江边鼓瑟，用瑟音表达自己的哀思。钱起此诗在遵循试帖诗（即科举应试诗）、对句数、押韵、平仄、对仗和起承转合等规定的基础上，构思稳密，文字华美，既紧扣题旨，又能驰骋想象，天上人间，幻想现实，无形的乐声得到有形的表现。尤其是结尾两句"曲终人不见，江上数峰青"，如横空出世，余韵不尽，令全篇为之生辉。这首诗远远超出一般省试诗的水平，被主考官李炜赞为"绝唱"，一举夺得了状元桂冠。于是，被传诵一时，并奠定了钱起在诗坛的不朽声名。

试帖诗公认不好写，严苛烦琐的规矩，仓促有限的时间，即使有才华的举子也难以写出好的诗来，所以整个唐代的万余首试帖诗中，历来公认称得上好诗的只有两首，即钱起的这首《省试湘灵鼓瑟》，和祖咏的《终南望余雪》。钱诗的出彩警句"曲终人不见，江上数峰青"，惊艳千年，甚至还有了"佳句神助"的传说。连《旧唐书·钱徽传》（钱徽是钱起的儿子）里也有这样的记载：

（钱）起能五言诗。初从乡荐，寄家江湖，尝于客舍月夜独吟，遽闻人吟于庭曰："曲终人不见，江上数峰青。"起愕然，摄衣视之，无所见矣，以为鬼怪，而志其一十字。起就试之年，李所试《湘灵鼓瑟》诗题中有"青"字，起即以鬼谣十字为落句，炜深嘉之，称为绝唱。

虽系正史所载，但故事诡奇，不足为信。然而这两句诗确实堪称神来之笔，向为历代诗家所认同。

钱起、王维因蓝田结缘，时虽暂而成高契

钱起与王维年龄相差悬殊，早年没有交往。二人生命轨迹的交集，始于钱起任蓝田县尉之时。其时，王维正处在因安史之乱导致的重大人生危机之中。

天宝十五载（756）六月，安禄山攻陷长安，王维与300多名朝廷官员被俘并被解囚洛阳。王维潜逃和装病不成，被迫接受了伪职"给事中"。翌年（757）九、十月，唐军收复两京，陷贼官员被押回长安下狱，于十二月时分六等定罪，或处决，或赐死，或廷杖，或被流、贬。王维因在洛阳被囚期间写了首抒发亡国之痛和思念朝廷之情的《凝碧池》诗，为唐肃宗所嘉许，故被赦罪开释。脑袋保住了，但官位保得住保不住，还暂不可知。

冬去春来，万物复苏，王维的前途却一片茫然。就在这时，刚上任蓝田县尉的钱起，到长安王维宅第拜访王维，于是就有了钱起、王维二人的第一次春天约会暨诗歌酬唱。

此时的王维，恐怕是众人皆远之而唯恐避之不及，钱起此举，怎能不令王维感动和感激啊。二人遂一见如故，在王维庭园竹亭中彻夜长谈。王维赋诗一首《春夜竹亭赠钱少府归蓝田》（县尉俗称少府）：

夜静群动息，时闻隔林犬。

却忆山中时，人家涧西远。

羡君明发去，采蕨轻轩冕。

这是首六句体五言诗，前两句描述静谧的竹亭夜景，后两句是对朋友的临别赠言，而中间两句却插叙了一段回忆："却忆山中时，人家涧西远。"王维的辋川山居飞云山辋川庄，地处辋峪东南端的绝谷幽涧，辋河从门前蜿蜒流过，再往西将近二里地才是辋峪最南端的村落白家坪，所以王维说"人家涧西远"。这段插忆看似突兀，实则是此时王维心结的自然流露。经安史之乱重大变故的沉重打击，王维对官位仕途产生了深深的倦怠，思想日益消沉。诗友裴迪前去洛阳探望被囚的王维时，除了《凝碧池》诗，王维还曾给裴迪口诵了一首《菩提寺禁口号又示裴迪》诗："安得舍罗网，拂衣辞世喧。悠然策藜杖，归向桃花源。"透露出若重获自由，将彻底远离政治和归隐田园的心曲。现在，虽被免罪但还没处理结束的王维，想的是陷贼受伪事赶紧完结，自己好顺势彻底归隐辋川。这联插忆也表明"归隐辋川"是二人夜叙的重要话题。王维的心思一定也得到了钱起的理解、同情和附和（钱和诗有云："今宵竹林下，谁觉花源远。"），故王维最后寄语钱起"羡君明发去，采蕨轻轩冕"，意思是真羡慕你天明就要启程归去，到山清水秀、远离朝廷的蓝田过悠然自在的隐逸生活。

钱起也用一首六句五言诗《酬王维春夜竹亭赠别》作答：

山月随客来，主人兴不浅。

今宵竹林下，谁觉花源远。

惆怅曙莺啼，孤云还绝巘。

钱起诗中对王维的苦闷彷徨和归隐选择，表示了理解和安慰，并抒发了话长夜短和只身离去的惆怅之情。

细心的读者朋友可能也注意到这首诗的不同寻常的题目：一反古诗常见的"姓名＋官衔"的称呼习惯而直呼王维名讳。其实，这样写，作为晚辈且又是资深文人的钱起，既不是狂妄失礼，也不会是一时的文字疏忽，肯定是有着难以言明的隐情和纠结的。原来，王维此时虽无官职，但乱前曾任过给事中之职，若按习惯可称"王维给事中"或简称"王给事"。但王维接受安禄山的伪职也是"给事中"，若如此称呼，岂不是哪壶不开提哪壶吗？这样看来，干脆啥官衔也不说，直呼其名，也可在敏感时期避免给王维带来新的麻烦。也或许，这个称呼是与王维交换意见后王维的坚持。

等到钱起、王维二人再一个春天（公元759年）聚会酬唱时，王维的命运已否极泰来、拨云见天了。王维不但被免于处分，还被唐肃宗相继授予了太子中允、中书舍人和给事中等官职。这一次见面，王维赠诗《送钱少府还蓝田》，兴奋地告诉钱起说："今年寒食酒，应是返柴扉。"——到今年寒食节时，我就能回到因安史之乱阔别了许久的辋川庄看看了。钱起回诗《晚归蓝田酬王维给事赠别》中说"霄汉时回首，知音青琐闱"，已然把王维看作是世间的知音了。

王维虽给知心朋友表露了回辋川的愿望，然而，陷贼之祸也严重地摧残了老诗人的身心，他再也没有精力和闲情逸致悠游辋川山水了。于是，自知不久于人世的王维，上表唐肃宗，将自己的辋川庄捐为佛寺。时隔不久，王维去世，被葬在了辋川旧居之侧。

又一个春天到来了，曾经欢聚唱和的故人却阴阳两隔了。难抑思念之情的钱起，专程前往辋川王维故居凭吊，和泪写下了《故王维右丞堂前芍药花开凄然感怀》：

芍药花开出旧栏，
春衫掩泪再来看。
主人不在花长在，
更胜青松守岁寒。

与王维的交往，深刻影响了钱起的人生和诗风

钱起与王维的交往，始于钱起始任蓝田县尉的758年春天，终于王维去世的761年七月，前后只有三年半时间。但二人相交于王维患难之时，时间虽短却一见倾心，遂成莫逆之交。钱起、王维二人同好山水，志趣相投，性格相近，无论人生价值取向，还是文学审美观念都甚契合，故钱起将王维看作是自己的良师益友，处处表现出对王维的景仰、崇拜和模仿，用现在的话来说，钱起已然把自己变成了一枚铁杆"维粉"。

例如，王维建有辋川别业，后半生与辋川和蓝田结下不解之缘，并与母亲都终葬辋川，实际把蓝田当作了故乡。钱起效法王维，也建有蓝峪谷口别业，到长安任职后，还常回蓝田别业休沐，诗中每次称蓝田为"故里""故山""旧居"等，晚年还将蓝峪别业传给了儿子钱徽，钱起对蓝田的感情不可谓不深。

再例如，王维与裴迪唱和有组诗《辋川集》20首，这些诗是形制短小的五言绝句，风格自然平淡却耐人寻味。这种被称为"辋川体"的诗体和诗风甚为后世所推崇，从而有层出不穷的仿作。从现有的文学史资料看，对辋川体的效仿，最早就是钱起带头而为的。他的山水诗组诗《蓝田溪杂咏二十二首》，从题材、诗体、诗风到规模都是对王维《辋川集》的刻意模仿。

对钱起影响最为深远的还是王维的诗风。钱起在蓝田留有诗歌100多首，仔细读来，无论其取材、绘景和韵味风格，大都能见到王维诗的影子。王维的诗闲适淡远富有禅意，钱起的诗则简淡自然而时见"道"味，故后人多把王钱二者同归为"清诗"一派（指清新淡雅风格）。学界关于钱起、王维诗歌创作师承关系的论述很多。稍晚于钱起的高仲武评价说："（钱）员外诗格新奇，理致清赡。越从登第，挺冠词林。文宗右丞，许以高格；右丞没后，员外为雄。"清代学者沈德潜云："仲文五古仿佛右丞，而清秀弥甚。"清学者管世明亦云："大历五古以钱仲文为第一，得处宛然右丞。"名师出高徒，钱起之所以能成为"大历十才子"之冠而雄霸大历诗坛，与他以王维这个"高人"为师是很有关系的。

蓝田县王维文化研究会的钱起研究专家刘弈先生在他的一篇研究论文里写道："耿湋游王维辋川旧居后，提出：'不知登座客，谁得蔡邕书？'我的回答是：钱起。"蔡邕书尽送王粲的典故，是说东汉青年才俊王粲前去拜访位高权重的大学者蔡邕，蔡邕连鞋子都没来得及穿好就出去迎接，还说："王粲有非凡的才学，我比不上他，我的所有藏书，全部都要送给他。"王维与钱起这段患难相交、诗艺相承的过往，诚为唐代诗坛一段佳话。

附：
王维表庄为寺时间小考

王维自天宝初卜居辋川（见陈铁民《王维年谱》），在此亦官亦隐生活了10多年。安史之乱中王维因陷贼迫受伪职事，受到惊吓摧残，后虽被宥罪复官，但身体条件和精神状态已无法再继续半官半隐的辋川生活了。于是，王维上表唐肃宗，请求将自己的辋川庄捐为佛寺并获朝廷批准，史称"表庄为寺"。上表后不久的公元761年，王维去世并被安葬在旧居之侧。

学界关于王维隐居辋川的起算时间，一般取王维开始隐居辋川可能的时间范围天宝初至三载的下限，表述为"最迟为天宝三载"，即公元744年（见陈铁民《王维年谱》）；隐居辋川结束的时间则以王维表庄为寺之时止。但王维集中的《请施庄为寺表》没有载明年月，对此，当代王维研究专家陈铁民先生在《王维年谱》中，考证王维表庄为寺的时间当为乾元元年（即公元758年）。据此，一般将王维隐居辋川时长表述为"最少14年"，即最迟为744年起，到758年止。

陈铁民《王维年谱》"乾元元年"条目云："……施辋川庄为寺，当在乾元元年维'既蒙宥罪旋复拜官'之后。又本年秋杜甫既至辋川庄访维，则其时此庄似尚未施为寺。疑施庄为寺，约在本年冬。"句中所引"既蒙宥罪旋复拜官",出自王维一首描述自己宥罪复官后心情的诗的诗题。陈铁民先生在《新译王维诗文集》中针对此语解释道:"既蒙宥罪旋复拜官,指作者陷贼,被迫接受伪职,唐军收复两京后,与诸陷贼官俱被收系狱中,后唐肃宗赦其罪,旋复拜为太子中允事。"并考证王维复官太子中允等是在乾元元年(758)春,复拜给事中为同年秋。

王维在《请施庄为寺表》中说"……又属元圣中兴,群生受福。臣至庸朽,得备周行。无以谢生,将何答施……伏乞施此庄为一小寺。"表明其时唐肃宗已取得平叛的决定性胜利而正在重新振兴大唐,王维也已复官而得列朝班。根据以上有关史料,应当说,陈铁民先生关于"施辋川庄为寺,当在……维'既蒙宥罪旋复拜官'之后"这一判断是有依据的。但其将施庄为寺的具体年份,推定为"约在本年冬",亦即乾元元年(758)秋季时拜官给事中,至本年冬季时上表捐庄为寺。但笔者在梳理研究王维与乾元元年(758)上任蓝田县尉的钱起的两次聚会和唱和诗歌中发现了新的史实,并发现新史实可证此判断不确,其理由如下:

钱起同王维的聚会唱和共两次,二人各有两首,共4首诗。第一次王维赋诗《春夜竹亭赠钱少府归蓝田》,钱起和诗《酬王维春夜竹亭赠别》。从钱起诗题未称王维官衔而直呼其姓名可知,王维当时虽被宥罪开释但还未被授官,时间当在乾元元年(758)早春(具体分析见拙文《蓝田夜空的两颗璀璨诗星》)。第二次相会,王维赋诗《送钱少府还蓝田》:"草色日向好，桃源人去稀。手持平子赋，目送老莱衣。每候山樱发，时同海燕归。今年寒食酒，应是返柴扉。"钱起和诗《晚归蓝田酬王维给事赠别》："卑栖却得性，每与白云归。徇禄仍怀橘，看山免采薇。暮禽先去马，新月待开扉。霄汉时回首，知音青琐闱。"从王维诗句"草色日向好"可知其这次聚会的季节仍为春天；再从钱起诗题称王维为"王维给事"，而王维拜官给事中既在乾元元年（758）秋，可推知钱起、王维第二次聚会，当在乾元二年（759）春或上元元年（760）春（据陈铁民《王维年谱》，王维760年夏由给事中转任尚书右丞）。王维诗中说"草色日向好，桃源人去稀……今年寒食酒，应是返柴扉。"意思是说，由于我长期不在辋川，现在虽然到了春暖花开、草长莺飞的季节，但像以前那样常去辋川的故人几乎没有了。王维并兴奋地告诉钱起说，到了今年寒食节时，我应当就可以回到阔别已久的辋川庄看看了。据此，可以推测，其时辋川庄尚未捐出，表庄为寺的时间，最早当在钱起、王维第二次聚会唱和的乾元二年（759）春季之后。

综上所述，可以得出这样的结论：王维卜居辋川的开始时间，最迟为天宝三载，即公元744年；结束隐居的时间即表庄为寺时，为乾元二年，即公元759年春季以后，王维隐居辋川时长最少为15年。

第十七章
江南玉山雅集的原始样板

玉山雅集溯源

中国的历代文人喜欢以文会友，他们经常择一风清日和之时，或游山玩水，或吟诗作赋，或书画遣兴，或饮酒品茗，这种游乐性与艺术性兼备的文人自发行为被称为雅集。史上比较著名的雅集，有曹操父子的邺下之游、石崇的金谷园雅集、王羲之的兰亭雅集、白居易的香山九老雅集、苏轼的西园雅集、顾瑛的江南玉山雅集等。其中的"玉山雅集"是元代历史上规模最大、历时最久、创作的诗画作品最多的文人雅集。但鲜有人知道，玉山雅集不仅得名于蓝田，其原始样板更是王维、王缙、裴迪等参与的唐代蓝田雅集。

"玉山雅集"的创办者、召集人是元末明初的昆山巨富顾瑛（也称顾阿瑛）。顾瑛生于官宦之家，自小便受到良好的教育。他书画俱佳、诗文皆通，但并没有走读书科举之路，16

岁时就沉浮商海，不到10年再回昆山时，已成为苏州地区屈指可数的巨富。此后，顾瑛脱离商界，用其大半生的精力从事文化交流活动。他在昆山仿照王维辋川庄、借用杜甫访蓝诗《崔氏东山草堂》诗句为楹匾，构筑了规模宏大的"玉山草堂"。堂内不仅有园池亭榭之胜，更有主人耗费大量财力搜集来的古书名画、鼎彝珍玩，从而使这个草堂成为文人最理想的游赏休憩之所。顾瑛依仗其雄厚财力，广邀天下名士，举行雅集百余次，前后持续数十年，累计参与人数过百人，使玉山雅集成为元末吴中地区最有影响力的文人活动，留下了一大批诗文绘画佳篇大作。清人纪晓岚《四库全书提要》赞扬玉山雅集"文采风流，照映一世"，并评论说："元季知名之士，列其间者十之八九。考宴集唱和之盛，始于金谷、兰亭；园林题咏之多，肇于辋川、云溪。其宾客之佳，文词之富，则未有过于是集者。"

玉山雅集地望是江南昆山（今属苏州），但它的得名，却来自蓝田，而其文脉的源头，要追溯到在蓝田辋川隐居的王维。

王维祖籍是山西祁县，出身于当时的唐代五大望族之一太原王氏，且祖、父辈都是雅擅诗赋琴曲的文官。王维的母亲也出身五大望族之一的博陵崔氏，并擅画山水，笃信佛教，是著名高僧大照禅师的弟子。王维为了给母亲寻觅一处禅修的山林净地，于天宝初卜居辋川。王维母亲崔氏之侄，即王维的表弟崔兴宗也同迁蓝田，并建有山居一所。该山居被杜甫称为"崔氏庄"和"玉山草堂"，王维等称作"崔处士林亭"。经王文学等蓝田王维研究学者考证，该山居的遗址位于蓝田县城东南约8000米的王顺山北麓，即蓝峪口水陆庵附近的河湾口村一带。

乾元元年（758）秋，被贬官时任华州司功参军的杜甫，来蓝田访问王维。其时正值王维在长安，杜甫于是就在崔兴宗山庄过了个重阳节，并留下了两首七律诗：

其一：《崔氏东山草堂》

> 爱汝玉山草堂静，高秋爽气相鲜新。
> 有时自发钟磬响，落日更见渔樵人。
> 盘剥白鸦谷口栗，饭煮青泥坊底芹。
> 何为西庄王给事，柴门空闭锁松筠。

其二：《蓝田九日崔氏庄》

> 老去悲秋强自宽，兴来今日尽君欢。
> 羞将短发还吹帽，笑倩旁人为正冠。
> 蓝水远从千涧落，玉山高并两峰寒。
> 明年此会知谁健？醉把茱萸仔细看。

杜甫的这两首蓝田诗，已成经典，尤其是后一首，气象壮阔，笔意旷放，前人评价说"字字亮，笔笔高"，被称为是杜甫七律中的代表作。但由于对蓝田的地理不熟悉，杜甫诗里说的方位还犯了个小小的错误：把位于王维辋川庄正北方向略偏东的崔兴宗山居，误认为东庄，称"崔氏东山草堂"（崔氏庄遗址所对的王顺山，其实按蓝田当地人的习惯，是被称为"南山"的）；把相对崔氏庄为正南方向略偏西的辋川庄称为"西庄"（正确应分别称"北庄"和"南庄"，两庄的直线距离为9000米）。

唐代诗人多把王顺山称"玉山"，故杜甫诗首句曰"爱汝玉山草堂静"。而顾瑛正是借用了此句中的"玉山草堂"四字为楣匾，构筑了他的玉山草堂园林建筑。这个在历史上有着深远影响的江南文人雅集，就被以"玉山草堂雅集"冠名。

原始样板——崔氏庄雅集

这次蓝田雅集的时间约为天宝七载（748）或八载（749）夏，具体地点为崔兴宗位于蓝峪口的山居，与会的诗人有卢象、王维、王缙、裴迪和主人崔兴宗。聚会形式为同题诗歌唱和，前5首以咏"崔处士林亭"为题，后5首以咏"青雀"为题，共产生诗作10首。这些诗皆颇精彩，均见于典籍记载并流传至今。这次雅集虽规模不大，但参加者皆为史载名人，是一次典型的"以文会友"集会，而地址又在"玉山草堂"故地，故实为元代玉山雅集的源头和原始样板。雅集诗人有：

第一位，卢象，生卒年不详，约于开元末前后在世。字纬卿，汶水（今山东汶上），携家久居江南。开元中，诗文与王维齐名，为张九龄所器重，官至司勋员外郎（六品上）。但名盛气傲，遂为流言蜚语所伤，贬为齐、邠、郑三郡司马。后迁膳部员外郎，因安史之乱中受伪职贬为永州司户。后调升主客员外郎，病死于上任途中。他著有文集12卷。此次雅集，系其在膳部员外郎任时。

第二位，王维，大家都熟悉不用介绍，需说明的是，王维时年四十八九岁，官库部郎中（掌兵器、仪仗等，从五品），已隐逸辋川逾五六年。

第三位，王缙，字夏卿，王维胞弟。自幼好学，与王维俱以名闻。进士及第，授侍御史。协助名将李光弼平定安史之乱，升任刑部侍郎，后两次出任宰相。建中二年（781）去世，享年82岁。王缙工书法，兼能文善诗，风格与王维相近，但遗作不多。

第四位，裴迪，约生于开元六年（718），祖籍河东闻喜，出身于世代官吏之家。唯一为官的长兄裴迥于天宝初病故后，裴家陷于困窘，裴迪遂跟随王维入寓辋川，边隐居边温经备考进士。上元年间入蜀作刺史王缙的幕僚，与杜甫有诗歌唱和。后不知所终。

第五位，崔兴宗，前已介绍，要说明的是，此时崔兴宗尚未出仕，正在蓝峪口结庐隐居。

处士：有道德学问而隐居不仕的人。林亭：崔兴宗山居一处游憩场所，类似于竹亭。5人以"过崔处士林亭"为题的同咏诗，在赞美崔兴宗乐住山林、甘于淡泊的同时，各有寄寓：

卢象诗《同王维过崔处士林亭》：

映竹时闻转辘轳，
当窗只见网蜘蛛。
主人非病常高卧，

环堵蒙笼一老儒。

　　诗意是：不时听见绿竹掩映的地方有辘护转动的声音，窗上只见蜘蛛网。主人没病却常常悠闲地躺着，原来是狭小的屋内，俨然一个迷迷糊糊的"老儒"。

　　王维诗《与卢员外象过崔处士兴宗林亭》：

　　　　绿树重阴盖四邻，
　　　　青苔日厚自无尘。
　　　　科头箕踞长松下，
　　　　白眼看他世上人。

　　科头：结发而不戴帽。箕踞：伸直两腿而坐，形似簸箕。科头、箕踞都是越礼而放诞之态。诗意是：绿树的浓荫笼罩着山庄和周围，到处是一天天长厚的青苔，纤尘不染。高大的松树下，坐着放诞随性衣帽不整的主人，一副傲视世人的样子。

　　王缙诗《与卢员外象过崔处士兴宗林亭》：

　　　　身名不问十年馀，
　　　　老大谁能更读书。
　　　　林中独酌邻家酒，
　　　　门外时闻长者车。

　　身名：名誉地位。长者：指显贵者。诗意是：不关心名誉地位已经10年多了，年纪老了，谁还再去读书。主人经常在林中和邻人一起自斟自饮，他的门外时常可以听到达官显贵来访的车马声。

裴迪诗《与卢员外象过崔处士兴宗林亭》：

乔柯门里自成阴，
散发窗中曾不簪。
逍遥且喜从吾事，
荣宠从来非我心。

乔柯：高树。曾：读zēng，竟然。簪：簪子，插定发髻或连接发、帽的发针。从吾事：做我的事情，指闭门隐居。诗意是：高高的树冠在门里形成了阴凉，主人稳坐在窗下，任头发披散着竟然不去束整。姑且逍遥自在地过着我的隐居生活，官位和恩宠从来就不是我的心愿。

崔兴宗诗《酬王摩诘卢象过林亭》：

穷巷空林常闭关，
悠然独卧对前山。
今朝忽枉嵇生驾，
倒屣开门遥解颜。

穷巷：陋巷。前山：崔氏庄南面的山，即王顺山。枉：委屈。嵇生驾：《世说新语》典故，三国时"竹林七贤"嵇康与吕安是朋友,"每一相思,千里命驾。"这里指王维等人的造访。倒屣:急着迎客将鞋穿反。解颜:开颜而笑。诗意是:坐落在空林陋巷内的寒舍的门经常关着,我悠闲地躺在室中面对着王顺山。今日委屈诸位大驾来访,我高兴得来不及穿上鞋子就开门迎客。

咏"青雀"诗

青雀,一种灰黑色的鸟,食肉。《尔雅·释鸟》称为"桑扈、窃脂",郭璞注:"俗谓青雀,嘴曲食肉,好盗脂膏,因名云。"可能在游崔氏庄时,诗人们眼见林中的青雀,于是约为诗题,借咏青雀,以言己志。以"青雀歌"为题的同咏诗如下:

卢象诗《青雀歌》:

啾啾青雀儿,

飞来飞去仰天池。

逍遥饮啄安涯分,

何假扶摇九万为。

仰:仰慕。饮啄,一饮一啄,指鸟类饮食随心,逍遥自在。诗意为:这啾啾啼叫的小青雀,飞来飞去穿梭在天地之间,逍遥自在吃喝随意。安于本分多好,为什么要像大鹏一样凭借旋风飞上九万里高空呢?

王维诗《青雀歌》:

青雀翅羽短，

未能远食玉山禾。

犹胜黄雀争上下，

唧唧空仓复若何。

玉山禾：西王母所居之玉山上的仙禾。诗意为：青雀体小羽短，不能远飞去食玉山上的仙禾。但青雀毕竟还是胜过那上下争食的黄雀。那黄雀们绕着空仓唧唧喳喳地叫着，能怎么样呢？

王缙诗《青雀歌》：

林间青雀儿，

来往翩翩绕一枝。

莫言不解衔环报，

但问君恩今若何？

衔环：古代报恩的传说：有个儿童挽救了一只受困黄雀的性命，黄雀衔来白环四枚，声言此环可保恩人位居三公。诗意为：林间的青雀儿啊，飞来往去，翩翩起舞，独绕一树，不要说是我不懂得这衔环之报的恩情，只想问问如今的君恩是这样的吗？

裴迪诗《青雀歌》：

动息自适性，

不曾妄与燕雀群。

幸忝鹓鸾早相识，

何时提携致青云。

自适性：自适于习性。妄：不假思索，率意。幸忝：荣幸地忝列于……。忝，谦词，表示辱没他人，自己有愧。鹓鸾：鹓和鸾，在神话传说中都是瑞鸟，比喻高贵的人。诗意为：一动一静都和自身的习性相适，青雀未曾轻率地与燕雀为群。青雀有幸和鹓鸾相识，不知何时能靠他们的扶助青云直上呢？

崔兴宗诗《青雀歌》：

青雀绕青林，

翩翻陋体一微禽。

不应常在藩篱下，

他日凌云谁见心。

翩翻陋体：翩翻（piān xuān），小飞的样子。翩翻陋体，是说青雀体形鄙陋，不能远飞。诗意为：青雀在青林里绕飞，陋体轻小不过是一个小小的禽鸟，它不应该常常处在藩篱之下，他日终会凌云高飞，可又有谁看到了这雄心壮志呢？

【综合点评】

明代人顾可久在点评这些同咏诗时说："诸咏皆命意自寓，所谓'盍各言尔志'者"（此为《论语》中句，意为各自表达自己的志向）。的确，众诗人由于各自的出身、经历、性格和人生理想的不同，同一题目被赋予了不同的思想感情。就像一千个读者心中有一千个哈姆雷特一样，大概一千个诗人眼中就会有一千个崔处士、一千种青雀鸟吧。

卢象诗　卢象名高气傲却仕途坎坷，几经沉浮，最终也只做到左补阙、员外郎一类小官。他的前诗，借助辘轳、蛛网、环堵等意象，极力渲染山庄的简陋和荒寂，意在突出一个老儒的安贫乐道。后诗也强调青雀能够逍遥自在吃喝不愁的，为何还要假借扶摇上九万里呢？表现了他历经宦海沉浮后淡于功名、随缘自适的心态。

王维诗　王维才华横溢，进士及第，但仕途却屡屡受挫。起用、器重自己的张九龄被罢相遭贬，朝政为奸小把持，日益黑暗。不愿趋炎附势、同流合污的王维得不到重用，还曾被排挤到塞外、南国出长差。他内心的隐约不平之意在诗中也有表现。前诗中勾画出一个孤高傲世与自由放纵的隐士形象，而这也是王维自己的内心写照。后诗以黄雀于空仓中争食，比喻世俗小人在官场上的争权夺利和勾心斗角，自己虽然不受重用，但仍然不愿与那些蝇营狗苟之徒合流，显示出清高自许的高士情怀。

王缙诗　与其他几位诗人相比较，王缙的官本位意识比较浓厚，也最精于为官之道，他的这两首唱和诗，无不刻有其思想意识的烙印。其时王缙任较低品秩的武部员外郎闲职，所以后诗里的"但问君恩今若何"，流露出一丝没有被君恩赏识的郁怨。前诗里的"门外时闻长者车"，也暴露出痴迷仕途、向往官位的潜意识。王缙后来一路升迁，直至做到两任宰相，我们从其这两首咏物言志诗中，也可看出他之所以官运亨通的端倪。

裴迪诗 在这些朋友中，裴迪是最年轻的晚辈，其时正追随王维在辋川边隐居边温经备考。他彼时最大的愿望，就是及第入仕。前诗"逍遥且喜从吾事，荣宠从来非我心"，虽赞美了淡泊名利的隐士风范，后诗却云"幸忝鹓鸾早相识，何时提携致青云"，表达了忝列为官朋友之中的荣幸，表露希望做官的朋友提携自己，是典型的"身在山林，心怀魏阙"。

崔兴宗诗 崔兴宗其时虽在玉山草堂闭关高眠，但他并没有放弃出仕为官的愿望，所以说他和裴迪一样都属于"身在山林，心怀魏阙"的类型。作为雅集的主人，他在前诗中除表达客至的惊喜之外，"穷巷空林常闭关，悠然独卧对前山"，以懒散闲逸、恬淡自守自命。而后诗里的"不应常在藩篱下，他日凌云谁见心"，才是他的真情坦露。他日后担任的右补阙、饶州长史等，品阶虽不算高，但也见证其"心系魏阙"的初心。

第十八章

辋川文物趣谈

金石的"金"指铜器,"石"指碑石。金石学是中国古代传统文化中的重要门类考古学的重要分支,其主要研究对象为前朝的金属器皿和碑石。广义的金石也包括竹简、甲骨、玉器、砖瓦、封泥、兵符、明器等一般文物。金石学形成于北宋时期,蓝田县四吕先贤中的吕大临,就是我国金石学的鼻祖人物,他撰写的《考古图》是散佚了的四吕巨量学术著作中尚硕果仅存者之一,是中国金石考古学的开山之作。

清代《重修辋川志》专列了一章《卷四·金石》,可见金石文物是王维辋川文化遗产的重要组成部分。在辋川这片土地上,金石文物宛如散落的明珠,串联起王维文化传承与发展的历史脉络,蕴含着丰富的文化信息与时代记忆。

以 20 块碑碣为标志的蓝田古代三次王维辋川文化热

蓝田地方集中刻立碑石于辋川王维故居遗址区，历史上共有 4 次，分别发生于明嘉靖朝、万历朝（该朝两次）和清道光朝，从而在这三朝形成了蓝田古代 3 次王维辋川文化热。这种热潮的特征表现为：均由知县联合地方名人策划发起，在全国范围聘请高官显宦、名家硕儒和镌绘名匠进行撰文题跋、绘图勒石，随之促成游辋川、写辋川、颂扬王维的文旅热潮。

这 3 次辋川文化热的发生，是有其内在原因和一定的外部条件的。内在的因素，是王维隐居辋川在中国文化史、文学史上的重要性和影响力，其留下的诗篇、画作以及隐居生活所蕴含的文化精神，成为后世不断追溯与推崇的对象。而外在条件，统观这三朝，都有国家和地方社会相对稳定、知县本人卓识勤政且有文化情怀的特征。

明朝的两个皇帝——嘉靖帝和万历帝，真是一对奇葩皇帝。他们有两个共同特点：一是在位时间长，嘉靖皇帝是 45 年，万历皇帝是 48 年。二是长达几十年不穿龙袍不上朝，嘉靖皇帝是 25 年，万历皇帝是 30 年。但他们两个却是明朝最聪明和运气最好的皇帝了，玩转政治各有各的办法。嘉靖皇帝白天修道不上朝，晚上熬夜改奏章有时到凌晨 5 点，牢牢地控制着朝政和军权；万历皇帝支持名相张居正大力改革，振衰除弊，自己亲政后也励精图治，社会经济有很大发展，开创了"万历中兴"，后期虽然直接"躺平"了，但却很侥幸，朝里没出乱政的奸臣，国家也没有发生大的动乱。所以这两朝都维持了较长时间的太平岁月，地方社会也相对稳定安宁。为地方文化的繁荣发展提供了适宜土壤，成为明代两次王维辋川文化热的时代背景。

第一次辋川文化热潮的推手，是蓝田历史上少有的优秀人物李东。李东字两峰，明正德十二年（1517）进士，历官知县、监察御史、江北巡抚等，告老还乡后，还创造了蓝田历史上几个第一：纂修了存世最早的一部《蓝田县志》稿；和知县韩瓒合作，首次在辋川建王右丞祠，刻立了第一块辋川碑碣。与李东合作的这个韩知县也不错，《辋川志》对他的评价是"清廉勤慎"。

李东为官清廉，志书说他"廉明仁恕"。或许退休时"两袖清风"，以致其于嘉靖八年（1529）撰好的县志稿，直至40多年后的隆庆五年（1571），才由其子李进思刊刻出版，即"隆庆李志"。

这本隆庆县志，虽内容单薄，印制粗糙，但却有着不可忽视的开创、奠基之功：志书收录有李东本人撰写的《辋川记》，这是最早的一篇辋川游记，有很重要的史料价值，还收录了王维、裴迪、王缙、杜甫、白居易、钱起、韩愈、苏轼、荣华等40余位作家80余首诗赋（内容以辋川题咏为主），为后世代代流传的蓝田、辋川诗打下了"家底"。

李东与知县韩瓒于嘉靖九年（1530）镌刻的碑石《辋川四季图》（参见彩页15），据李东的跋所说，此碑图的蓝本，系摹于王维原画，是在户部尚书、文学家刘玑的参谋下，委托时任陕西提学的敖英在邠州"慨然遍访，遂获此真迹"的。这方碑石的绘刻虽颇显拙陋，但毕竟是辋川碑石中最早的，值得珍重。

第二次王维辋川文化热，发生在万历朝的三十一年和四十五年。

万历三十一年（1603）知县王邦才，河南卢氏人。《辋川志》对他的评价是"精明练达"，其突出特点是勤政担当。据《蓝田县志·循良传》记载，他在任时，拓关帝庙、新吕氏祠、刨子城、改官道、砌泮池、建前坊、植城柳，将社学、社仓、乡社、厉坛一一修复。王邦才曾两游辋川，辋川佳景令他"恋恋不忍离去"。于是他找匠工绘制了一幅辋川山川总图，自己又作了一篇文采飞扬的长赋，按"上赋下图"的布局，刻成碑石，这就是辋川第二碑——王邦才《辋川图赋》碑。

万历四十五年（1617）知县沈国华，山西上党人。这也是一位肯作为、重文教的好县官，县志记载他经常请地方名儒聚会论文，自己出资于北门外举办文化"沙龙"（论坛），亲自讲课，并为参与者管饭。他还纂修了新的《蓝田县志》4卷，可惜散轶了没能流传下来。

沈国华任内所刻立的辋川碑石是历次最多的，共有10块，包括仿王维《辋川图》碑刻一组6块（参见彩页11），王维、裴迪《辋川集》诗文碑刻1块，多位名人题跋碑刻2块，辋川游记碑刻1块。

这10块碑石，其中最为文史界所重的，就是那组仿王维《辋川图》碑刻。据沈国华题跋所说，他从三原收藏家来复处搞到了临摹于王维原作的郭忠恕《辋川图》，又聘请他的乡友画家郭世元摹画刻石。这组碑石，以它不凡的身世和精湛的镌刻艺术，成为蓝田文物的镇馆之宝，其拓片也成为学术研究和国内外博物馆收藏和文人馈赠的高雅礼品。

第三波辋川文化热发生的时代背景很有意思。道光皇帝力行节俭，勤于政务，应该算一个不赖的皇帝，国家治理得也还可以。他在位30年，不幸的是最后10年爆发了鸦片战争，开启了中国近代史的战乱历程。幸运的是，蓝田的这次刻碑活动，刚好发生在鸦片战争前三年的道光十七年（1837年）。

时任蓝田知县胡元煐，字德碧，江西新建（今南昌）人。其人的学历应该不算高（史料记载为举人），从留下的诗文看，文字水平也一般，但从保护、传承地方历史文献的角度来说，他是贡献最大的一位。

据他跋文所说，他对王维的辋川早已闻名和向往，但到任蓝田知县后，令他十分惊诧的是，闻名遐迩的辋川，竟然没有一部专志。但这位热心肠、有抱负的胡知县，知难而上，决心填补这一历史空白。正如他在序言里所说："爰因省、邑二志，汇而集之。或搜之散见他书者证之。身亲目睹，又与乡人士详核之。旁参互证，合者存之。"完成这么多"集之""证之""核之""存之"，也不知受了多少磨难，付出了多少心血，才终于有了这部《重修辋川志》，从而为后人保留了一批珍贵的文献资料。要是没有这部专志，我们今天的王维辋川文化研究，在很大程度上将成为"无米之炊"。他还吸取前志散佚的教训，将辋川志附在他纂修的道光《续修蓝田县志》后印行，这才使我们今天得以见到，真是有心人啊。

鉴于明代的石刻大都剥蚀漫漶，胡知县还聘请了他的江西乡友熊墨樵，重新摹刻了王邦才的《辋川图赋》和郭世元的《辋川真迹图》碑石，又请宰相潘世恩等10余位名流雅士题跋，并将《辋川图》拓片广为投寄求人题字。这次共刻石5块（其中之一参见彩页17），其社会动员的声势力度，也超过了前几次，确确实实形成了一次王维辋川文化热的高潮。

上边说了代表蓝田历史上3次王维辋川文化热的这20块碑石的创刻过程，也就是说清了它们的前世。读者朋友现在可能最想了解它们的今生，也就是现状了。据有关记载，历代所刻的这些碑石，原本都是竖立在鹿苑寺前的，后来随着寺院的倾塌荒废，碑石也散落于废墟荒草之中。乾隆四十年（1775），知县阮曙将其移回县城玉山书院，民国时期又被移置于设在白云寺巷的教育局内，新中国成立后一直保存在县文化馆或文管会。现在的状况是，这20块碑石，除两块已毁坏但拓片尚保存完好外，其余18块碑石都安然无恙，其中9块保管在县文管所文物仓库里，另外9块在蔡文姬纪念馆继续向世人诉说着往昔的故事。

"三郭"联袂镌名碑的
一段佳话和一本200年的糊涂账

上边说到的万历四十五年（1617）所刻的那组著名的仿王维《辋川图》碑刻，制作过程还有一段3位郭姓艺术家联手合作的佳话。更有趣的是里边还藏着一个延续了近200年的署名错案，说起来还蛮曲折有趣呢。

举世闻名的《辋川图》失传后，从北宋开始，陆续出现了一些《辋川图》临摹本，其中最有名的，是郭忠恕的《临王维辋川图》。郭忠恕（？—977），五代末至宋代初的画家，字恕先，洛阳人。他兼精文字学、文学，工书法，诸体皆能。尤其"界画"为世人推重，为"一时之绝"，其画风画技在当时和后世有较大影响。据记载，郭忠恕的摹本是亲临于王维《辋川图》真迹，所以被认为是最接近王维原作的"嫡传"。

到明代时，郭忠恕《辋川图》在许多收藏家中几经转手，下落不明。沈国华策划刻碑时，多方打听，终于从三原收藏大家来复处借到了这幅传世珍宝。但要刻成碑，还有个二次创作的过程：要把纸质水墨画转换成适于镂镌的线刻稿，然后再由匠工雕刻在碑石上。

这还不够，为了使这组碑刻更上档次，好马配好鞍，沈国华还聘请了一位颇具实力的书法家郭宗昌（下文将专门说到此人），在这组碑石的开首题刻了"辋川真迹"4个隶书大字（参见彩页1）。

这样巧得很，这幅稀世佳构，就由郭忠恕、郭世元、郭宗昌这3位都姓"郭"的艺术家联手完成了。

但不知怎么搞的，道光《重修辋川志》在记载"辋川真迹"题款的作者时，发生了误记——把"郭宗昌"误为"郭忠恕"了："'辋川真迹'八分石刻一方，宋郭忠恕书。""帖首'辋川真迹'八分，为郭忠恕题。"（"八分"是书体名，是隶书的一种）。

为什么会出现这样的记载错误？推测辋川志编者也可能是自己弄错，也可能是从某部明清县志以讹传讹照抄过来的。但因蓝田县明清县志缺轶不全，误记问题到底是在什么时间什么情况下形成的，已不可确考。

231

道光《重修辋川志》以后的地方志书，如光绪《蓝田县志》和民国《续修蓝田县志》，也都照搬同样的错误记载。这样，不说早前，即是从道光《重修辋川志》算起，至今已稀里糊涂误传了将近200年。

有读者朋友可能要问：200年了，看过县志、辋川志或看过"辋川真迹"碑石或拓片的人，当以万千计，其中还包括有民国县志的主纂牛兆濂这样的通儒智者，难道就没有人怀疑过、提出过误记的问题吗？你还别说，真的没发现某人怀疑或提出过。其中原因，推测有三：其一，郭宗昌的题名，用的是难认的草体，字又小，加之再经过拓片、制版、印刷，字样和钤印越发模糊难辨；其二，古画作者在画首署名题款有例可循，郭宗昌与郭忠恕二人同姓且"宗"与"忠"又读音相近，令人容易想当然地认为"辋川真迹"四字就是作者郭忠恕的自题；其三，郭宗昌虽艺术造诣不低，但出身草莽，知名度不高，也应是因素之一。

真相最后是在偶然情况下被揭开的。

《蓝田文化研究》2018年下卷刊登了蓝田县文管所所长、会刊副主编阮新正《蓝田馆藏辋川碑石简介》一文后，作为主编的笔者，收到了王维研究学者、西安文理学院教授张进的一条微信，说是他们在一次画展中，发现"辋川真迹"的落款不是"郭忠恕"，经西北工业大学刘天琪博士辨认是"郭宗昌"。

这条微信引起了我们的重视。笔者立即布置会刊副主编刘弈、阮新正查找郭宗昌的相关资料及其与《辋川图》的关系。经过反复考证甄别，问题基本搞清楚了。

阮新正副主编在网上搜索出吉林大学博士论文中有郑璐的《明代郭宗昌及其金石史研究——兼论关中金石圈形成及影响》，文中有郭宗昌的详细介绍：郭宗昌（？—1652），字胤伯，华州甘泉里（今华县县城）人，明末清初学者。屡试不第，隐居乡里，擅书法、篆刻、金石鉴别，著有《金石史》《印史》等。刘弈副主编又从《文渊阁四库全书提要》检出：郭宗昌，字允（系"胤"的近音误字）伯，其《金石史》书稿曾被清代《四库全书》征集，总纂官纪昀等在《提要》中对其书稿做过评鉴，唯因其录述不够详尽和准确，最终没有被选入《四库全书》。

特别令我们兴奋的是，郑璐文中称，据《续华州志》第三卷载："郭宗昌所书《辋川真迹》藏于蓝田县"。

刘弈曾是蓝田县书法协会副会长，对各种书体都有所研究。见到以上资料后，除了确认"郭宗昌"的草体署名外，他又把拓片上的篆书钤印放大，仔细辨认，确认是"胤伯"二字，和郭宗昌的"字"也对上了号。

后来，我们在有关资料中又发现了一个佐证：清代人翁方纲诗《和鱼山题'辋川图'石本》有"摹本二郭题一郭，池阳藏本咸阳镌"之句，原句下有注："郭忠恕临本……郭世元重摹，郭宗昌题首。"

自此，真相大白，近200年的糊涂账，终于算清了。

县太爷的一副对联和牛才子的两回纠结

牛兆濂，清末民初理学家和关学派代表人物，教育家，社会活动家，被尊为"关中大儒""牛才子"。据《关学文库·牛兆濂集》收录的《游辋川记》记述，牛兆濂于光绪三十一年（1905）和民国九年（1920）两次游览辋川王维故居遗址鹿苑寺时，看到了一副对联，触发了他对要不要下拜王维的反复纠结。

牛兆濂在《游辋川记》中写道："（鹿苑寺）当门奉右丞木主，惟刻木一联云：'渊明遁去伦加厚，工部离长国所忧。'濮侯斗衡所题也。右丞为禄山所逼，曾受伪官，且归依禅宗，施所居为寺，视靖节之耻事二姓、少陵之忠爱忧国有间矣，联语尽微讽云。"

这里说的"濮侯斗衡"，即清同治三年（1864）蓝田知县濮斗衡，四川大竹县人，进士。濮知县题王维祠堂的这副对联中，"渊明"即陶渊明，字靖节，我国古代著名山水田园派诗人，东晋地方官吏。东晋灭亡后，坚决辞官归隐，发誓不与新政权合作。"工部"指杜甫，杜甫官至工部员外郎，世称杜工部。安史之乱爆发后，唐肃宗在灵武即位指挥平叛，杜甫去投，途中为叛军俘获押到长安，大半年后伺机逃出再投唐肃宗。此联本意为：陶渊明遁世隐居更加彰显其隐士风骨；安史之乱时杜甫为叛军俘获后设法逃出，心系国家。此联本意称赞。喻义王维在辋川亦官亦隐既有陶渊明遁隐风节，安史之乱设谋逃跑，写《凝碧诗》诗，又有杜甫一样的忠君忧国情怀。牛兆濂由于立场和认知之不同，认为较之于陶渊明的不事二朝，杜甫的辗转奉君，王维的节操是有污点的，从而曲解了联意，认为此联对王维含有讥讽之意。

基于这样的看法，牛兆濂在王维祠堂，两次都没有下拜。关于第一次，他写道："入门欲下拜右丞木主，以迟疑不果。"你看他思想的纠结过程：欲下拜——迟疑——不果（拜），原是想下拜的，但过不去心理上的坎，纠结几番，最终决定了不拜。

关于第二次的不拜，文章用了一句话记述："兹又卒不果拜。""兹"是这个、这次的意思，"卒"是终于的意思，"果"表示结局。全句若准确直译，应该是："这一次……终于还是没有下拜。"从语气看还在纠结。要说第一次是心理认知的纠结，这第二次的纠结就是碍于场面和礼仪了。

因为这一次，他是与县长李惟人陪同一个叫作卢子鹤的名人游辋川的。卢子鹤，四川蓬溪县人，1879年生，清末秀才。著名民主革命家张澜出任嘉陵道尹后，聘任卢子鹤担任道尹公署秘书长、川北讨袁军政务秘书长。1917年张澜任四川省省长，卢子鹤随张澜到成都，遇袁世凯镇压孙中山同盟派，张澜、卢子鹤避难陕西，卢子鹤为陕西省省长当家庭塾师，来游辋川就是其时流寓陕西时的事。可知卢子鹤是完全不同于牛兆濂的新派进步人士，来游辋川也是因仰慕王维，在省教育厅偶遇牛兆濂时约定的。据此可以断定，面对王维牌位，卢子鹤大概率是会下拜的。李惟人作为民国县长，不用说也是新派人士，加之作为地主，陪贵客一同参拜也是情理之中的事。

主、客两人都拜，只有牛固守"成见"而不拜，似乎有些于礼不周、不恭，于是，牛兆濂为自己找了一条理由："诗画、才名、禄位如右丞，为大节有亏，且见择于后生小子，可不慎

235

哉!"因为同行的还有卢子鹤的3名随员、县府的3位跟班以及牛兆濂在白家坪的门生白某等,年轻人不少,所以牛兆濂强调:这拜与不拜,关系到年轻人对名节这等重大价值观的选择(见择于后生小子),我乃为人师表,焉能马虎从事(可不慎哉)——实则依然处于纠结之中。

其实,牛兆濂对王维的负面看法,不是看到濮知县这副对联才有的。在其主纂的民国《续修蓝田县志》附录《辋川志》序言中,牛兆濂集中表示了对王维的看法,归纳起来有3点:其一,"兄弟不娶",言外之意是违背了儒家"不孝有三,无后为大"的信条;其二,皈依佛教,又施庄为寺,自然是"旁门子弟"了;其三,受伪职,"生平无大节,无可师法"。其对王维几乎是取全盘否定的态度。

博学睿智如牛兆濂者,对在中国文学史上享有崇高地位的王维何以有这样严重偏颇的看法呢?其根源,要追溯到作为理学正宗传人的牛兆濂最推崇的理学集大成者朱熹了。因为对王维的评价,在南宋人朱熹之前和之后,社会风向是有所不同的。

在唐代,从官方到士人以及社会舆论,对待王维受伪职事都是比较客观和包容的。唐肃宗不但没有处分王维,还在两三年里给王维连续升官。唐代宗赞扬王维是"天下文宗",布置王缙搜集王维诗文结集上呈朝廷。杜甫、钱起、耿㳚、储嗣宗、司空曙等诗人,在其咏写的诗词中对王维受伪职均未有任何微词,与王维的交往也未受到影响。杜甫在王维逝后还缅怀称赞王维为"高人王右丞"。其时的文史典籍,如薛用弱《集异记》,郑处晦《明皇杂录》,甚至包括刘昫的《旧唐书》,均对王维受伪署一事，纯以客观的笔法直书其事而未做任何讥贬。在通达的唐人心目中，王维受伪职一事，是并不影响其在诗坛上之应有地位的。

而宋代及宋代以后的人，对于王维的"接受伪署"的评价，却与唐代人大不一样，这"不一样"就是从朱熹开端的。从现存资料看，朱熹是自唐代以来，第一个贬责王维失节的人。朱熹对王维的评价是矛盾的，一方面，推赏王维的律诗、辋川体与《辋川图》，说过"摩诘辋川诗，余深爱之"一类的话，但另一方面，他又从伦理角度，对王维的接受伪署予以尖锐批评与苛求，说王维"陷贼而不能死节，失身伪朝，事平后又升迁不诛"，其人品"不足言"，其传世之作"适足为后人嗤笑之资耳"。朱熹对王维的评价对后世产生了重要的影响，南宋及元明清各代不时地出现一些苛责王维气节之论。

朱熹是牛兆濂最为推崇的理学祖师，他甚至认为，只要将朱熹的著作"熟读深体而有得焉，他书不读无憾也。"说朱熹"活画出了一个浑全的圣人"，也就是树立了一个十全十美的圣人形象，是人们"存心、制行、处事、接物"的榜样。他如此推崇朱熹，那么全盘接受朱熹对王维的贬责也就很自然了。至于"不孝有三，无后为大"和视佛、道为异端，则是宋明理学道统的核心价值观了。在时代已经进入五四运动后的民国时期，牛兆濂仍固守程朱理学道统，对王维囿于门户之见，评价失之于公允，表现出他作为理学"卫道士"的保守和狭隘。

辋川的金石文物，无论是碑碣所承载的文化热潮记忆，还是背后隐藏的艺术佳话与学术谜团，亦或是引发的文化观念碰撞，都成为王维辋川文化不可或缺的重要组成部分。它们宛如一面面镜子，折射出不同时代人们对王维文化的理解、传承与发展，在历史的长河中闪耀着独特的光芒，持续为后世的文化研究与传承提供着丰富而珍贵的资源。

附编

古、近代辋川游记选读

【题解】

　　清道光《重修辋川志》有收录地方官吏所撰辋川游记类文章6篇，其作者和写作年代分别为：李东，约明嘉靖八年（1529）；陈文烛，明万历十七年（1589）；王邦才，约明万历三十一年（1603）；沈国华，明万历四十三年（1615）；胡元煐，清道光十四年（1834）；周焕寓，清道光十八年（1838）。这些作品，记录了不同时期辋川山川面貌、风土民情和王维别业的存废状况，是辋川文化遗产的重要组成部分，具有一定的史料价值和文学欣赏价值。兹从中选出有代表性的数篇，并收录牛兆濂民国初年所撰《游辋川记》，分别作以译释和点评，以方便现代读者赏读。

辋川记[1]

〔明〕李东

【作者简介】

　　李东，号两峰，明代蓝田县人，正德十二年（1517）进

---

[1] 辋川记：〔清〕胡元煐《重修辋川志》改文题为《辋川说》，不当，因为此文体裁系游记而非论说文。

士。官历镇江府丹徒知县、直隶和四川监察御史等职。晚年居家，曾续修《蓝田县志》。

【原文】

近来游辋川者，失之未详。往往皆直抵川之尽头鹿苑寺一区为辋川，咸若有风（枫）落吴江[1]之叹者。山灵不无遗憾。[2]

【译文】

近年来游历辋川的，错失在于没有周详察看辋川的全貌。往往都是径直到峪道的尽头鹿苑寺一处，便以为这就是辋川全貌，似乎皆有"枫落吴江"的"所见不如所闻"的感叹。这般情景，恐怕连山川神灵也会感到遗憾啊。

【原文】

夫辋川形胜之妙，天造地设。前古载籍无所于考，至唐，宋之问侨寓于斯，辋川之名始闻。继而王维作别业于斯，辋川之名始盛。筑构点缀，为游乐诸景。有孟城坳、文杏馆、南垞、北垞、欹湖亭、斤竹岭等处，绘诸图画，播诸声诗。迄今千余年来，幽人志士觇图咏诗，想慕清胜。夫诗图岂溢美哉？

【译文】

辋川的形胜之妙，乃是天造地设。古代典籍中无从考证其状况，到了唐代，宋之问侨居于此，辋川的名气才为人所知。接着，王维在这里营造了辋川别业，辋川的知名度开始很高了。王维别业建造、装饰了许多游乐的景观，有孟城坳、文杏馆、南垞、北垞、欹湖亭、斤竹岭等，并且绘成图画，写成诗歌。

---

1 风落吴江：应为枫落吴江。据《新唐书·崔信明传》，唐朝的崔信明得意于自己的诗作，说是超过了文史家李百药的水平。郑世翼一次在江上遇见了他，说："听说您有'枫落吴江冷'的佳句，希望能见其余的作品。"崔信明拿出很多篇什给他看，郑世翼没看完便说："所见不如所闻。"把诗稿投到江中就离去了。此处喻指游者所见辋川不及传闻之盛。

---

2 作者在其所撰的隆庆《蓝田县志·山川》中写道："嘉靖己丑，予同尚书刘公玑为游（辋川）。时值九日佳节，且行且坐，且歌且饮。从容登眺，殊异平时之游，故始得其详如此。旧独以鹿苑寺一区为辋川者误也。"

至今已1000多年了，隐士名流，观其图，咏其诗，想象着、倾慕着辋川的清雅、美丽：会不会是王维辋川图、辋川诗虚夸其美呀？

【原文】

川在今县治正南八里，川之口两山壁立，下即辋峪河，蜿蜒由东南而来，发源蓝水[1]，北行合灞水，达于渭。由口而南，凿山为路，初甚狭且险，计三里许，忽豁然开朗，团转周匝，约十数里，如车辋然。岩光水色，晃耀目睫，良田美景，鸡犬相闻。在水之两涯，居人惟五七家，出作入息而已，有太古之风。此川之第一区也。

【译文】

辋川位于如今县城正南8里处，峪口处两座山像墙壁一样耸立，两山之下就是辋峪河，弯弯曲曲自东南而来。辋峪河发源于蓝水，北流汇合于灞水，再汇流于渭水。进入峪口再向南行进，在山麓上开凿小路，开头一段极为狭窄险要，有3里多。走完这段路，忽然峪道豁然开朗，四周峰峦环抱，绵延10多里，就像车轮外的圆框"车辋"一样。山光水色映入眼帘，田园美景错落，鸡鸣犬吠相闻。在辋河两岸，住着六七家居民，日出而作，日入而息，俨然上古时的淳朴之风。这是辋川的第一区。

【原文】

沿河而上，山岩掩映若无路，然逶迤百数步，忽复开朗，诸凡如前团转周匝，计里亦相若，惟山以渐而峻，水以

---

[1] 发源蓝水：此说误。蓝水，为与辋峪相邻的蓝峪之水，俗称蓝桥河，下游又称清河。辋河有东采峪、西采峪二源头，而非发源于蓝水。

渐而有声，如川之口。凡十三区[1]而至鹿苑寺，计地凡二十里。寺在川之尽，即所谓别业故址。古木茂林，干霄映日。迤[2]西百数步，有坟一所，坟有母塔[3]，相传为右丞所筑。迤西水浒，有石一方，其平如案，其四角各有孔，相去各数尺，意必当时之欹湖亭[4]。又迤西，在川之半有石洞[5]，残缺者数区[6]，亦必当时之孟城坳，今乡人呼为关上。其它游止，如文杏馆若干处，埋没不能复识。

【译文】

沿着辋河向上游而去，开头山峦彼此遮掩隐蔽似乎没有路，曲折前行百数步后，却又忽然开阔亮堂。周围山峦大都像峪道前半段那样呈现环抱状，计算路程与前一段也差不多，只是山峦越来越高峻，河流的响声也越来越大，就像峪口处那样。这样走了共13区，就到了鹿苑寺处，计算路程共20里。鹿苑寺在峪道的尽头，即王维辋川别业旧址。周围林木茂密，古树高入云霄，遮蔽天日。从鹿苑寺再向西100多步，有一坟冢，坟前有塔，相传是王维修筑的其母之墓。由坟墓处再向西，河边有一方巨石，顶部平整如桌面，它的四个角各有一个孔洞，洞与洞相距有几尺，想来一定是王维在时的欹湖亭的遗物。从这里再往西，在峪道的中腰，有一个石洞，想必是王维所说的"孟城坳"了，现时当地人称作"关上"。其他的游止，如文杏馆等等，已湮没不可辨认了。

【点评】

李东是蓝田历史上才德双馨、官声卓著的知名人物，本文

---

1 十三区：本文及后世之辋川游记，多有辋峪共分13区的说法，但各文皆只将刚进峪口之处称为第一区，对其他12区皆再无交代言明。

2 迤：yǐ，延伸，向……

3 坟有母塔：此记有误。母塔，即母塔坟，王维母崔氏墓，在西距鹿苑寺700米的白家坪村东南。据《旧唐书》"（王维）母亡，表辋川第为寺，终葬其西"，作者所云鹿苑寺西之墓，应为王维墓。

4 欹湖亭：此说亦误。欹湖距王鹿苑寺处有6000米，故知此石肯定不是欹湖亭之遗物。

5 石洞：官上村西头一村民屋后崖有一石窟，今尚存。

6 残缺者数区：此句与前后句不连贯，意不相关，疑为误置之赘语。

当写于作者晚年辞官居家时协助知县韩瓒修葺王维辋川别业的嘉靖八年（1529）前后，是现今存世最早的一篇辋川游记，具有重要的文献史料价值。文章笔力遒劲，内容精悍，特别是对辋川地理特征的观察和描写很到位，是对"辋"之本义内涵的独家精到解读（可参见《辋川地名钩沉》）。本文有两处知识性错误：一是将辋河的源头误为"发源于蓝水"，二是将鹿苑寺之西的王维墓误为王维母墓。此等明显的知识性硬伤，赫然出现在博学广见如李东者的文章中，确实有点匪夷所思，推测也许和李东所撰首部《蓝田县志》稿（应包括有李东此文）是在作者逝世多年后才经其后人整理出版难免存在传抄讹漏。

游辋川记

〔清〕周焕寓

【作者简介】

周焕寓，生平不详。江西浔阳人，字东霞。曾任安定县（今子长县）令。其来游辋川时，或为关中某县县丞或某府同知。

【原文】

道光戊戌春，魏任轩[1]大令将谒选[2]北上，知余性癖林泉，走书约为辋川之游。余曰，此素志也，况阳春招我，何可负此韶华，徒令石笑人顽，花憎我懒。爰订期上巳，并驾蓝田。邑宰为同乡旧友胡君小碧[3]，相见欣然，曰："不图两君果能偷闲，寻此雅乐也。"

---

[1] 魏一德，字任轩，江西广昌县人。曾任横山、永福等地知县，故作者尊称其为"大令"。

[2] 谒选：官吏去吏部等候选派。

[3] 胡元燨，字小碧，江西新建人，道光十五年（1835）至十八年（1838）间蓝田知县，曾重修《辋川志》。

【译文】

道光十八年（1838）春，魏任轩大令就要北上参加朝廷的官职谒选事宜，他知道我特别偏爱林泉隐逸胜地，来信约我去辋川一游。我回答说，这是我向来的志趣，况且明媚春光向我招手，岂可辜负了这美好时节，白白地让山石花草嘲笑我冥顽、憎恶我慵懒呢。于是约定日期为三月初三上巳节，一同赶赴蓝田。蓝田知县是我们的同乡老朋友胡小碧，见面后很高兴，说："没想到您二位还真能忙里偷闲，寻找这样高雅的乐趣啊！"

【原文】

越日，同乘肩舆，出南关，八里至谷口，即箕山口。两峰对峙，危耸摩天，水声潺潺，从山隙间奔出。小碧曰，此蓝水也，一名㶚水，自商岭过蓝桥，入辋谷，出谷北流而注于灞[1]。环凑沦涟如车辋[2]，故曰辋川。余踌躇四顾，直疑无路通幽。稍折而东，则随山麓高下，凿石为径，约四五里，旧名三里碥。盘折崎岖，怵心骇目。

【译文】

第二天，一同乘轿子从南关出发。走了8里，到了辋峪口，也就是竹箕山口。只见两边山峰相对，高耸摩天；河水哗哗地响，从山的夹缝间涌出。小碧说，这是蓝水，也叫"㶚水"，发源于商山，经过蓝桥，流入辋川，出了辋谷向北流注入灞水。该水河道弯曲和波纹起伏的样子像车辋，所以叫辋川。我犹豫地环视四周，怀疑再往前没路了。谁知刚向东拐了个弯，就看到有一条随着高低起伏山麓开凿的栈道石路，大约有四五里，

---

[1] 此说误。此水应为辋水。辋水是东采峪水和西采峪水合流而成，而不是发源于商山并经蓝桥流入辋川。㶚水为流峪水之古称，而非辋水。

[2] 环凑沦涟如车辋：此说牵强。"辋"之含义的准确诠释，可参见《辋川地名钩沉》。

旧称"三里碥"。崖路曲折陡峭,令人触目惊心。

【原文】

过碥,豁然开爽,"山重水复疑无路,柳暗花明又一村",逼肖斯景。此第一区也。村居数十家,护以乔木。杏红梨白,掩映颓垣门巷。询之土人,云即"北垞"。小碧先至,瀹茗以待。就茅店促膝纵谈,不禁心旷神怡,低徊不忍遽去。

【译文】

过了三里碥,峪道豁然开朗。"山重水复疑无路,柳暗花明又一村",像极了这里的景象。这是辋川的第一区。村子有几十户人家,村庄被高大的树木护卫着。红色的杏花,白色的梨花,掩映着残垣旧巷。问了当地人,说这地方叫"北垞"。小碧先到一步,煮好茶水等着。于是就在茅店里热烈畅谈,心情不由得愉快、舒畅,流连着不想马上动身。

【原文】

沿溪旋转,或北或南[1],彻底清波,荡漾人影。滩际多奇石,五色粲然,碧者尤光润可爱,倘蓝玉之遗种欤?又有白石数堆,不间他色,意即所谓白石滩也。溪水萦回,跳珠溅玉,如无数钟磬,发清响于丛石间,令人应接不暇。溪南一水合流,洁清鉴发,其为金屑泉无疑。过北岸关上村,高平宽敞,旧志云即孟城口,右丞居第也。过南岸新村,以地势度之,当为"南垞"。

【译文】

沿着溪水绕过来绕过去,有时走在溪水之北,有时走在溪

---

[1] 或南或北:应是或西或东。辋峪走向自东南而西北,辋水左岸应为西,右岸应为东。由于辋峪不是正南正北,加之作者又不是当地人,故有此误。

247

水之南，溪流清澈见底，水波映照着人影。河滩边有很多花纹色彩不同寻常的石头，五彩鲜亮，青绿色的尤其光滑润泽，十分可爱，莫非是蓝田玉的遗种？又有一处，有几大堆白石头，不夹杂别的颜色，想必是"白石滩"了。溪水回旋，与石相激水花飞溅，像无数钟磬从乱石丛中发出清脆的响声，令人耳朵都听不过来。溪水之南，有一股水汇流过来，清亮的程度，可以照出一根根头发，想必就是"金屑泉"无疑了。走到溪流北岸的关上村，地势高而宽敞，旧《县志》说此处就是"孟城坳"，是王维故居遗址。走到溪流南岸的新村，据地势推测，应该是"南垞"了。

【原文】

又北过周家滩，两岸夷旷处，各有小聚落。蔓藤桃柳，映水敷荣，鸡犬牛羊，依人自适。红尘飞不到，一处一清心。拟诸"山阴道上行"[1]，殆有过焉。居民无男女老少，类皆淳朴。炊黍蒸藜，聚飧石上。目数游人，若不识冠盖为何物，问之，竟有终身未出谷口者。余因叹曰：花开为春，叶落为秋，浑浑噩噩，无乐无忧，始信裴迪诗"出入唯山鸟，幽深无世人"字字真实，觉此身已在桃源，不必更从渔父向武陵[2]深处，访无怀、葛天之民[3]矣。任轩曰："惜若辈牧竖樵夫，日居图画中，未必能知此间乐。"余曰："正惟不知乐此，其所以为至乐也。"

【译文】

向北走到一个叫周家滩的地方，溪流两岸宽阔平坦，各有几户人家。村周围青藤桃柳，繁花映水；牛羊鸡犬与人相亲相

---

1 王羲之路过山阴时，为其美景所吸引，有"山阴道上行，如在镜中游"名句。

2 武陵：武陵源，陶渊明《桃花源记》中桃花源所在地。

3 无怀、葛天：无怀氏和葛天氏，传说中的上古帝王。借指上古的淳朴社会。

近，悠然自得。尘世的喧嚣到不了这里，处处都令人心情恬静。这感觉比之于王羲之的"山阴道上行，如在镜中游"，都有所超过啊。村里人不论男女老少，都一样敦厚、质朴，烹制了黍粥野菜，围坐在石头上吃饭。他们似乎看不懂我们这些官员的服饰衣帽，询问他们，竟然有一辈子也没走出辋峪口的。我于是感叹说：花开就是春天了，叶落就是秋天了，从不管年份月日；糊里糊涂，也无所谓快乐和忧愁，这才相信裴迪的诗"出入唯山鸟，幽深无世人"，说的字字是真的呀。这时真感觉自己已身处桃花源中，不必再跟随渔人往武陵深处，寻访无怀氏、葛天氏时代的先民了！任轩说："可惜他们这些放牧打柴的，虽然每天就生活在图画中，却不一定能体悟到这里的快乐啊。"我说："正因为他们体悟不到这就叫快乐，得到的才是世间最大的快乐。"

【原文】

行过山坳，瞥见古木撑空，孤烟直上。从者曰："鹿苑寺在望矣。"未几抵寺门。倚飞云山之麓，叠嶂如屏，流泉作带，云濡履迹，翠染人眸。因忆右丞诗"行到水穷处，坐看云起时"，又云"白云回望合，青霭入看无"。论者谓"诗中有画"，今而知非诗中画，乃直写画境耳。

【译文】

走过一段山间凹地，一眼望见古树高入云天，一缕炊烟直上空中。跟随的人说："鹿苑寺快到了。"不一会，就走到了寺门口。但见鹿苑寺背靠飞云山山麓，重重相叠的山峰像屏风，清泉环绕像衣带；云气沾湿了鞋履，映入眼帘的满是翠色。于是想起王维的诗句"行到水穷处，坐看云起时"，还有"白云回望合，青霭入看无"。诗论家说王维是"诗中有画"，如今才知道，那不是诗中有画，而是直接描绘了这如画的景致啊！

【原文】

鹿苑寺本名清源寺，为别业旧址，崔太君及右丞兄弟，皆坚心奉佛，因表别业为佛寺。寺壁旧有右丞所画《辋川图》，久归乌有。院宇圮废，小碧捐俸，葺而新之，供奉右丞，游者始得栖息之所。当门设坐，俯仰流连。寺外群峰四合，献笑争奇。三人静对无言，但觉万虑皆空，飘飘乎浑忘我相[1]。

【译文】

鹿苑寺本名清源寺，是王维别业的旧址。王维的母亲崔氏以及王维兄弟，皆真心信佛，所以上表将辋川别业居第捐为佛寺。寺墙壁上，原来有王维绘的《辋川图》，岁月久了，现在什么也没有了。寺院建筑也坍塌荒废了，小碧捐献了薪俸，把寺院修理一新，又供奉了王维的牌位，游览辋川的人才有了可以歇脚之处。我们在门口随意坐下，凭栏远眺，俯仰之间，流连忘返。看到群峰环列，争相展现奇姿秀色，仿佛在向我们微笑致意。三人静静地欣赏，都不说话，只觉得万般的思虑都没有了，飘飘然全然忘却了自我的存在。

【原文】

门前文杏一株，围可数抱，苍古陆离。相传右丞手植，即

1 我相：佛教语。佛教认为是烦恼之源。

文杏馆也。东去数十武[1]，其溪畔磐石一方，云是欹湖亭故物。西为母塔坟并右丞墓[2]，丰碑仅存。按图，谷内为区十三，佳景二十，今仿佛可寻者数处。其余浦、汀、湖、沂，尽为田畴；亭、坨、馆、园，沦没于荒烟蔓草。唯剩青山绿水，接应游踪而已。

【译文】

寺门前有一株银杏树，有好几人合抱粗，树干和枝叶古朴苍劲，参差错落。据说为王维手植，是文杏馆的标志。从银杏树往东几十步，溪水边有一方磐石，说是欹湖亭的遗物。寺西为母塔坟和王维墓，但只剩下墓碑了。依照图谱，辋谷共分13区，有20处佳景，现在依稀可以看到的只有少数几处了。其余的浦、汀、湖、沂，全成了田地；亭、坨、馆、园，湮灭于僻壤荒草之中。只剩下青山绿水供游人观览了。

【原文】

任轩颇兴今昔盛衰之感。余曰：胜地因人为盛衰，究不随人为起灭[3]。现有青山留客，绿水送行，何减当年胜概？至于朱栏画栋，不过点缀片时，原与海市蜃楼无异，岂足为辋川损益哉？右丞不云乎："来者复为谁，空悲昔人有"，盖当极盛时而已存必衰之见矣。且不独地之盛衰有幸有不幸也。前右丞居辋川者有宋之问，比邻而居辋川者有崔兴宗，而传辋川者专属之右丞，几不知有崔宋诸人者。人以地传欤？地以人传欤？此其幸不幸又何如者？余更为之慨然矣。辋川之得名也，以右丞。右丞则不免为名所累。天宝之末，禄山迎置洛阳，迫受伪职，赖有凝

---

[1] 武：古代六尺为一步，半步为武。

[2] 母塔坟、王维墓：说是王维墓是对的，但母塔坟并不在寺西侧，而在距此700米的白家坪村东。

[3] 起灭：佛教语。指因缘和合而产生与因缘离散而消灭。

碧诗章得邀昭雪。假令当日亟去时事，入山早深，何致论古者扼腕于高人之玷乎？

【译文】

任轩很为今昔的盛衰之变而感慨。我说，名胜之地，有时会因人为因素导致或盛或衰，但终究不会完全随着人为因素而产生或消失的。如今有青山留客、绿水送行，丝毫未减当年的胜景。至于画梁雕栋，不过在当时起些衬托、装饰作用，原本与虚无缥缈的海市蜃楼一样，有它无它，哪里会使辋川的魅力就增加或减少了呢？王维不是也说："来者复为谁，空悲昔人有"吗？大概在辋川极盛之时，他就已预见其必然衰败了。而且也不仅仅只是地方有盛有衰，有幸与不幸。在王维之前卜居辋川的有宋之问，与王维辋川别业相邻而居住的有崔兴宗，但传承辋川之名的，却独独归于王维，人们差不多不知有宋之问、崔兴宗等人。是人因地方而流传，还是地方因人而流传呢？这中间的幸或不幸，又是怎么回事呢？我对此更是感慨万千啊！辋川的出名，是因了王维，而王维又不免为名所累。天宝末年安史之乱中，被安禄山迎请到了洛阳，被迫担任了叛军政权的官职，幸亏有《凝碧池》一诗得以获赦昭雪。假如当初看透了世事沧桑，及早完全退隐山林，怎能让论古者为这位高人的污点而扼腕叹息呢？

【原文】

须臾，日光西映，归鸟迷林。小碧曰："兴无尽时，不如归去。少迟，则碛路萧森，云封谷口。"仍沿溪循径而归。

【译文】

不多时，红日西坠，百鸟归林。小碧说："游兴没有完了的时候，不如现在就回去吧。稍迟些了，谷口为云雾笼罩，碥路阴森晦暗难行。"于是，依旧沿着溪流顺原路而回。

【原文】

小碧履任四年，百废俱举。近复修葺鹿苑寺，并请工临摹《辋川图》旧本勒诸石，又编订《辋川志》六卷，考据精赡，俾陈迹不致久湮，且使风人雅士玩图徽集踵此而增美焉。安见衰于昔者不再盛于今？小碧真不愧是守护王维辋川遗迹的贤才啊！

【译文】

胡小碧到任4年了，各项废弛的事业都得以兴办。最近修复了鹿苑寺，并请工匠临摹《辋川图》旧本，刻于石碑之上，又编撰了《辋川志》6卷。这部志书考证深入周密，使历史遗迹不至于永远湮灭，也能让文人雅士按图寻迹，使辋川的美名代代相传、愈显光彩。怎见得昔日衰败之地，如今不能再度兴盛呢？小碧真正是王维辋川贤能的父母官啊！

【点评】

这是一篇文笔生动、情景交融的名胜古迹游记，生动展现了辋川山水风物的秀美与独特，如辋峪之幽僻，民风之古朴，山行之崎岖，风光之旖旎，都令人如临其境；如实记录了清代中后期，王维辋川别业历经千年盛衰之变的现状，如鹿苑寺的树、石、坟、碑、寺庙的圮茸、"辋川二十景"的存废等，有重要的史料价值。文章的写法也颇有值得玩味之处：

一是情景交融，富于联想。如面对辋川桃源美境的"低徊不忍离去"；在王维故居周围"俯仰流连"人事沧桑之叹；河滩奇石是"蓝田玉遗种"的联想等，都写得很有文史情怀，并且生动感人。再如关于白石滩、金屑泉、南垞等遗址的联想和猜测，王维、裴迪诗句的信手拈来等，足以显示作者对王维的熟悉与热爱，堪称王维的知音。

二是长于议论，发人深思。如关于人生快乐、名胜与人事的盛衰之变、诗中有画的诠释、王维为名所累等的议论篇幅不少，当然，其见解未必都正确，但都能引起读者的深思，较之于那些只记"到此一游"的平庸之作，显得深刻得多。

三是巧用对比，深化主题。多处把任轩与"我"的感悟对比，引出话题，予以深入。这样就避免了平铺直叙而有了曲折波澜，有了层次，文章自然也就耐人寻味了。当然，作者本意不在于"抑任扬我"，任轩的见解同样也给读者以启迪。

游辋川记（节选）

牛兆濂

【作者简介】

牛兆濂（1867—1937），字梦周，号蓝川，蓝田县华胥镇新街村人。清末民初理学家和关学派代表人物，教育家，社会活动家，被尊为"关中大儒"。

1 指1920年农历四月十三。

2 卢子鹤：作者友人，四川蓬溪人，清末民国时期社会名流。

3 李侯：时任蓝田县知事（知县）李惟人。"侯"是旧时对有官职人的尊称。

4 盖沿《封禅书》有"灞水即蓝水"之说而误：这里说的《封禅书》，指《封禅书注》。唐张守节在注释《史记·封禅书》时，有关灞水的条目曰："《括地志》云：'灞水，古滋水也，亦名蓝谷水，即秦岭水之下流也。'"所以，牛兆濂说《关中胜迹图志》以蓝水为灞水的正源，是受《封禅书注》的影响而致误的。

【原文】

次日[1]，早起盥漱，同车诣县廷，饭讫启行。子鹤[2]偕从者三人，李侯[3]及佐治张君其相与余共七骑，又三人步从。

【译文】

第二天，早上起床洗漱后，一块坐车到县政府，吃完饭就出发了。卢子鹤带着随从人员3人、县知事李惟人及助理张其相连同我，共7人骑着马，另有3名随员跟着步行。

【原文】

出南城，涉灞而南。此水俗名南河，按《志》称，灞水出倒沟峪。《图》又以出悟真峪之蓝水，为灞水正源，语殊矛盾，盖沿《封禅书》有"灞水即蓝水"之说而误也[4]。宜以《志》为正。至此则并辋川、蓝水合流于灞矣。省东十里，浐水桥上题曰"辋川胜境"，则旧志之误也。

【译文】

出了县城南，过灞河继续南行。这条河俗称"南河"，按《陕西通志》的说法，灞河发源于倒沟峪。《关中胜迹图志》却认为出悟真峪的蓝水，是灞水的正源，与《陕西通志》说法相矛盾。这恐怕是沿袭了《封禅书注》"灞水即蓝水"之说而致误的。应该以《陕西通志》的说法为正确。在这里辋水、蓝水一块与灞水合流了。省城东十里的浐河桥上题刻的"辋川胜境"，这也是受旧志书错误影响的。

255

【原文】

途次有小蓝[1]分种成畦，《夏小正》[2]"五月启灌蓝蓼"即此。此草大似红蓼[3]，可为染料。土人以分栽为"启"，独古训也。

【译文】

半路上看到有畦栽的蓝苗，《夏小正》所说"五月启灌蓝蓼"，说的就是这个。这蓝草，非常像红蓼，可以作染料。当地农民把分栽幼苗叫"启"苗，也算是对"五月启灌"古籍的一种诠释吧。

【原文】

八里，至辋川口。有居民数家。余曰："此今日之辋口庄也。"小憩即行。辋口西即蒉山（应为蒉山），汉高帝"绕峣关、逾蒉山，破秦军于蓝田"[4]即此。东即峣山，七盘、十二筝所在也。子鹤因问："四皓[5]采芝是此山否？"余曰："连山至商县，皆商山也，随地异名尔。居人以拳菜[6]饷客，谓之芝菜，实则《释草》之'蕨蘩'也[7]。"

【译文】

走了八里，到了辋峪口。有几户人家，我说："这是今日的'辋口庄'啊。"稍微休息了一会接着走。辋峪口之西，就是竹蒉山，《汉书》说汉高帝刘邦"绕峣关、逾蒉山，破秦军于蓝田"就是这里。峪口东是峣山，山上有七盘关、十二筝坡关。子鹤于是问道："商山四皓采芝是这个山吗？"我回答说："峣山连绵到商县就是商山了，不同的地段，有不同的名字。地方上款待客人的'拳菜'，就是'芝'，其实就是《草木疏》上所说

---

1 蓝：一年生草本植物。叶可提取靛蓝，是古代蓝色主要染料。

2 《夏小正》：我国现存最早的一部记录传统农事的历书。

3 红蓼：蓼的一种。多生水边，花呈淡红色。

4 这段话出自《汉书·高帝纪》，原话为："沛公引兵绕峣关，逾蒉山，击秦军，大破之蓝田南。"另，史记《绛侯周勃世家》记载：（沛公）"破武关、峣关。破秦军于蓝田。"

5 四皓：即商山四皓。指秦末隐于商山的四位信奉黄老之学的博士，即：东园公唐秉、夏黄公崔广、绮里季吴实、甪里先生周术。四人皆须发尽白，故称四皓。

6 拳菜：即蕨（jué）菜，多年生草本植物。春季数叶并出，叶梢皆向内收拢，如拳头状，故山民称其拳头菜，可食。

7 《释草》之"蕨鳖"：释草，指古籍《草木疏》。《毛诗正义》注释诗经《国风·召南·草虫》诗句"陟彼南山，言采其蕨"时云："蕨，鳖也。"《草木疏》云：'周秦曰蕨，齐鲁曰鳖。'……俗云：'其初生似鳖足，故名焉。'

的'蕨'、'鳖'。"

【原文】

入谷并辔，溯流南行，东有石径通入，即七里碥也。悬崖插天，危峰岿崿欲坠，俯瞰急湍，响震山谷，巨石横卧，若数间屋，水激石上，雪涌澜翻，深处作绀碧色或黑色。下马躐石磴，按辔鱼贯行，目怵心骇。峰回路转，移步换形，奇险幽胜，莫可名状。此辋川绝佳处也。至黄杜碥小憩，约三里许。颓垣破屋，旧时野店，今无居人，凋敝可伤。自峪口至此，天如一线，恍遇武夷九曲于函谷关中。

【译文】

进入谷口，马匹两两相并，逆水向南而行。东岸有石栈道进峪去，这就是七里碥了。只见悬崖峭壁高耸入云，险峻的山峰摇摇欲坠。低头看，急速流动的辋河，响声震动山谷，像几间屋子样的巨石横卧着，河水冲激巨石，激起的波澜像一堆堆白雪翻腾，河水深的地方呈现出深青透红色或黑色。大家下了马，拉着缰绳，一个跟着一个，蹑手蹑脚地走过石台阶，真是胆战心惊啊！山路弯弯曲曲，地形复杂多变，险要的程度无法用语言描述。这是辋川最幽美的景点了。走到黄土碥稍事休息，峪口到这里大约有3里路了。路旁有一座以前的山野小店，墙倒屋破，无人居住，衰败的景况令人感伤。从峪口到这里，天空从群峰里露出一条线，仿佛在雄险的函谷关中遇见了武夷九曲溪的景致。

【原文】

碥尽，豁然开朗。桑麻鸡犬，童叟怡然，桃花源里人也。地名新庄。山尽处，纤径旁通，又开朗如前，却顾来径，茫不可识，如是者不知凡几。第所谓十三区者，殆不可识别也。至关上，居民较多，有铺户数家，志言即孟城坳也。至白家坪，使人招白生景涛。因驰马前行，一路黄花傍岸，灿如散金，恍疑《九日》[1]寻崔氏庄也。欲折取一视，马行急，不可得也。

【译文】

七里碥走完了，峪道一下子变得开阔敞亮了。庄稼连畦，鸡鸣犬吠，居民无论老少，都安适自在，真是桃花源里人啊。地名叫闫家村新庄。走着走着，前山好像到尽头无路了，但拐过弯，路仍延续，峪道又开阔敞亮像之前那样了。这时，回头再看走过的路，山峦重叠遮蔽茫然一片。像这样的过程不知重复了几次。但所谓的辋川十三区，恐怕已难以辨认了。到了关上村，居民比较多，还有几家商铺，县志说这里是孟城坳。到了白家坪村，着人叫来门生白景涛。接着，继续骑马快行。一路上黄色的野花绽放河岸，黄灿灿的花瓣像散落的黄金，仿佛像杜甫诗《九日》去寻访崔氏庄。想采摘些野黄花观赏，遗憾的是马跑得很快而无法得到。

【原文】

近母塔坟[2]，道旁金银花芬菲可爱，转至鹿苑寺下马。寺前银杏一株，葱倩盈亩。子鹤伸臂度之，得合抱者五，千余年物也，为文杏馆旧址无疑。寺门堂前后各三间，南向，东有侧门入内。

---

1 《九日》：杜甫诗《蓝田九日崔氏庄》。九日，九月九日重阳节。

---

2 母塔坟：王维母崔氏墓，在白家坪村东，距鹿苑寺约700米，"文革"前墓塔尚存。

东向矮屋二间，守者所居也。当门奉右丞木主，惟刻木一联云："渊明遁去伦加厚，工部离长国所忧[1]。"濮侯斗衡[2]所题也。右丞为禄山所逼，曾受伪官，且皈依禅宗，施所居为寺，视靖节之耻事二姓、少陵之忠爱忧国有间矣，联语尽微讽云。

【译文】

快到母塔坟了，路旁开满了可爱的金银花，转弯到了鹿苑寺，方才下马。鹿苑寺前有一株银杏树，青翠旺盛，树冠超过一亩地大。子鹤伸开两臂测量，树身巨大有五个人合抱粗，这是千余年之物，证明这里是文杏馆的旧址无疑了。寺门朝南，前后两进各三间，东边有个侧门可进出。院内有朝东的低矮小屋两间，是守寺人的住处。前堂迎门供奉着王维的木牌位，只有用木板刻制的楹联："渊明遁去伦加厚，工部离长国所忧。"是前知县濮斗衡所题。王维为安禄山所逼迫，曾接受伪职，而且皈依了佛门，把居第捐为佛寺。较之于陶渊明的东晋亡后耻于与新政权合作、杜甫的忠君爱国，王维还是有差别的。楹联的话，多少含有讥讽之意。

【原文】

白生泊村人数辈踵止，李侯出所携食物令馔。具饭讫，游览低徊，久之然后行。子鹤疑寺地逼仄，不类右丞居处，以形势度之，当在孟城坳。所云"新家孟城口"，其确证也，今祠地乃其亭馆所在耳。忆光绪乙巳，余曾一游此，入门欲下拜右丞木主，以迟疑不果。兹又卒不果拜。诗画、才名、禄位如右丞，为大节有亏，且见择于后生小子，可不慎哉！

---

[1] 工部：指杜甫，杜甫官至工部员外郎，世称杜工部。此联本意为：陶渊明遁世隐居更加彰显其隐士风骨；杜甫安史之乱长时离京仍为国而忧。喻义王维在辋川亦官亦隐既有陶渊明遁隐风节，又有杜甫忠君忧国情怀。本文作者牛兆濂由于立场和认知之不同，认为此联语带讥讽，应是曲解了联意。

[2] 濮斗衡：四川大竹县人，同治年间蓝田知县。

【译文】

门生白景涛和村民好几人接连到来，李知事拿出携带的食物请大家食用。吃过饭，来来回回游览，过了很久才起身返回。子鹤怀疑这里地域狭小，不像王维的居第所在，说从地势判断，应当是在孟城坳。王维诗里所说"新家孟城口"，就是这个判断的确切证据，这里的祠、寺之处，只是王维别业的亭馆一类设施的所在罢了。想起光绪三十一年（1905年），我曾到此一游，进门准备下拜王维牌位，犹豫了一阵结果没拜。这次终究还是没有拜。诗画成就、才华名气、官位俸禄像王维那样，只因大节有亏，竟被后辈小子轻视，怎么可以不谨慎啊！

【原文】

至白家坪，别白生及村人，上马寻旧路而归。上下石坎多陡峻，马至此必奋力乃得上。一水环带，绕而曲，往而复，褰裳解袜者，不知其数。至新庄下马，循石坂而上。不里许，背后闻蹄声若蹶仆状，过视之，余所乘马也。仄径石崖数十尺，下临深渊，一失足即不堪设想，为股栗者久之。出峪至元憩处，困惫特甚，乃偎坐石上，良久乃行。近灞水，役人以二烛迎寻。至西门，守陴者诘所自，告以故。少间，又一人诘问，对如前，如是者数四。时门已键闭，子鹤戏曰："'今将军且不得夜行'[1]，李侯之谓也。"良久，门启，联镳而入。蹄声隐隐，闻数十步外，居人未息烛，不惊恐也。至署，李侯以深夜止宿焉。

【译文】

回到白家坪，告别了白景涛和村民，骑上马沿来时路而回。

---

[1] 今将军且不得夜行：典出《史记·李将军列传》：汉飞将军李广失官后，曾夜晚过霸陵驿亭，随从对门尉说"这是故李将军"。霸陵尉却言："今将军尚不得夜行，何况故将军?"

路上的石坡坎大多很陡峭，马到跟前一定要鼓足劲才能上去。辋河像一条弯弯曲曲的长带子，绕过来，蹚过去，挽裤脱袜不知有多少次。这样一直走到闫家村新庄，下马沿着石坡往上爬。走了不到一里路，突然听到身后马蹄声像是跌倒了的样子，过去一看，正是我所骑的那匹马。十分狭窄的小路，几丈高的悬崖，下边就是深潭，若一跌落后果不堪设想，想想两腿都发抖了好久。走出峪子，到了来时休息的地方，因为实在太困乏了，就靠坐在石头上，过了好一阵子才起身接着走。快到南河[1]了，见县役们举着两个火把接应来了。到了县城西门，守城士兵询问缘由，就把情况告诉了他。过了一会，又有人询问，再像前边那样说了一遍，这样的问答反复多次。这时城门已经上锁关闭，子鹤开玩笑说："'今将军且不得夜行'，说的就是李知事您啊！"过了很久，门才开了，大家骑马共同进入。马蹄声隐约可闻，传到数十步之外，居民尚未熄灯就寝，但并没引起惊恐。到县政府，李知事因夜深了，留大家住了下来。

【点评】

此文为牛兆濂先生于民国九年（1920）农历四月十三日与友人卢子鹤、蓝田县知事（知县）李惟人等同游辋川后所写的游记。牛兆濂是清末关中大儒，博学洽闻，有"牛才子"之称。这篇辋川游记，体现了先生深厚的学养积淀，无论其篇幅容量、笔力文采皆有可观之处。尤应注意以下几点：

其一，对峪口天险的描写颇为到位和成功。文章通过悬崖插天、危峰岢崿、俯瞰急湍、响震山谷等极富视觉、听觉冲击

---

[1] 南河：蓝田县城人称灞水此段为"南河"。

力的状物摹景，"下马蹑石磴，按辔鱼贯行"的特定行为，以及"目怵心骇""股栗者久之"的心理活动等生动描写，使人如临其境，惊心动魄，读后方明白辋峪口何以被称作"阎王碥"了。

其二，对辋川山行的特别感受描写细腻、传神。如："山尽处，纡径旁通，又开朗如前，却顾来径，茫不可识，如是者不知凡几。""一水环带，绕而曲，往而复，褰裳解袜者，不知其数。"这些句子，写出了一般人的"心中有、笔下无"，读来令人钦叹。

其三，知识点密集，信息量大。诸如关于灞水源头、启灌蓝蓼、四皓采芝、高帝逾箦的议论，以及寻崔氏庄、武夷九曲、灞陵醉尉等典故的运用等，都体现了作者渊博的文史知识，这都丰富了文章内涵，令读者获益匪浅。

其四，对王维的看法带有道学家的烙印。虽然作文时代已进入五四后的民国时期，但牛兆濂依然固守程朱理学道统，视佛老为异端，对奉佛禅修的王维带有门户成见，对王维迫受伪职也缺乏客观公允的评价，持论偏颇，故而将称颂王维的楹联曲解为"语尽微讽"，以至纠结于是否参拜先贤王维牌位。这都体现了牛兆濂作为理学"卫道士"保守性、局限性的一面。

《山中与裴秀才迪书》详注

【题解】

这是王维从长安回到辋川别业后给裴迪写的一封短信。信里怀着对故山亲切、热爱之情，描绘了辋川冬日萧疏幽静的实景和想象中春天烂漫多姿的虚景，语言质朴简约，文笔淡雅空灵，具有诗的韵律，画的美感，达到了很高的艺术境界，是王维唯一存世的一篇山水散文。

该文乃历代传颂的名文。在当代，不仅被多种古典文学作品选集所辑录，还是传统的大中小学教材，在互联网上也有许多评赏文章广为传播。检阅众多今人注析文本，发现错讹含混之处不少，其中部分错谬或与注者不熟悉辋川地理情况有关。兹对此文作以详细注释，对一些解读分歧较大的问题，也略陈述不同观点以供读者思考和探讨。

【原文】

山中与裴秀才迪书①

近腊月下②,景气③和畅,故山殊可过④。足下⑤方温经⑥,猥⑦不敢相烦⑧,辄便⑨往山中,憩感配寺⑩,与山僧饭讫⑪而去。

比涉玄灞⑫,清月映郭。夜登华子冈⑬,辋水沦涟⑭,与月上下。寒山远火,明灭林外。深巷寒犬,吠声如豹。村墟⑮夜舂⑯,复与疏⑰钟相间。此时独坐,僮仆静默⑱,多思曩⑲昔,携手赋诗,步仄径⑳,临清流也。

当待㉑春中,草木蔓发㉒,春山可望,轻鲦㉓出水,白鸥矫翼㉔,露湿青皋㉕,麦陇㉖朝雊㉗,斯之不远㉘,倘㉙能从我游乎?非子天机清妙㉚者,岂能以此不急之务㉛相邀?然是中㉜有深趣矣!无忽㉝。因驮黄檗人往㉞,不一㉟。山中人㊱王维白。

【译文】

现在将近农历十二月的末尾,气候温和舒适,旧居的辋川山谷很值得一游,您正温习经书,鄙人不敢打扰,就独自前往山中,途中在感配寺休息,与山里的僧人一起吃过饭后,便离开了。

等到我渡过深青色的灞水,清亮的月光正照着蓝田县城的外城。夜色中我登上华子冈,见辋水泛起涟漪,水波随着月光上下起伏,波光闪动。清寒的山野间,远处的灯火在树林外忽明忽灭,深巷里的狗叫,吠声像豹子叫。村子里传来舂米声,又与稀疏的钟声间隔着发出。这时候我独自坐着,仆人们也已入睡,正想起从前,你我牵手吟诵诗歌,在狭窄的小路上漫步,一起面对着清澈流水的情景。

应当等到仲春二月，草木蔓延滋生，春天的山景更可观赏，轻捷的鲦鱼浮出水面，白鸥举翼高飞，晨露打湿水边的青草地，清晨麦陇上的野鸡鸣叫，这些景色离现在不远了，您或许能跟我一起出游吧？如果不是你天性与众不同的话，我哪能以这种不打紧的事务相邀呢？然而这里边实在有深长的趣味呀，不应忽略。因为有载运黄檗的人出山，托他带给你这封信，不一一详述了。山中人王维述。

【注释】

① 山中与裴秀才迪书：在辋川别业山居里写给裴迪的信。秀才是唐代时对参加进士科考试的人的称呼，王维称裴迪为"秀才"，可知其时裴迪正准备参加进士科考试。从此标题可知，这是王维某日从长安回故山辋川游历结束后，在其山居（前期的孟城坳山庄或后期的飞云山山庄）托驮黄檗（bò）者捎给裴迪的信。

② 近腊月下：腊月，农历十二月。古代在农历十二月举行"腊祭"，所以称十二月为腊月。近腊月下，指临近腊月末尾，即腊月下旬，此时天黑后尚可见到月亮，故后文有"清月映郭"。有资料解释为"腊月末尾"不准确，因为腊月末天黑后是见不到月亮的。

③ 景气：景色，气候。农历十二月，气候本来还相当寒冷，如何理解王维笔下"近腊月下，景气和畅"的景象？一说：唐代气候较今温暖，彼时或恰值暖冬。另一说：虽时

265

值腊月寒气未消，但对大自然特别敏感的王维，却能敏锐感知地气萌动、景物和畅之意。这正透露出他"天机清妙"的禀赋。

④故山殊可过：旧居辋川山很值得一游。故山，旧居之山，指王维辋川别业所在的辋川谷地及其周边山峦，具体包括谷东的峣山、谷西的尤凤岭以及谷南的飞云山等。诸多资料将"故山"解释为"蓝田山"，不准确。蓝田山位于辋峪之东的蓝峪之东侧，与辋川山方位不同，且二者相距10数里。《元和郡县志》曰："蓝田山，一名玉山，一名覆车山，在（蓝田）县东二十八里。"《陕西通志》卷二："玉山，在县东三十里，俗呼蓝田山。玉之美者曰球，其次曰蓝。县出蓝，故曰蓝田。"杜甫"蓝水远从千涧落，玉山高并两峰寒"写的即是蓝峪和蓝田山。

⑤足下：您，书信中对同辈或朋友的尊称，相当于"您"。

⑥方温经：正在温习经书。此经书，当指科举考试的儒家经典。或将此"经"解释为"佛经"，非也。从王维称裴迪为"秀才"，可知裴迪其时尚未考中进士。王维后文有"非子天机清妙者，岂能以此不急之务（指二人同游故山）相邀"的话，可见裴迪当是为迎接不久后的"春闱"（礼部试）而温习经书，此乃其"急务"。若是指温习佛经，就不会有相对温习佛经之"不急之务"的说法了。

⑦猥：谦辞，含有冒昧、轻率之意。

⑧烦：打扰。

⑨辄便：就。

⑩憩感配寺：在感配寺休息。感配寺，按文意，当指王维由长安回辋川途中所经的一座佛寺。有观点认为此"感配寺"实为"感化寺"，系因"配"与"化"草书形近而致误，而"感化寺"又是"化感寺"之误，王维集中有两首游化感寺的诗，故感配寺应作化感寺。按裴迪与王维同游化感寺诗句"不远灞陵边，安居向十年"，此化感寺应位于汉文帝灞陵附近的灞河谷地某处。此可备一说。

⑪饭讫：吃完饭。讫，完。饭，名词作动词，吃饭。

⑫比涉玄灞：等到渡过灞水。比，等到。涉，渡。玄，黑色，指水深绿发黑。潘岳《西征赋》："南有玄灞素浐。"灞，灞水。水出秦岭，流经蓝田县城，辋水系其最大支流。有的版本"比"作"北"，可解释为"向北渡过灞水"，但王维既已到达"清月映郭"的蓝田县城，再由此出发向县城东南的辋川而行，就不会"北涉玄灞"了，由此知其可能系"比""北"形近而误。

⑬华子冈："辋川二十景"之一，是位于辋峪北段近峪口处辋河右岸数里长的起伏冈峦。不少资料将"冈"误为"岗"，其实二者概念有不同：冈，不高的山岭；岗，凸起的土石堆。王维由蓝田县城经华子冈进入辋川的经行路线，可参阅本书《王维进出辋川路径考察纪实》一章有关内容。

⑭辋水沦涟：辋水即辋谷水。辋谷是一条长约20华里、多

267

数地段宽约200至500米的峡谷，呈西北、东南走向。谷中有一水流贯，称"辋水"。《长安志》卷十六："辋谷水出南山辋谷，北流入灞水。"沧涟：指水起微波。《诗·魏风·伐檀》："河水清且沦猗。"《毛传》对此解曰："小风，水成文（纹），转如轮也。"朱熹《诗集传》云："涟，风行水成文（纹）也。"

⑮ 村墟：村庄。

⑯ 夜舂：晚上用白杵捣谷（的声音）。舂，这里指捣米，即把谷物放在石臼内捣去外壳。

⑰ 疏：稀疏的。

⑱ 静默：指已寂静无声息（此处指僮仆已睡下）。

⑲ 曩：从前。

⑳ 仄径：狭窄的小路。

㉑ 当待：等到。

㉒ 蔓发：蔓延生长。

㉓ 轻鲦（tiáo）：即白鲦，鱼名。身体狭长，游动轻捷。

㉔ 矫翼：张开翅膀。矫，举。

㉕ 青皋：青草地。皋，水边高地。

㉖ 陇，同'垄'，田埂，此处指麦田。

㉗ 朝雊（zhāo gòu）：早晨野鸡鸣叫。雊，野鸡鸣叫。

㉘ 斯之不远：这不太远了。斯，代词，这，指春天的景色。

㉙ 倘：或许，商量的语气。

㉚ 天机清妙：性情高远。天机，天性。清妙，指超尘拔俗，与众不同。

㉛不急之务：闲事，这里指游山玩水。

㉜是中：这中间。

㉝无忽：不可疏忽错过（意即：不要忽略了这出游的邀请和其中的深趣）。

㉞因驮黄檗人往：借驮黄檗的人前往之便（带这封信）。因，凭借。黄檗，一种落叶乔木，俗称黄柏，果实和茎内皮可入药。茎内皮为黄色，也可做染料。

㉟不一：古人书信结尾常用的套语，不一一详述之意。

㊱山中人：语本《楚辞·九歌·山鬼》："山中人兮芳杜若，饮石泉兮荫松柏。"王维晚年信佛，过着半隐的生活，故自称"山中人"，以强调自己的隐士身份。

王维辋川轶事[1]

千古诗佛

在一般人看来，王维退隐辋川后，一边拿着朝廷的薪俸，一边在世外桃源般的辋川悠游山水，一定是无忧无虞，十分惬意的。然而，真实的情况其实完全不是这样。从开元后期开始，奸相李林甫、杨国忠相继专权，唐玄宗日益昏聩，朝政日非。王维对此有清醒的认识，对唐朝的前途充满隐忧，他不愿与权奸同流合污，但又做不到彻底弃官归隐，这就陷入了深刻的矛盾和痛苦。他初到辋川写下的《孟城坳》一诗，就是当时心情的真实流露："新家孟城口，古木余衰柳。来者复为谁？空悲昔人有。"虽是新家，看到的却是旧城、衰柳。他为新居的旧主人宋之问而悲，以后的"来者"是否又会为自己而悲？他不愿去想但又难以摆脱。可以说，这种痛苦、幽愤的情绪是王维辋川生活的底色，所以辋川时期，王维更加倾心于佛教，试图在奉佛禅修中得到解脱。钱起写王维在辋川"诵经连谷响，吹

---

[1] 此系笔者为县文化局所编《蓝田文化读本·王维在辋川》撰写的书稿。

律减云寒"，王维《积雨辋川庄作》也说他"山中习静观朝槿，松下清斋折露葵"。他喜访佛寺与僧侣往还，常造访蓝田感配寺、化感寺、悟真寺、石门精舍等佛寺并有记游之作，与昙兴上人、元崇法师、惠福禅师等交好，这些都使得他的辋川隐居生活带有鲜明的奉佛禅修色彩，辋川诗作较之王维前期的诗作，更多地呈现出浓厚的佛理禅意。除了"老年惟好静，万事不关心"（《酬张少府》）、"一生几许伤心事，不向空门何处销"（《叹白发》）这类直接表白的诗句外，诸如《鹿柴》《辛夷坞》《竹里馆》《山居秋暝》等，无不深涵禅意禅趣，集中表现为对空寂、恬静境界的赞颂和追求，被认为是王维"禅诗"的代表作。明人胡应麟就把王维《辋川集·辛夷坞》称作"入禅"之作，并说令人"读之身世两忘，万念俱寂"。王维"诗佛"雅称的获得，与辋川这段生活是密不可分的。

孝悌王维

王维虽奉佛向禅，但从小受到的却是正统儒家思想教育。因此，出世和入世矛盾思想的纠结与挣扎，贯穿王维的一生。一方面，深受佛门看空一切出世思想的影响，随缘任运，清心寡欲；另一方面，又放不下积极用世的世俗欲为，如仕途进取、酷爱诗画、钟念亲情友谊等。孝敬母亲、友爱弟妹就是王维人生的一个重要侧面。王维辋川半官半隐生活方式的选择，固然体现了王维消解仕隐对立的生存智慧，但与赡养寡母、照护弟妹的家庭责任意识也有很大关系。王维是出名的孝子，《旧唐书》说他"事母崔氏以孝闻"。他30岁妻亡后没有再娶，与寡母相依为命，长期共居辋川。当地人把王维出辋峪要翻越的第一个山冈称"望亲坡"，传说王维每次离开或回到辋川，都会站此山冈上深情眺望母亲。天宝九载（750）春，母亲去世，王维痛不欲生。时年50岁的他，辞官离朝，终止了一切政务和社会活动，回辋川为母庐墓守孝，直至天宝十一载（752）春孝满回朝复职。这期间王维恪守"丁忧"古制，清心寡欲，饭粝茹蔬，《旧唐书·王维传》说他"居母丧，柴毁骨立，殆不胜丧"，足见其悲痛哀毁之深。正值文学创作盛年的王维，在此期间几乎完全停止了诗文创作。晚年王维上书朝廷，将自己和母亲晚年斋居之所捐为佛寺，为亡母祈求冥福。不久，王维去世葬于离母塔坟不远之处，永远地陪伴在母亲身旁。王维对众弟妹也感情很深，关爱有加。他17岁外出游学时就写过一首千载流传的《九月九日忆山东兄弟》的名诗，辋川期间也有多首致弟妹的诗作，表现出深厚的手足之情。《旧唐书·王维传》说王家"闺门友悌，多士推之。"在他的关爱影响下，弟妹们都能发奋读书，出息成才。王维陷贼获罪，当时已做到刑部侍郎高位的弟弟王缙，上书朝廷"请削己官"为兄减罪。王缙后改任蜀州刺史，王维为弟送行时写的《别弟缙后登青龙寺望蓝田山》诗，伤婉深挚，感人至深。上元二年（761）春，即将走到生命尽头的王维，为唐肃宗上《责躬荐弟表》，乞"尽削己官，放归田里，使弟缙得还京师"，言辞恳切，终获恩准。

因诗宥罪

王维幽居辋川的后期，曾经有过一次生死交臂的传奇经历。

天宝十五载（756）安史之乱叛军攻陷长安，王维被俘并迫受伪职。据《唐诗纪事》记载，安禄山盘踞长安时，曾大会凝碧池，逼使梨园弟子为他奏乐。众乐人思念玄宗唏嘘泣下。其中有雷海清者，掷弃乐器，面向西方（玄宗西去蜀）失声大恸。安禄山当即下令，将雷海清残酷肢解。裴迪专程从长安赴洛阳看望被关押在菩提寺的老友王维，并谈起了凝碧池畔的悲剧。王维听后，恸哭不止，义愤填膺吟诗一首，史称《凝碧池》诗。这首只有28字的七言绝句，却有长达39字的标题："菩提寺禁，裴迪来相看，说逆贼等凝碧池上作音乐，供奉人等举声。便一时泪下，私成口号，诵示裴迪。"诗曰："万户伤心生野烟，百官何日再朝天？秋槐落叶空宫里，凝碧池头奏管弦。"表达了对朝廷的眷恋和对国难的悲愤。一年半后，官方收复长安和洛阳，安史之乱暂时消停。王维等从事伪职的人员被押解回长安审讯，不少人被处死。王维因所作怀念唐室的《凝碧池》诗为唐肃宗嘉许，且其弟王缙官位已高，请削己官为兄赎罪，王维因之被免于处分，复官任太子中允，后复累迁至给事中，终尚书右丞。这就是王维"因诗宥罪"的一段传奇经历。平心而论，在王维的所有诗作中，《凝碧池》不算艺术成就最高的一首，却无疑是最为著名的作品之一。而这段背景及其实际效应的传奇性，正是其获得极高知名度的根本原因。由于该诗不仅关乎诗人王维的个人命运，更与"安史之乱"这一动摇唐王朝根基的重大危机紧密相连，故而成为承载那段历史记忆的标志性文本。在后人的诗文中，王维的凝碧悲吟也逐渐作为一个表达历史兴衰的典故而被广泛引用。

"朝廷左相笔，天下右丞诗"

新中国王维研究事业的奠基者陈贻焮先生在其一首辋川诗中写道："盛唐独步诗琴画，文苑三分李杜王"，盛赞王维在盛唐诗坛的崇高地位。讲到盛唐诗坛，后人心目中所形成的是以李白、杜甫为核心，以王维、孟浩然、高适、岑参等人为辅翼的格局。然而在当时人的眼中，王维的名声远非李、杜可比，盛唐诗坛的领军人物，是非王维莫属的。直到元和诗坛，经过元稹和韩愈等人的大力推崇，才确立了李、杜独尊的局面。和李白、杜甫的大名传扬尚待时日相比，王维要幸运得多，生前就驰誉天下。《新唐书·王维传》称其"名盛于开元、天宝间，豪英贵人虚左以迎，宁、薛诸王待若师友"。唐代宗曾誉之为"天下文宗"。且不仅王维"名盛"，其诗人兼散文家的弟弟王缙也很有名。据晚唐朱景玄《唐朝名画录》所述，王维兄弟"冠绝当时"，有"朝廷左相笔，天下右丞诗"之称（王缙曾任代宗朝左丞相）。据传，王缙中举后，众人仰慕于他的文章，凡逢丧事都来请他写丧仪文字及墓志碑铭等。一天，有人送润笔（稿酬）误扣了王维家的门，王维问清来意后，便笑指着不远处王缙家的门说："大作家在那边。"后来，人们就把以写文章为生的人，称为作家。（按：此说为古代关于"作家"一词来源的传闻之一，词义古今有变）王缙诗文风格与王维相似，具有一种冲淡清新之美，可惜作品留存不多。而协助其兄撤离辋川时写的那首小诗《别辋川别业》（"山月晓仍在，林风凉不绝。殷勤如有情，惆怅令人别"），被认为是王缙存世诗中最好的。要离开久居的辋川了，诗人百感交集，连山月也依恋不舍，林风温柔地吹拂送爽。诗用拟人化手法，化无情之景为有情之物，取得了强烈的艺术效果。清人宋顾乐《唐人万首绝句选评》称这首诗"语语含蓄，清远亦不让乃兄。"

慧眼识韩干

韩干，蓝田人（具体村镇不详）。出身贫贱，少年时在一家酒肆当伙计，常去辋川王维家送酒或收酒钱。一次王维外出，韩干等的无聊，就在地上戏画人马。王维回来后发现韩干的画表现出非凡的绘画天分，非常惊奇，便许诺每年供给他两万钱，资助他去著名画师曹霸家学画。韩干画马初以曹霸为师，但不拘泥师训，而重视写生实践，师法自然，逐渐形成了自己独特的风格，"画马神手"的名气越来越大。天宝中期，韩干被召为宫廷画师。玄宗皇帝让韩干的老师陈闳进宫来画马，皇上见了，怪韩干画的马跟老师不一样，将他召来诘问。韩干回答说："我画马有自己的老师。皇宫马厩里的御马，都是我的老师。"皇厩中有40万匹良马，韩干细心观察，刻意描摹，画出了《玉花骢图》《照夜白图》《六马图》《八骏图》《百马图》等骏马图，每匹马都画得活灵活现，有奋蹄疾奔脱绢而出之势，成就超过古人，历代评价很高。杜甫在《画马赞》中说："韩干画马，毫端有神。"韩干有一幅《神骏图》，用笔极为精炼，人马形神统一，其飘逸的线条，华美的赋色，以及由此反映出的强劲生命力，都昭示着中国古代绘画的辉煌。此画曾为清廷宫藏，辛亥革命溥仪被赶出宫时偷偷带出，为了换取食物而致名画流落民间。后辗转入藏辽宁博物馆。韩干传世作品还有

《牧马图》（台北故宫博物院）、《照夜白图》《圉人呈马图》（美国大都会艺术博物馆）、《胡人呈马图》（美国弗利尔美术馆）。

杜甫来访

杜甫和王维同为盛唐代表性诗人。杜甫小王维11岁，对这位前辈大师深怀敬仰。乾元元年（758年）秋，时任华州司功参军的杜甫来蓝田访问王维和崔兴宗（崔为王维表弟，有别墅在悟真峪口），留下了《蓝田九日崔氏庄》和《崔氏东山草堂》两首名诗。前诗中的名联"蓝水远从千涧落，玉山高并两峰寒"，即景抒情，描山绘水，气象峥嵘，笔意雄杰，力可拔山，被称为千古名句，而玉山蓝水的雄丽景象也有幸借助诗圣的拔山之笔而永远定格于历史的空间。杜甫去辋川时王维并不在辋川，故后诗在赞扬了崔氏庄清幽寂静的环境和自然恬淡的野趣生活后，末联宕开一笔，提到了宾主共同的朋友王维："何为西庄王给事，柴门空闭锁松筠。"看似突然，实则有深意。王维自安史之乱以来，际遇不佳，衰老多病，在京城长安过起了饭僧诵经的孤寂生活，故很少回辋川了。这种情况同在朝廷为官的杜甫自然了解，可知"何为西庄王给事，柴门空闭锁松筠"并非有疑而问，而是作为朋友表示了对王维深切的同情。意思是，那风流的王给事已往隐居多年，现在为什么放着这么幽雅的别墅不住，而忍教松竹冷落呢？王维去世5年后，漂泊夔州的杜甫还写诗怀念王维："不见高人王右丞，蓝田丘壑漫寒藤。最传秀句寰区满，未绝风流相国能。"杜甫通过诗对王维表达了深切的怀念，对王维作品得以流传天下和有一个能延续其风流文采的弟弟表现出真挚的欣慰之情。

名句诗案

  王维有一首七律诗《积雨辋川庄作》，写的是辋川山庄一带久雨的景象和作者隐居生活淡泊脱尘的心境。这首诗是王维辋川诗的名篇，后世诗家论者无不为这首诗深邃的意境和超迈的风格所倾倒。有人称"淡雅幽寂，莫过右丞《积雨》"，还有人将之推为唐诗七律压卷之作。然而这首诗的第二联"漠漠水田飞白鹭，阴阴夏木啭黄鹂"，却涉一桩不了诗案。这两句诗大意是，广阔平坦的水田上，一行白鹭掠空而过；田野边繁茂的林木中，传来黄鹂婉转的啼声。这显然是写实的。因为当年距王维辋川庄不远的白家坪村一带，人烟稀少，地形开阔，水田连片。加之地近欹湖辽阔水域，鸥鹭等水禽栖飞成群。这一联诗写山乡夏日雨中景色，有声有色，活灵活现，令人赏心悦目。宋人范季随赞其"极尽写物之工"，清人方东树称其为"万古不磨之句"。但与王维同时代的唐代诗人李嘉佑（719—781）诗里有"水田飞白鹭，夏木啭黄鹂"之句，因而有人认为王维套用了李嘉佑的诗句；也有人说，"水田"二句是李嘉佑截取王维的。但由于没有实据可证，到底是王窃李，还是李窃王，至今难断是非。宋人叶梦得说："此两句好处，正在添'漠漠''阴阴'四字，此乃摩诘为嘉点化，以自见其妙。"清人沈德潜亦说："本句之妙，全在'漠漠''阴阴'，去上二字，乃死句也。"无论这桩公案的真相如何，这四字的点睛之效确是公认的。

隐士仁心

　　王维在辋川过着高人隐士的闲适生活，来访的多是官场富贵中人与文人雅士，但这并不妨碍王维与底层劳动人民的真情交往。这和王维仁者爱民的思想意识有关。王维从小接受儒家教育，儒家的仁爱思想，对他影响极深。所以，他早年就是怀着"动为苍生谋"的志向走向仕途的，中年以后笃佛，也有普济众生的情愫，直到晚年，仍念念于此。因此，关心民瘼，同情劳苦人民，是王维思想、行为的必然。他的辋川诗中多出现渔人、樵夫、采菱人、浣纱女等劳动人民形象。《白石滩》中月下的"浣纱女"，和《山居秋暝》中喧闹竹林的"归浣女"，都被他描写的那么勤劳、健康、活泼、可爱，没有对劳动和劳动者的喜爱之情，断难有这般笔墨。辋川一带，山瘠地薄，王维自己就有"薄地躬耕"之叹，再加上赋税沉重，农人生活可想而知。对此，王维是比较关注并深为同情的。《赠刘蓝田》一诗，就是偶然听到了山村贫民纳税夜归时抱怨税重之苦，他耿耿于心，于是专门写诗给蓝田刘县令，让他过问一下是非曲直。还有一个典型例子：安史之乱，国家连年征伐，民生凋敝，连京畿一带百姓生活都如陷水火。王维前后两次给唐肃宗上表，痛陈"道路之上，冻馁之人，朝尚呻吟，暮填沟壑"的悲惨情景，提出把自己的"职分田"（按规定，王维当时官中书舍人、给事中，均五品，应有职分田各6顷）两份合并交回，裨助施粥之所以赈济灾民。身为欲避世的隐士，仍有这般心系苍生的担当，尤为难得。

古杏传奇

王维隐居辋川，距今已有1200多年了。随着历史风云的尘埃落定，如今别业园林的地面建筑设施荡然无存，唯剩一株巍巍挺立于王维飞云山故居原址的银杏古树了。银杏树是世界上最古老的树种之一，又名白果树，古时又称鸭脚树或公孙树，是世界上十分珍贵的树种之一，是古代银杏类植物在地球上存活的唯一品种，因此植物学家们把它看作是植物界的"活化石"。王维有诗云："文杏裁为梁，香茅结为宇。不知栋里云，去作人间雨。"文杏即银杏。用名贵的银杏木做屋架，可见当年这里应是奇木异竹不少的。这株银杏高20米，胸围5.20米，冠幅18米，相传为王维手植，现已被收入西安市古树名木一级古树挂牌保护。

据古籍记载，这株千年银杏还有一段死而复活的传奇故事呢：清代乾隆年间，地方政府要修建王右丞祠。而在这之前，王维故居门前的大银杏树却不知什么原因枯死了。等王右丞祠建成后，银杏树竟然又奇迹般地复活了！古书记载的原话为"先是寺前银杏一株，大可十围，高逾数丈……酷弊已久，萌蘖无存。忽于是年发秀重荣，开花结实。"（冯敏昌《重修蓝田辋川鹿苑寺并王右丞祠碑》）直至今日，这株历经1200多年风雨沧桑的银杏古树，苍翠依然，花果不绝，给前来凭吊王维的人们以无限遐思。

斧斤奇竹

辋川别业"二十景"有一处叫"斤竹岭"，据王维《请施庄为寺表》的描述"草堂精舍,竹林果园"和飞云山地形判断,遗址应在清源寺(鹿苑寺)之北的飞云山南麓。"辋川二十景"的竹里馆,也应位于斤竹岭畔。王维的《斤竹岭》诗云:"檀栾映空曲,青翠漾涟漪。暗入商山路,樵人不可知。"诗意为:美丽的斤竹林掩映着空阔偏僻的山野,青翠的倒影荡漾在山溪的微波里。斤竹林蔓延在去商山的路上,连打柴人都找不到路径了。诗以精练的语言渲染了斤竹旺盛的生命力和作者对斤竹的喜爱之情。王维诗中多有写竹的佳句,如"隔牖风凉竹,开门雪满山""细竹风乱响,疏影月光寒""竹喧归浣女"等,这都和他经常到斤竹岭和竹里馆观赏竹子有关。和大多数文人一样,王维爱竹、种竹、画竹、咏竹,用以寄托高洁的情怀。

名画疗疾

观赏壮美的山水画,能令人心旷神怡,遐思无限,陶情适性。故古今名画,如展子虔《游春图》、张择端《清明上河图》、黄公望《富春山居图》、张大千《长江万里图》等,无不为世人所重。据媒体报道,每10年一展的故宫《清明上河图》原画,2020年秋逢展,竟有8000多人排长队争相参观。然而,观看名画可以疗疾的事,在中外艺术史上则实为罕见。宋哲宗元祐二年(1087),北宋著名词人秦观在汝南郡做学官,夏日患肠疾卧床不起,迁延不愈。朋友高符仲携来王维《辋川图》曰:"阅此可以愈疾。"秦少游枕上观图,爱不释卷,恍然若偕摩诘游辋川,"度华子冈,经孟城坳,憩辋口庄,泊文杏馆,上斤竹岭并木兰柴,绝茱萸,摄槐陌,窥鹿柴,返于南北垞,航欹湖，戏柳浪，濯栾家濑，酌金屑泉，过白石滩，停竹里馆，转辛夷坞，抵漆园，幅巾仗履，棋弈茗饮，或赋诗自娱，忘其身之匏系于汝南也。居然数日而疾良愈。"（见秦观《书〈辋川图〉后》）一幅《辋川图》能有如此神效，这既有赖于画家的丹青妙笔，更主要的原因还在于王维《辋川图》淡远澄明的艺术境界带给人极大的愉悦感受。

鹿苑传说

　　王维上表将辋川山庄捐为佛寺，初名"清源寺"，后更名为"鹿苑寺"。"鹿苑"之名，可能与佛教四大圣地之一的"鹿野苑"有关。据佛教典籍记载，佛祖的前世迦叶佛曾居住在这里，因这里经常有野鹿出没而得名"鹿野苑"。后来，释迦牟尼在菩提伽耶成佛后来到了鹿野苑，在此初转法轮和成立僧伽团体。唐朝高僧玄奘所著《大唐西域记》就有鹿野苑的介绍。当地民间也流传有这样的故事：辋川原是皇家狩猎之处，麋鹿等众多动物几乎被射杀净尽。信佛行善的王维母子，为了拯救这些动物，花巨银买下这块地方做别业，禁止外人进入，才使麋鹿们得以生息繁衍。为报答恩情，鹿群常来别业承欢献瑞。于是，王维和他母亲曾居住过的这座佛寺，后来便被改名为"鹿苑寺"。

鹿柴传奇[1]

　　相传古时候，辋川四面青山围着一泓湖水，气候湿润，竹木繁茂。由于交通闭塞，人迹罕至，这里既是一处世外桃源，

---

[1] 本篇与下篇《白皮松传奇》，皆为笔者为辋川研学活动所创作的文学故事。

也是动物们繁衍栖息的乐园。后来唐王常常带人在这里围猎，把辋川变成了皇家的猎场。眼看着鹿子鹿孙们一天天减少，万般无奈的鹿王只好驾云上天告御状。鹿王一把鼻涕一把泪的细诉唐王对鹿们的残害，听得玉帝好生烦恼，说：本大帝管了天上还得管地下的这些破事，于是提笔在状子上批道："人世事，真督囊，鹿王上天告人王。欲得了结督囊案，鹿王去求摩诘王。"鹿王正要问谁是摩诘王，玉帝已转身退朝走了。

鹿王下凡后，化成一位白胡子老头，四处打听摩诘王。他翻来倒去的念念有词：摩诘王，王摩诘；王摩诘，摩诘王……念着念着，就走到了尚书省衙门前。值勤的差官厉声喝道："大胆刁民，竟敢直呼我们府上王大人的名讳，还不赶快拿下！"鹿王连忙赔礼："小的该死！小民实不知王大人名讳！"官差道："大人姓王名维字摩诘，你若不知，口中反复念叨的又是什么？！"鹿王一听，又惊又喜，连忙匍匐在地叩头不已，央求道："老朽四处寻觅的就是摩诘王大人！求官爷行行好，能让我面见摩诘王大人，老朽实在是有性命关天的大事相告！"

这时只听路边轿中轻咳两声，接着走出一位风流儒雅的中年男子，生得器宇轩昂，却慈眉善目、和蔼可亲。这男子不是别人，正是当朝重臣尚书右丞、名闻天下的"诗佛"王维王摩诘。王维听闻事关性命，便动了佛心，于是命鹿王在内堂说话。

王维从小受信佛的母亲影响，吃斋礼佛，从不杀生。佛家更是把鹿看成是菩提灵兽，佛祖也曾在鹿野苑讲经布法，所以爱鹿护鹿是佛门传统。王维听了鹿王一番倾诉，他就明确表示要设法帮众鹿度此劫难，于是鹿王千恩万谢而去。

你们猜王维想用什么办法保护鹿群免遭猎杀？原来，王维当初买下宋之问孟城坳山庄作为初到辋川的居所。但此处川阔人稠，很不合性喜寂静的王维的心意，后来就在地僻人稀的辋峪南端飞云山旁营造了一座山庄。王维答应了鹿王的要求后，他便将孟城坳山庄出售，得银几百两，用这些钱买下了白石滩河对面的一条沟道，并在沟口埋设了栅栏，挂上"王维鹿柴"的牌子。这个山沟虽不是很深，但两旁山崖陡峻像两道高墙，再加上水草丰美，又是王维私家别业，还雇请了专人看守，这样就杜绝了外人狩猎，这里便成了麋鹿们无忧无虑、嬉戏栖息的乐园。

这一天，鹿柴里突然出现了一只老虎，麋鹿们慌作一团，看管鹿群的哑巴大惊失色，暴呼一声，山摇地动，老虎被吓跑了，鹿群又恢复了安静，更为可喜的是，这个哑巴从此就会说话了。于是，人们就把这条沟称作哑呼沟，这个地名也就从唐代叫到现在。

为了感谢王维的大恩大德，每逢王维的寿辰，鹿群们就衔来灵芝仙草，为王维纳祥献瑞，年年如此。后来王维在去世前，为朝廷上表，把他的辋川山庄捐为佛寺，名"清源寺"。王维过世后，鹿群们常来围着清源寺门前的王维手植银杏树转圈，深情凭吊他们的恩人王摩诘。于是，寺里的僧人就把寺名改为了"鹿苑寺"。鹿苑寺也一直存续到20世纪建国防厂子时才被拆毁。

据史书记载，清代乾隆四十八年，鹿苑寺门前已"高逾数丈，大可十围"的王维手植银杏树却不知什么原因枯死了。这令常来围树凭吊纪念王维的鹿群们十分伤心，这可是恩人留下来唯一可寄托思念的活物。于是，鹿群们围着死去的大树，发出"呦呦"哀鸣，流下伤心的眼泪，久久不愿离去。鹿们越聚越多，流下的眼泪竟汇成了细流，渗进树根。第二年春天，银杏树竟然又奇迹般地活了！史书上记载的原话是"发秀重荣，开花再实"。直至今日，这棵历经1200多年风雨的银杏古树，依然挺拔葱茏，花果不绝，给前来追思王维的游人们以无限遐思。

白皮松传奇

来到辋川，会发现这里漫山遍野都生长着郁郁葱葱的白皮松，幼树嫩绿欲滴，老树白干翠衣，这不仅是辋川的一道美丽的风景线，而且也是这里农民发家致富的支柱产业，村里几乎家家户户都靠卖白皮松树苗买了小汽车，在城里买了住宅楼。

话说天才少年王维15岁时离开山西老家，到京城长安和东都洛阳游学。由于王维不仅诗写得"盖帽"，而且琴棋书画样样精通，所以很快有了名声，并和不少王公名流成了朋友。

转眼王维19岁那年，适逢朝廷三年一度的进士开科考试。品学兼优的王维踌躇满志，意在夺得状元。按当时的风气，这得有权威人士的举荐才有可能夺取状元。听说宰相的弟弟张九皋已被公主举荐了，但王维还想凭着自己的实力搏一搏。他找到自己的诗友岐王李范（也就是唐玄宗皇帝的弟弟）想办法，按照岐王的指点，王维做了三点准备：一是设计了一套非常漂亮的白色舞衣叫"郁轮袍"；二是仿照《霓裳羽衣曲》，创作了一部音调优美感人的《郁轮袍》乐曲；三是把自己最好的诗抄录了10首。5天后，趁着公主举行宴会，李范以舞乐助兴为由,让身着郁轮白袍的王维与另一个也是一袭白袍的高挑姑娘对舞,带领一众红衣舞女为宴会献舞。妙年洁白、风流倜傥的王维,一下就跳入了公主的眼帘。公主问岐王,那个领舞的漂亮小伙是什么人?岐王意味深长地笑而作答:一个深通音乐的人。公主听出话外有音,就命取琵琶来让王维弹奏。王维胸有成竹,一支新曲《郁轮袍》深深地拨动了在场聆听者的心弦,不光满座宾客为之动容,公主也连连惊叹说:世上竟还有这等音乐超人!岐王趁热打铁说,这位书生不仅乐道高超,诗也写得长安城里没有第二人可以比得上。公主便问王维:有新作的诗没有?王维献上抄好的诗卷,当公主读到"独在异乡为异客,每逢佳节倍思亲。遥知兄弟登高处,遍插茱萸少一人"时,惊叹得不得了,说道:这些诗都是我经常朗读背诵的,原来以为是古代名家作品,没想到竟是你写的!快快快,换了衣服坐在我跟前说话。闲谈中,公主问王维,像你这等少年才俊,为什么不参加科举考试呢?王维说,我若不能得到举子头名的推荐,是不会进考场的。但我听说这个位置已经有人了。公主说,这有什么?不就是我一句话么!于是,王维以头名举子的条件,加上出众的答卷,一举夺得开元九年(721)的新科状元。

办成了这件人生大事,王维要感激的人,除了岐王和公主外,还有一个人,就是和王维伴舞的那位高挑姑娘,她名叫玉娘。其实这个玉娘出身不一般,她原是官宦人家的女儿,自小就琴棋诗书无一不通,只是因家里犯了事被满门抄斩,只剩她一人沦为舞女。这次王维事先和玉娘一起排练时,玉娘精益求精、一丝不苟的认真劲令王维很是感激;玉娘婀娜曼妙的舞姿,也带给了王维《郁轮袍》乐曲的创作灵感。宴会上一对身着白衣的俊男靓女，一个弹琴，一个伴舞，琴瑟和鸣，也给表演的成功添分不少。事后王维还找过玉娘表演新创作的舞曲，一来二去，两人互生情愫，便定下终身。

按说也到了谈婚论嫁的年龄，谁知王维进士及第封官后椅子还没坐热，就受一个政治事件牵连，被贬官到了山东、河南做了比芝麻粒还小的杂事小官，这一走就是9年。忠贞的玉娘并没有因王维倒霉离他而去，她打定主意今生非王维不嫁。9年后，王维回到长安，这对有情人终成眷属。谁知婚后3年，玉娘因难产去世，不久后他们的孩子也夭折了。经此变故，30岁的王维陷入长久的痛苦之中不能自拔。他日夜思念玉娘，决心今生感情只给玉娘一人，发誓永不再娶。后来到辋川隐居，就把玉娘的墓也迁到辋川庄旁。他特意在玉娘的坟头种下一棵松树，常常呆望着亭亭玉立、树干总是被他刷得雪白的小松树，这时王维眼前就浮现出一袭白衣翩翩起舞的玉娘的幻影。这样王维就更加用心用意把树干刷白。谁知年深日久，不仅这棵松树的树皮变白了，而且连这棵树上结的松子和种出的树苗都长成白皮松了。后来，白皮松繁衍得满辋川都是。

又过了30年，61岁信守誓言至死未娶的王维去世，按照他的遗愿，被安葬在辋川庄之西玉娘的墓侧。天国里，他和玉娘终于又在一起了。

辋川山里的松树，树叶每束的松针数，不是两针（油松），就是五针（华山松），唯独白皮松是三针。听老人们说，这是王维、玉娘和他们的孩子三人的精气所化。

王维辋川 20 问

1. 王维在辋川隐居了多长时间？

王维入住辋川时间，缺乏历史文献记载，但有一则史料可为佐证：王维诗友储光羲写过去辋川拜访王维的诗，称王维为"王维补阙"，而王维是天宝元年（742）到天宝三载（744）期间任官左补阙的。据此推断，王维最迟应于天宝三载（744）开始经营辋川。居辋川的终结时间一般算到乾元二年（759）王维给朝廷上表将辋川山居捐为佛寺为止，前后最少15年。

2. 王维的名和字有什么来历吗？

王维，名维，字摩诘，号摩诘居士，他的名、字和佛教有密切关系。王维父亲去世很早，母亲崔氏虔诚奉佛，"师事大照禅师三十余年"。佛教有一部著名的《维摩诘经》，是对中国佛教影响最大的一部佛经。该经的主人公"维摩诘"，这个名字意译为"以洁净、没有染污而称的人"。王维便将"维摩诘"三个字分别作为他的名和字。

3. 辋川有王维留下的后裔吗？官上村的王姓是吗？

王维30岁妻亡后没有再娶，所以没有儿女子孙。这从王维晚年给朝廷上的《责躬荐弟表》中的一段话也可得到证明："臣又逼近悬车，朝暮入地，阒然孤独，迥无子孙。弟之与臣，更相为命，两人又俱白首，一别恐隔黄泉。傥得同居，相视而没，泯灭之际，魂魄有依。"官上村是王维入住辋川前期居所的遗址所在，王维《辋川集·孟城坳》诗中有"新家孟城口"之句可证。该村前身是公元417年南朝宋武帝刘裕征关中时所建的兵营性质的关城，待300余年后王维入住时，城墙虽还残存，但已变为一个村民较多的居民集中点了，现今仍是辋峪中最大的村子。王姓是该村居民人数比例较多的，但应该与王维没有关系。

4. 王缙也曾与兄同居辋川吗？

据《新唐书·王缙传》记载："（王缙）少好学，与兄维俱以名闻，举草泽、文辞清丽科上第。"可知王维、王缙兄弟俱聪颖早慧，王维21岁进士及第，王缙27岁中"高才沉沦草泽自举"科，任侍御史，转兵部员外郎等官。王维于天宝初得辋川别业时，王缙已40余岁，应是早已入仕去外地任官了，故长住辋川的可能性不大，在辋川隐居就更无可能性了。但由于其母崔氏晚年随兄王维长居辋川，王缙常来辋川探亲或小住应是情理中事。唐代《卢氏杂记》云："缙与兄维同居辋川别业，好与人作碑铭，有送润毫（稿费）者，误扣其兄门，维曰：'大作家在那边'。"此系轶事趣闻，即使有，地点也不大可能是在封闭的辋川。王缙与兄王维同居辋川事，在王维诗文中亦无相关证据。

5.王维可以由辋川驾一叶小舟前往长安吗？

《旧唐书·王维传》中有王维在辋川"与道友裴迪浮舟往来"的记载，有的网络文章也有"王维出了长安，驾一叶小舟直达辋川"的说法。现今连接辋川和西安的辋河和灞河，流量小，到下游常出现断流，说驾船通行完全不可想象。那么，上述这些说法会是真的吗？

原来，王维居辋川时，辋谷内曾存在过一面逶迤近10里的谷间湖泊，叫欹湖，是王维写诗吟诵过的"辋川二十景"之一，王维也有泛舟欹湖的诗句。但王维去世后不长时间，欹湖就干涸消失了。辋峪宽阔平坦，有形成湖泊的地理条件，但辋口却号称"阎王碥"，险阻异常，巨石如屋，有文章形容辋水是从嶙峋巨石间"挤出"，根本没有行船条件。加之辋河和灞河皆落差大、流量小，历史上从无行船河运的记载。因此，说王维"浮舟去辋下长安"只能是诗意的想象。

6.尚书右丞是右丞相吗？

不是。唐朝国家机构为"三省六部"制，三省是尚书省、门下省和中书省；六部是尚书省（相当于国务院）所属的礼部、吏部、兵部、户部、刑部和工部。尚书省是最高行政机关，主官为尚书令,但唐代大部分时间尚书令是虚置的(为了避唐太宗讳,唐太宗继位前曾任职尚书令),以副职尚书仆射(púyè)管省事,并设辅助佐官左、右丞各一人。尚书令为正二品,仆射为从二品,左丞、右丞分别为正四品和正四品下。王维就是任正四品下的尚书右丞之职,分管兵部、刑部、工部,地位相当于是副宰相的副手。

7. 王维墓有墓碑、墓志吗?

《新唐书》云:王维"母亡,表辋川第为寺,终葬其西。"但没记载有无墓碑。南宋人陈思所纂《宝刻丛编》引用北宋人田概的《京兆金石录》记载有王维墓碑的有关信息:唐代右丞王维碑,唐庾承宣撰碑文,郑絪(yīn)书丹,贞元三年(787)立。庾承宣,贞元十年(794)及进士第,在唐德宗朝任检校吏部尚书、天平军节度使等。郑絪(752—829)为唐德宗时宰相。但历史文献中没留下此碑的碑文以及碑石立于何处和存毁情况的有关记载。清代县志和民国《续修蓝田县志》记载有"唐王右丞维墓碑,为前乾隆时督邮使程兆声立。"但在清代和民国时的有关辋川游记中没有见到有关此墓碑的记载,该墓碑的下落不明。

8. 王维写辋川生活的诗文有多少?

据当代学者陈铁民统计,王维存世作品的精确数字为:诗374首,散文70篇,诗文总计444篇。其写于辋川并且内容与辋川隐逸生活或与辋川、蓝田有关的,共约70篇左右。其中知名度最高并被选入大中小学教材的,有诗作《山居秋暝》《鹿柴》《竹里馆》《辛夷坞》《山中》《积雨辋川庄作》等。王维在辋川还写过一篇信札体散文《山中与裴秀才迪书》,是王维一生唯一的一篇山水散文,历代评价很高。

9. 王维在辋川有几处居所?

两处。初入辋川者,为购买宋之问的辋川山庄,遗址为今官上村,其前身为南朝宋武帝刘裕所建军事性质的关城叫孟城,有王维"新家孟城口"诗句为证。后期居辋峪南端飞云山南麓(今白家坪村东大银杏树处),王维去世前曾上表朝廷将其捐为佛寺,名清源寺(后更名为鹿苑寺),耿湋凭吊王维诗《题清源寺》题下注"即王右丞故宅"。

10. 既然王维辋川居第只有孟城坳和飞云山两处,那么"辋口庄"又是怎么回事?

王维《辋川集·孟城坳》有诗句"新家孟城口",就是说他的新家在孟城("孟城口"的这个"口"字本无实际含义,只是为了和后边的"柳""有"押韵)。但《旧唐书》本传或依此句将"孟城口"演绎成"辋口":"得宋之问蓝田别墅,在辋口",致使后人的诗画中遂出现有"辋口庄"。其实,在王维诗文里从没有"辋口庄"的说法,且辋峪口狭窄险峻的地形,没有建庄的条件,从古到今也从没有建庄的事实。

291

11. 为什么说隐逸辋川是王维一生 5 次隐居中时间最长的一次正式隐居?

王维有浓厚的隐逸情怀,一生隐居连同辋川在内共有 5 次:一隐终南山,是 18 岁时与好友祖自虚在长安洛阳游学时的短暂行为;二隐淇上,系从济州调河南淇上复又弃官时,在开元十六年（728）前后;三隐河南嵩山,是献诗张九龄后于开元二十二年（734）至二十三年（735）之间暂隐等待入仕机会;四隐终南山,是开元二十九年（741）知南选回长安后,时间一年左右;五隐辋川,最迟于天宝三载（744）开始,至乾元二年（759）表庄为寺止,历时至少 15 年,是时间最长的一次正式隐居。

12.《辋川图》的真迹还在吗?

《辋川图》是王维以"辋川二十景"为题材,在他的飞云山故居墙壁上绘制的巨幅壁画。王维施庄为寺后,壁画归清源寺所有,后疑于唐末"会昌灭佛"事件中寺毁画亡。但其画稿绢本《辋川图》被该寺住持子良赠予宰相李吉甫而流传后世至元末失传。从北宋开始,陆续出现了许多临摹本《辋川图》,其中最有名的,是郭忠恕的临本《辋川图》。郭忠恕（？—977）,五代末至宋初画家,据说郭忠恕是亲临于王维《辋川图》样稿,所以被认为是最接近王维原作的"嫡传"。郭图为绢本,现藏于台北故宫博物院。蓝田县保存有《辋川图》石刻本的原碑和拓片,是明万历年间知县沈国华从三原县收藏大家来复处得到了郭忠恕临本原图,聘其同乡山西上党刻石画家能匠郭世元刻制的。该碑现保藏在蓝田县文管所,其拓片被芝加哥东方图书馆、新泽西州普林斯顿大学博物馆和日本大阪市立美术馆收藏。

13. 王维在辋川写过他一生唯一的一篇山水散文是什么?

是《山中与裴秀才迪书》。这是一封写给好友裴迪的信,写信的用意是邀请他春来共赏辋川佳景。全文以清丽淡雅的文字,刻画了辋川寒冬与仲春、月夜与白天种种不同的景色,生动鲜明,天然入妙,动静有致,富于诗情画意。从艺术表现方法、意境、风格和情调来看,与《辋川集》实有异曲同工之妙。可以说,它是书札中的诗,或诗化的书札。

14. 关于王维生年历史记载有何矛盾?

现在的文学史著作、工具书和中小学教材,大多数都说王维是生于公元701年,但这个说法是有问题的。由于古代文献中没有关于王维生年的记载,这个701年是清人赵殿成在其《王右丞集笺注》中根据《旧唐书》记载的王维"上元二年(761)七月卒","年六十一"这些信息推算出来的。但据确切史料,王维胞弟王缙生于公元700年,这就出现了"弟大于兄"无法解释的矛盾。近年来学界对此有大量的研讨论文发表,提出了王维生于公元692年、694年、695年、699年、700年等多种说法,但都因证据不足而不能形成共识。

15.《辋川志》的编纂时间和内容是怎样的？

据清道光年间蓝田知县胡元煐在《重修辋川志·序》里说："辋川旧志，前明荣御史华所撰也。是书旧已失传。"直到330多年后的清道光十七年（1837），知县胡元煐才主持编纂了《重修辋川志》。这部专志包括图考、名胜、人物、金石、杂记、文徵共6卷，约2.5万字。由于辋川遗迹的湮灭、前志失传和编撰者水平的限制，这部志书虽考证粗略，记述讹缺、模糊之处甚多，但却抢救性地整理、保存了一批文献资料，其史料价值和历史贡献都是值得珍视的。

16.陪伴王维隐居辋川的裴迪，是怎样一个人？

文献史料有关裴迪的记载很少，且大多数不详实可靠。例如，教科书、辞典和网上文章等大都说裴迪生卒年不详，字、号不详，说是关中人，却不知为何县。说其曾任蜀州刺史及尚书省郎、张九龄荆州府幕僚等，但皆无确切依据。经有的学者考证，裴迪祖籍河东闻喜（今山西运城闻喜县），约生于开元六年（718）。父亲裴数珍，曾任低级官吏薛王府曹参军，在长安新昌坊（今青龙寺附近）有宅第，有裴回、裴迪等5个（或6个）儿子，唯一为官的长兄病故后，裴家陷于困窘，裴迪就是在这种情况下，从天宝初随同王维暂寓辋川，边隐居边温经备考的，但史料未见有其登第的记载。他上元年间曾入蜀作刺史王缙的幕僚，与杜甫有唱和，其后不知所终。

17. 王维在蓝田隐居，与地方官员有交往吗？

肯定有来往，但留下的线索不多，只有两条。一是王维有一首诗《赠刘蓝田》，记述他因夜间篱外狗吠出门察看，偶尔听到一伙去县衙交赋税夜归的农人抱怨税重之苦，他耿耿于心，于是专门写诗给蓝田刘县令，让他过问一下是非曲直。再就是与新任蓝田县尉钱起有三年半时间的交往。二人相交于王维患难之时，时间虽短却一见倾心，遂成忘年、莫逆之交。王维写给钱起的诗有《春夜竹亭赠钱少府归蓝田》《送钱少府还蓝田》，钱起也写诗相酬唱。王维去世后，钱起作诗《故王维右丞堂前芍药花开凄然感怀》深切缅怀。与王维的交往深刻地影响了钱起的人生和诗风。

18. "辋川二十景"的现状是怎样的？

王维在《辋川集·序》里提到了他和裴迪一起游赏过的孟城坳、欹湖、鹿柴、辛夷坞等20处辋川胜处名称，这被后世称为"辋川二十景"。由于王维及其诗、文、画的深远影响，"辋川二十景"有着非常高的知名度，成为王维隐居辋川的重要标志。但历经千多年的岁月沧桑，"二十景"大多名存实亡，遗迹湮灭，无法辨识了。蓝田县王维文化研究会成立后，把寻找"辋川二十景"作为重要的历史使命。经过近10年的艰苦工作，已初步确认了其中15处景点遗址的所在，并对于部分景点立碑标识。这项研究成果的取得，为保护和恢复王维辋川别业、打造王维辋川文化旅游景区奠定了基础。

19. 听说古代于鹿苑寺前立有不少石碑，不知现状如何？

是的，明清两代地方政府共为王维辋川别业刻立碑石4批，计碑20块，包括有：明嘉靖九年知县韩瓒所立《辋川四季图》碑4块、万历三十一年知县王邦才所立《辋川图赋》碑1块、万历四十五年知县沈国华所立《仿王维辋川图》以及名人题跋、游记等碑共10块、清道光十七年知县胡元焕所立《辋川全图》《仿辋川图》以及名人题跋碑共5块。这些碑石原立于鹿苑寺前，后随着寺院倾圮，碑石佚散于废墟荒草之中。乾隆四十年（1775）知县阮曙将其由辋川移回县府择地收藏。现在，这20块碑石，除两块已毁但拓片尚存外，其余18块碑石，有9块收藏于蓝田县文管所仓库，另9块在蓝田县蔡文姬纪念馆陈列展出。

20. 王维留下了这么丰厚的历史文化遗存，辋川为什么没有王维纪念建筑？

原先是有的。王维去世前表庄为寺后，飞云山王维山庄即改成清源寺，后更名鹿苑寺。明嘉靖八年（1529）由御史李东筹划，知县韩瓒依原寺庙首建王右丞祠。乾隆四十八年（1783）知县周崧晓、道光十五年（1835）知县胡元焕曾重修。寺和祠一直存续到20世纪60年代"三线建设"中向阳公司建厂时被拆毁，原址一直为该军工企业所占用。1991年第一届全国王维学术研讨会，即中国王维研究会成立大会时，与会专家、学者曾就保护和修复王维辋川别业发出呼吁，多年来地方政府也为此多方努力，但核心遗址被占问题一直得不到解决，故建造王维辋川纪念建筑问题一直不能纳入政府议事日程。近期获悉，该企业因故要迁走位于核心遗址区的军工库房，几代人在原址上建造王维辋川纪念建筑的期盼有望实现了。

王维辋川诗存目

　　王维辋川诗，是指王维居住辋川期间所创作的，题材多为有关辋川自然山水、田园风光以及辋川隐居生活的诗篇。这些作品产生于天宝初至上元二年（761）这段时间内，但每首诗的具体写作时间大多不可确考。现将王维辋川诗诗目按体裁分类罗列于后，计近体51首，古体19首，总计70首。

　　需要说明的有三点。一是笔者认为王维隐居终南和隐居辋川，是发生在不同时段、不同地点的两回事，所以辋川诗自然不包括王维写于终南山的诗。二是对于王维集中哪些诗属于辋川诗，学界看法虽大体趋同，但由于个别诗作因信息简略或特征不明显，判断存在争议。所以本次统计所云王维辋川诗70首，也只能是个接近实际的约数，做不到绝对精确。三是王维居住辋川时长超过其创作年龄段时长的三分之一，但其70首辋川诗，仅占其全部诗歌（374首）的比例不到五分之一，这一比例似不相称。令人费解的是，王维长期隐居辋川，但辋川的地方特有景物，如道教胜地锡水仙洞、全国极少而辋川特有的漫山遍野的白皮松等，都没有出现在王维笔下；王维因半官半隐而会无数次来往于辋川与京城长安之间，进出辋川的路径及途经情形，想必可入诗的机会和题材应不会少，但除《山中与裴秀才迪书》一文对此略有提及外，竟无一诗一语涉及；对于逝于辋川的母亲，也没有一首致悼之诗……这些令人费解之处，答案也许就隐藏在《旧唐书》的这段记载之中：

代宗时，缙为宰相，代宗好文，常谓缙曰："卿之伯氏，天宝中诗名冠代，朕尝于诸王座闻其乐章。今有多少文集，卿可进来。"缙曰："臣兄开元中诗百千余篇，天宝事后，十不存一。比于中外亲故间相与编缀，都得四百余篇。"

近体诗 51 首

1.《辋川集》20 首

　　① 孟城坳

　　② 华子冈

　　③ 文杏馆

　　④ 斤竹岭

　　⑤ 鹿柴

　　⑥ 木兰柴

　　⑦ 茱萸沜

　　⑧ 宫槐陌

299

⑨ 临湖亭

⑩ 南垞

⑪ 欹湖

⑫ 柳浪

⑬ 栾家濑

⑭ 金屑泉

⑮ 白石滩

⑯ 北垞

⑰ 竹里馆

⑱ 辛夷坞

⑲ 漆园

⑳ 椒园

21. 辋川别业

22. 春园即事

23. 山中示弟

24. 辋川闲居

25. 山居秋暝

26. 山居即事

27. 田园乐七首

34. 戏题辋川别业

35. 登裴迪秀才小台作

36. 临高台送黎拾遗

37. 秋夜独坐

38. 酬张少府

39. 酌酒与裴迪

40. 泛前陂

41. 辋川闲居赠裴秀才迪

42. 归辋川作

43. 黎拾遗昕裴秀才迪见过秋夜对雨之作

44. 酬虞部苏员外过蓝田别业不见留之作

45. 郑果州相过

46. 酌酒与裴迪

47. 积雨辋川庄作

48. 山中送别

49. 早秋山中作

50. 别辋川别业

51. 题辋川图

古体诗 19 首

1. 林园即事寄舍弟紞

2. 新晴野望

3. 与卢员外象过崔处士兴宗林亭

4. 赠刘蓝田

5. 答裴迪辋口遇雨忆终南山之作

6. 崔濮阳兄季重前山兴

7. 蓝田山石门精舍

8. 游感化寺

9. 赠裴十迪

10. 秋夜独坐怀内弟崔兴宗

11. 青雀歌

12. 春中田园作

13. 崔兴宗写真咏

14. 赠裴迪

15. 山中

16. 过感化寺昙兴上人山院

17. 闻裴秀才迪吟诗因戏赠

18. 山茱萸

19. 酬诸公见过

历代仿王维《辋川图》名作辑目

（系网络资料汇集，未能逐一核实，仅供参考）

一、水墨本

1. 宋·佚名《辋川图卷》，纸本水墨，尺寸未详，中国国家博物馆藏。

2. 《辋川图》，作者不详，卷纸墨 43.8 厘米 ×959.4 厘米，台北故宫博物院藏。

3. 唐棣《辋川图卷》，绢墨着色 34.7 厘米 ×955.5 厘米，京都国立博物馆藏。

4. 《临王维辋川图》，作者不详，卷绢墨 25.9 厘米 ×492.5 厘米，芝加哥美术馆藏。

5. 关世运《辋川图卷》，卷绢墨 31.1 厘米 ×591.5 厘米，大英博物馆藏。

6. 张积素《辋川图卷》，卷绢墨 30.8 厘米 ×390.5 厘米，景元斋藏。

7.董其昌《临郭忠恕山水》，水墨，尺寸不详，斯德哥尔摩国家博物院藏。

8.沈周《辋川图》，绢，尺寸不详，拍品。

9.王翚《辋川图》，水墨，尺寸不详，美国翁万戈藏。

10.王原祁《辋川图卷》，水墨纸本35.6厘米×545.5厘米，美国大都会博物馆藏。

二、设色本

1.郭忠恕《辋川图》，绢本设色卷29厘米×490.43厘米，台北故宫博物院藏。

2.王蒙《仿王维辋川图卷》，绢着色30厘米×1075.6厘米，美国弗利尔美术馆藏。

3.赵令穰《临王维辋川图》，卷绢着色32.6厘米×472.3厘米，日本大阪私人收藏藏。

4.李公麟《临王维辋川图》，卷绢着色25.9厘米×548.6厘米，芝加哥美术馆藏。

5.《临王维辋川图》，作者不详，卷绢着色30.4厘米×368.2厘米，台北故宫博物馆藏。

6.赵孟𫖯《摹王维辋川揽胜图》，卷绢着色41厘米×990.8厘米，大英博物馆藏。

7.商琦《临王维辋川图》，卷绢着色28.9厘米×493.1厘米，日本圣福寺藏。

8.文徵明《临王维辋川图卷》，卷绢着色30厘米×437厘米，畏垒堂藏。

9. 宋旭《辋川图卷》，卷绢设色 31.4 厘米 ×890.4 厘米，拍品。

10. 钱杜《辋川图》，卷纸设色 24.3 厘米 ×265 厘米，上海博物馆藏。

11. 文徵明《临王维辋川图》，卷纸设色 37.6 厘米 ×344 厘米，芝加哥私人藏。

12. 仇英《辋川十景图》，青绿绢本 30.5 厘米 ×428 厘米，吉林省博物馆藏。

13. 王问、莫是龙《辋川揽胜》，青绿，尺寸不详，拍品。

14. 黄易《辋川图》，青绿，尺寸不详，拍品。

15. 金学坚《辋川图》，青绿，尺寸不详，西泠拍品。

16. 沈源、曹夔音《辋川二十景》，青绿，尺寸不详，西泠拍品。

三、石刻本

1. 郭世元《仿郭忠恕王维辋川图》，石刻，共 6 块，104 厘米 ×30 厘米／每方，蓝田县文管所藏。

2. 郭世元《仿郭忠恕王维辋川图》，石刻拓片，31 厘米 ×825.5 厘米，现藏地有：①日本大阪美术馆；②美国普林斯顿大学艺术馆；③美国芝加哥东方图书馆。

王维辋川大事记

唐五代

- 天宝三载（744），王维44岁，在长安为左补阙。得宋之问蓝田山庄、始营辋川别业，最晚当在本年。以吟诵"新家孟城口"的《孟城坳》诗打头的组诗《辋川集》，当作于本年或稍晚。
- 天宝四载（745），王维45岁，迁官侍御史。曾"受制出使"，在南阳郡临湍驿中与神会和尚晤谈，问"若为修道"事。出使榆林、新秦二郡，疑在本年。
- 天宝五载（746），王维46岁。本年春由榆林、新秦二郡归，《辋川别业》诗云"不到东山向一年"，应是指此次出使事。转任库部员外郎疑在本年。
- 天宝六载（747），王维47岁，任官库部员外郎。
- 天宝七载（748），王维48岁，迁官库部郎中，疑在本年。

• 天宝八载（749），王维49岁，任官库部郎中。闰六月，太子太师徐国公萧嵩薨，同年下葬，王维为其作挽歌。本年（或下年）夏，王维与卢象、王缙、裴迪、崔兴宗于崔氏庄雅集，以"崔氏林亭"和"青雀"为题相唱和。

• 天宝九载（750），王维50岁。三月初，因母亲亡故，王维离朝屏居辋川丁母忧。记述朝廷朋友来辋川探望的《酬诸公见过》诗当作于本年或下年。

• 天宝十载（751），王维51岁。本年仍屏居辋川守母丧。十月，吴郡别驾前京兆尹韩朝宗葬于蓝田白鹿原，王维为其作墓志铭。

• 天宝十一载（752），王维52岁。三月初，王维孝满回朝，拜官吏部郎中。本年，吏部改为文部后，王维仍守此职。

• 天宝十二载（753），王维53岁，任官文部郎中。本年夏，考功郎中李峘被杨国忠排挤出为睢阳太守，王维作诗送之。秋，李岘（李峘之弟）出为魏郡守，秘书监晁衡（日名阿倍仲麻吕）回日本国，王维皆有诗送行。

• 天宝十三载（754），王维54岁，任官文部郎中。

• 天宝十四载（755），王维55岁，转任给事中。

• 天宝十五载（756），王维56岁，仍为给事中。高僧元崇来辋川拜访王维，疑在本年年初。上年十一月，安禄山反唐。本年六月，安禄山兵陷潼关，不久攻陷长安。唐玄宗出逃蜀州，王维扈从不及，为贼所俘。王维服药装病潜逃不成。于是被严加看守，不久被押送洛阳，拘于菩提寺。七月，唐肃宗李亨即位于灵武，改年号为至德。八月，安禄山宴其群臣于凝碧池，命梨园诸工奏乐，诸工皆泣，拒不演奏的乐工雷海清被当众肢解。裴迪探望王维于菩提寺，并告之以凝碧池悲剧。王维闻之悲甚，私下口诵《凝碧池》诗。九月之后，被迫接受安禄山伪职给事中。

• 至德二载（757），王维57岁。九月，唐朝军收复西京长安。十月收东京洛阳，王维及诸陷贼官皆被押回长安。王维在长安，与郑虔、张通等一块囚于宣阳里杨国忠旧宅。十二月，陷贼官被按六等定罪，王维因《凝碧池》诗"闻于行在"，且其时弟王缙官位已高，请削己职以赎兄罪，唐肃宗遂免除了对王维的处罚。

• 乾元元年（758），王维58岁。本年春王维复官，授太子中允，加集贤殿学士；迁太子中庶子、中书舍人。官舍人时，同贾至、岑参、杜甫等并为两省僚友，唱和甚盛，有《和贾舍人早朝大明宫之作》。本年六月之前，严武为京兆少尹，王维曾与之往来。本年秋，又任给事中。本年早春王维复官前，新任蓝田县尉钱起来长安王维宅第拜访王维，二人于竹亭中彻夜长谈，王维有《春夜竹亭赠钱少府归蓝田》诗相赠。本年秋，杜甫由华州司功参军任上来蓝田拜访王维，逢王维不在辋川，遂至崔兴宗山庄共度重阳节，并有诗《崔氏东山草堂》《蓝田九日崔氏庄》。

• 乾元二年（759），王维59岁，任官给事中。本年春，钱起又一次来长安拜会王维，王维有《送钱少府还蓝田》诗相赠，并告钱曰："今年寒食酒，应是返柴扉"。"表庄为寺"最早当在本年春后。王维辋川庄捐为佛寺后，名"清源寺"，后更名为"鹿苑寺"。

• 上元元年（760），王维60岁。本年夏，转官尚书右丞。王维曾上表朝廷，请求交回前任中书舍人和给事中的两份职分田。（因皇帝批准只收缴一份）再次上表请求交回另一份职分田所产谷物以赈济灾民。

• 上元二年（761），王维61岁，仍官尚书右丞。本年初春，河南尹严武至王维宅第访别，各赋诗十韵。本年春，弟王缙为蜀州刺史未还京，王维上《责躬荐弟表》，请求尽削己官，放归田里，使弟弟王缙得还京师。五月四日，王缙被朝廷新授左散骑常侍之职，王维进谢恩状。七月，王维病故，葬于辋川。

• 宝应元年（762），钱起前往辋川王维旧居凭吊王维最早当为本年，诗云："芍药花开出旧栏，春衫掩泪再来看。主人不在花长在，更胜青松守岁寒。"

• 宝应二年（763），唐代宗李豫下诏搜求王维诗文，王缙奉诏搜集整理后进献朝廷曰："臣兄开元中诗百千余篇，天宝事后，十不存一。比于中外亲故间相与编缀，都得四百余篇。"存世最早的北宋蜀刻本《王摩诘文集》（十卷）

• 元和四年（809）八月十三日，宰相李吉甫于王维《辋川图》绢本后作跋云："蓝田县鹿苑寺主僧子赟贽于予……予阅玩珍重，永为家藏。"

• 王维逝后，来辋川踏访或凭吊的唐诗人有：李端（《雨后游辋川》）、耿湋（《题清源寺》）、温庭筠（《寄清源寺僧》）、白居易（《宿清源寺》）、元稹（《辋川》《山竹枝》）、储嗣宗（《过王右丞书堂二首》）等。

- 后晋开运二年（945），刘昫等编著的《旧唐书》成，其《王维传》有关辋川的记载曰："得宋之问蓝田别墅，在辋口，辋水周于舍下，别涨竹洲花坞。与道友裴迪浮舟往来，弹琴赋诗，啸咏终日。尝聚其田园所为诗，号《辋川集》。"

宋、金

- 景祐元年（1034）八月，词人苏舜钦来游辋川并有诗《独游辋川》。

- 嘉祐五年（1060），欧阳修、宋祁等合撰的《新唐书》成，其《王维传》有关辋川的记载曰："别墅在辋川，地奇胜，有华子冈、欹湖、竹里馆、柳浪、茱萸沜、辛夷坞，与裴迪游其中，赋诗相酬为乐。丧妻不娶，孤居三十年。母亡，表辋川第为寺，终葬其西。"

- 南宋绍兴十五年、金皇统五年（1145），金大臣张通古与都运刘彦谦、总判李愿良同游辋川，并有诗《游辋川问山神》《代山神答》《鹿苑寺》。

- 金代诗人路铎曾到访辋川，有诗《辋川》。

元

- 本邑举人李谊，避元末乱隐居辋川。

- 元代诗人到访辋川并有诗者：张讷（《辋川歌》《辋川即事》）、吴镇（《王维终南草堂》《右丞秋山晚岫》）。

明

- 弘治十八年（1505）条重写：蓝田知县任文献与荣华之子荣察在荣华弘治中所撰初稿基础上修成首部《蓝田县志》，已早佚。另据清胡元焕《重修辋川志序》，荣华同时还撰有首部《辋川志》，亦佚。

- 嘉靖九年（1530）正月，由退休回籍监察御史李东策划，知县韩瓒于鹿苑寺刻立《辋川四季图》碑4块。据李东跋文称，此图底稿系委托陕西提学敖英从邠州访得之王维原作。此为最早一批为鹿苑寺立碑者。

- 隆庆五年（1571），回籍官吏李进思整理其父李东嘉靖八年（1529）所撰遗稿，刊刻成现今首部存世的《蓝田县志》（俗称"隆庆李志"）。志中收录的李东撰《辋川记》，为最早记载王维辋川遗迹的地方文献。

- 万历十七年（1589），布政使陈文烛偕王元吉、任重同游辋川，有《游辋川记》及《游辋川》诗二首。《游辋川记》于万历四十五年（1617）被刻成碑。

- 万历三十一年（1603），知县王邦才命艺匠摹辋川山水佳景刻成《辋川图》碑，碑上部刻其自撰的《辋川图赋》，立于鹿苑寺前。

- 万历四十五年（1617），知县沈国华于鹿苑寺前刻立以郭忠恕《辋川图》为蓝本的《辋川真迹二十景》碑石6块，并跋称其底稿系从三原收藏家来复处借得的郭忠恕所临王维真迹的原作，又聘请其同乡石刻艺人郭世元摹图刻石、华州书法及金石家郭宗昌题首。故清人翁方纲诗云"摹本二郭题一郭，池阳藏本咸阳镌"。同批次刻立的碑石还有名人题跋、游记等4块。这是蓝田历史上鹿苑寺刻碑规模最大的一次。

• 明代来访辋川并有诗的名人有：秦简王朱诚泳（《辋川》）、陕西提学何景明（《辋川》《鹿苑寺》）、陕西提学许孚远（《游辋川》）、陕西分巡道邢云路（《辋川》《入辋峪》《渡辋水》）、陕西按察副使佥事敖英（《辋川谒王右丞祠》）、《陪游辋川四绝呈两峰先生》、巡按御史张惟任（《游辋川》）、本邑进士、监察御史荣华（《忆辋川》）、本邑进士、监察御史李东《母塔坟前酒数杯》、户部尚书刘玑（《秋日游辋川过李两峰别业》《过母塔坟》）、礼部尚书顾清（《题辋川别业》）、江西巡按司佥事白悦（《辋川谒王右丞》）、工部尚书曾省吾（《将游辋川阻雨》）、刑部尚书王世贞（《王右丞维山居》）、监察御史、知县任文献（《九日游辋川》《辋川烟雨》）、本邑举人王之士（《辋川雪中之游》）。

清

• 顺治十七年（1660），知县郭显贤、周良翰同修、杨呈藻纂成《蓝田县志》（俗称"顺治郭志"），其对王维墓记载为："王右丞母博陵县君崔氏及右丞墓，俱在鹿原（苑）寺偏西。"此为蓝田地方志关于王维及其母墓的最早文字记载，嗣后的几部清代县志，皆沿用此记载（唯个别字有出入）。

• 乾隆四十年（1775），知县阮曙将因鹿苑寺倾圮散轶于荒草废墟间的前代碑石全部移回县城，镶嵌于玉山书院。

• 乾隆四十一年（1776），陕西巡抚毕沅刻立"王右丞母崔县君墓碑"。督邮使程兆声刻立"王右丞墓碑"。

•乾隆四十七年（1782）秋，陕西巡抚毕沅巡视汉中归途顺道游览辋川，有《访唐王右丞辋川别业二十首》诗。

•乾隆四十八年（1783），受巡抚毕沅指示，知县周松晓重修鹿苑寺及王右丞祠，翰林编修冯敏昌为撰《重修鹿苑寺并王右丞祠碑》文。碑文记载："先是寺前银杏一株，大可十围，高逾数丈，传为右丞所植而酷毙已久，萌蘖无存。忽于（王维祠成）是年发秀重荣，开花再实……居人叹美，邑里称奇。"

•道光十七年（1837），知县胡元煐在前志失传330年后，编纂成《重修辋川志》，并于鹿苑寺刻立了《辋川全图》《熊墨樵仿辋川图》以及名人题跋等共5块碑石，重修鹿苑寺及王右丞祠。其《重修辋川志》是现仍存世的唯一一部王维辋川专志。

•道光十八年（1838），关中某县县丞（或某府同知）周焕寓受同乡、蓝田知县胡元煐之邀，偕官员魏一德（字仁轩）、胡元煐从兄胡元燨游辋川，有《游辋川记》。

•光绪三十一年（1905），本邑儒学人士牛兆濂游辋川。

•清代来游辋川并有诗的名人有：刑部陕西司员外郎杨庆琛（《摩诘辋川》）、陕西巡抚、工部尚书张祥河（《辋川》）、翰林编修王作枢（《辋川二首》）、淳化文化名人宋振麟（《望辋川》）、河南地方官吏胡元燨（《游辋川》）、陕西督学许孙荃（《辋川怀古吟》）、某地方官吏魏一德（《游辋川歌》）、本邑学人韦束易（《辋川烟雨》）。

中华民国

• 民国九年（1920）农历四月十三，本邑儒学人士牛兆濂，偕社会名流卢子鹤、县知事李惟人等游辋川，有《游辋川记》。

• 民国二十四年（1935）九月，考古学者陈子怡所著《西京访古丛稿》出版，书中有《辋川地理考正》《终南山名胜概略》等篇章，系作者深入辋川进行实地考察撰成。其中记载："母塔坟……前有碑，乃毕秋帆（即毕沅）所立。"

• 民国二十四年（1935）九月，牛兆濂任主纂的《续修蓝田县志》完成，其《土地卷·陵墓》之"崔县君及王右丞维墓"条记载："旧志：王右丞维母博陵县君崔氏墓及王右丞墓，俱在鹿苑寺西。陈文烛《游辋川记》：蓝田飞云山前数里为清凉寺，门西数百步有墓，为'母塔（坟）'，右丞筑也。按：县南三十五里白家坪东有墓（园）方十亩，有柏十余株，中有塔，即'母塔坟'也。清乾隆年，督邮使程兆声立有碑。"（笔者按：此关于母塔坟碑的记载，与县志关于乾隆年间所立两碑的记载和民国陈子怡实地考证的"母塔坟……碑，乃毕秋帆所立"的记载均相抵牾）。

中华人民共和国

• 1956年、1988年和2009年，蓝田县文物管理部门根据三次全国文物普查要求，曾对王维辋川别业遗址做过调查和登记。但关于王维墓遗址所在位置，各次普查记录存在差异甚至矛盾。1988年普查资料云："（王维）墓封土已夷平，其母崔氏墓位于王维墓西约50米……两墓间有银杏树一株，传为王维手植。"2009年普查资料平面图中,王维墓位于古银杏树之侧,而同期制作的普查登记表却云:"王维墓位于……白家坪行政村南……8车间附近。"

• 1968年3月,交通部六处在修建辋川公路时,将位于白家坪村东南"母塔坟"墓园的王维母崔氏墓掘毁,出土有三彩陶片、白瓷碗、碟、壶、盂等文物。

• 1969年秋,"三线建设"中向阳公司为建厂房拆毁了鹿苑寺,并于鹿苑寺西侧处理地基时掘毁一座砖券大墓室。陕西省考古研究所王仁波到现场取走出土的3只瓷碗,经该所人员鉴定,确认为唐代文物,遂交陕西省博物馆库藏。此墓室位置与《新唐书》"母丧,表辋川第为寺,终葬其西"的记载相吻合,蓝田县王维文化研究会学者经考辨确认为王维墓。

• 1991年5月4日,由西安联合大学师范学院(即西安文理学院前身)和蓝田县人民政府联合发起的全国首届王维诗歌学术研讨会在西安召开,并成立了中国王维研究会。蓝田学者樊维岳、王文学应邀参会。与会专家、学者亲临辋川实地考察,并就修复王维辋川别业问题向蓝田县政府和全社会发出呼吁。之后先后于1995年5月和2000年5月在西安召开的第二、第三届学术研讨会,与会专家、学者到辋川进行考察;蓝田县委、县政府领导李少平曾在大会表态发言。

• 1994年7月新编《蓝田县志》出版,其关于王维墓的记载为:"王维墓位于辋川乡白家坪村东60米处……原墓地13.3亩……现被压在向阳公司14号厂房下……其母亦葬在此地……交通部六处修辋川公路时所毁。"(笔者按:此记载所云

13.3 亩墓地，实际系王维母崔氏墓即母塔坟之所在墓园，云王维墓亦位于此处无据）。

• 1995 年春，由蓝田籍画家范华发起，于辋川王维飞云山故居遗址附近建造一座小型王维纪念馆，后由民间画家庞青杰接手管理，至 2003 年停办。

• 1997 年《中国典籍与文化》04 期刊载中国王维研究会首任会长、中国社会科学院文学研究所研究员陈铁民《辋川别业遗址与王维辋川诗》一文，这是作者依其 1991 年 5 月、1995 年 5 月两次亲临辋川实地考察结果所撰。该文认为："辋川的二十处游止，并非都为王维所营造，归其所有，也不都在王维别业的范围内。"

• 20 世纪 70—90 年代，西安美术学院教务长、画家杨建兮带领美院师生，多次深入辋川写生，在此基础上创作山水画《辋川怀古》《辋川积雪》《空山新雨后》《坐看云起时》《明月松间照》《竹喧归浣女》《独坐幽篁里》等，多数发表在《人民画报》以及各地美术刊物上。

• 20 世纪 80—90 年代间，据不完全记载，来辋川考察的国外和中国台湾地区的专家、学者有：日本学者入谷仙界（共 4 次）、渡部英喜（1997—1999 年间共 6 次），新加坡学者萧驰（2012 年 5 月 9 日—28 日共 12 天），中国台湾学者简锦松（2010—2011 年共 3 次）。

• 2001 年 6 月，西安美术学院教授李鸿照带领中国画团队进驻辋川写生；10 月成立由李鸿照任院长的"辋川画院"（院舍借用向阳公司 16 工号所属旧校舍），经常来辋川基地写生创作的画家有 50 余人。2019 年 4 月 10 日，画院团体对王维辋川遗址进行文化考察，蓝田县王维文化研究会会长张效东全程担任向导并现场讲解。

• 2006 年 3 月，蓝田县文化学者曹永彬编著《重修辋川志》（校注本）内部出版。

• 2007 年 10 月，蓝田地方王维研究学者王文学所著《辋川对悟》由华夏出版社出版发行。这是作者多年研究王维辋川文化及王维诗歌艺术成果的结晶。

• 2008 年 3 月，蓝田地方文物工作者樊维岳所著《凤鸣玉山》由陕西旅游出版社出版发行。该书收集有作者数篇关于王维辋川文化的研究文章。

• 2015 年 2 月，在全县行政区划调整中，原辋川镇与玉川镇（玉川镇系之前由玉川乡和红门寺乡合并而成）合并为辋川镇。合并之前的所谓辋川镇（乡）所辖行政区域，大体为传统所谓的辋峪地域。

• 2015 年 8 月，陕西国画院院长、画家范华编著的《长安风格：唐·王维研究》由陕西人民美术出版社出版发行。书中收有作者深入辋川写生创作而成的水墨长卷《辋川图》，以及著名美术家张仃 1982 年辋川写生作品《辋川入口处》。

• 2015 年 9 月始，蓝田县王维辋川文化研究学者张效东带领其团队，深入王维辋川别业遗址区，系统地开展了对王维故居、墓葬、"辋川二十景"诸遗址和王维进出辋川路径的现地勘察考辨活动。经过历时 8 年的大量工作，终于得以确定王维及其母崔氏墓、王维孟城坳故居和"辋川二十景"的 15 处景

317

点的具体位置，初步探明了唐代时进出辋川的行经路线。据此撰写的《王维辋川庄考辨》和《"辋川二十景"考辨》（作者张效东）、《王维出入辋川路径与"辋川庄"地望考辨》（作者韩诠芳）分别被中国王维研究会编入《王维研究》第八、第九辑收录出版。

• 2016年10月国庆长假期间，蓝田县委、县政府为在全县掀起全域旅游热潮，采购陈忠实著《白鹿原》10000本、张效东著《历代蓝田诗选析》3000本，设5个旅游点免费赠书。县王维辋川文化研究学者张效东在辋川点为游客签名赠书。

• 2016年11月，西安文理学院教授、中国王维研究会创会会长师长泰所著《王维诗歌艺术论》由上海三联书店出版发行。该书收录有作者在多次深入辋川进行实地考察的基础上撰成的《论〈辋川集〉及蓝田辋川风景区的特色》《王维蓝田辋川诗地名释义考辨》《是感配寺，不是感化寺》《也说感化寺》等文章。

• 2017年1月26日（农历腊月二十九），习近平总书记在春节团拜会讲话中引用了王维《山中与裴秀才迪书》名句"草木蔓发，春山可望"。2019年12月13日，为配合宣传，新华社记者李林欣在辋川拍摄短视频素材，蓝田县王维辋川文化研究学者张效东协助拍摄。

• 2017年9月11日，中央电视台摄制的《蓝田白鹿魂》纪录片在央视科教频道首播，其中的《诗出辋川》部分，由蓝田县王维辋川文化研究学者张效东出镜协拍。这是国家级媒体首次依据王维辋川遗迹实景制作的影视作品。

• 2017年12月，新编《蓝田县志》出版发行。该志《文物旅游编》关于"鹿苑寺遗址"记载称："位于辋川乡白家坪村，为唐代王维别墅遗址。遗址平面呈长方形，南北长约270米，东西宽约120米，瓦砾堆积厚0.3—1米……2007年蓝田县人民政府将该遗址公布为第三批县级文物保护单位。"

• 2018年7月12日，在蓝田县文化局的大力支持、资助下，蓝田县王维文化研究会成立大会在县招待所举行，国内知名学者陈铁民、刘学智、费秉勋、杨军（书面发言）、张进、贺信民、李如冰、吕钢荣等应邀出席会议。研究会主办的泛学术会刊《蓝田文化研究》首发式也同时举行。本次会议还举行了蓝田县王维四吕文化旅游开发高层专家研讨会，蓝田县委书记陈顺利、副县长孙崇博分别到会讲话或主持会议。受邀与会的专家学者深入辋川进行考察，并就王维辋川和四吕乡约文化开发等问题提出建议。蓝田县电视台、《华商报》《三秦都市报》、凤凰网、新浪网等多家新闻媒体和数十家自媒体平台对以上活动进行了报道。

• 2018年蓝田县王维文化研究会成立后，每年都数次组织省内外、县内外王维文化爱好者、研究者到辋川进行王维文化考察，截至2023年年中，参与者逾千人次，在公众号等网络平台上发表了大量宣传王维辋川文化的诗文作品。

• 2018年10月23日，分别为中国王维研究会副会长、秘书长的西安文理学院张进教授、高萍副教授，应邀来辋川进行文化考察，蓝田县王维文化研究会会长张效东陪同考察。

• 2018年12月1日《人民日报》发表文章《行冬日辋川，

品山中色彩》，系该报记者高炳于当年 10 月 22 日深入辋川考察，并对蓝田县王维文化研究会会长张效东进行采访撰成。

• 2019 年 5 月 23 日，蓝田县王维文化研究会会长张效东应邀为武警西安支队八中队（向阳公司驻辋川警卫连）做王维辋川文化报告。

• 2019 年 11 月 27 日，蓝田县王维文化研究会会长张效东应邀在西安交通大学"学而讲坛·教授系列讲座"做关于王维辋川文化讲座。

• 2019 年 12 月 7 日，受西安交通旅游广播电台邀请，蓝田县王维文化研究会会长张效东携团队成员程社涛、王海霞、张恩宽、马晓毅、林小春、陈乐媛等，参加关于宣传王维辋川文化的广播直播节目。

• 2019 年 12 月 10 日，蓝田县王维文化研究会会长张效东、副会长刘弇应邀参加在王维故里山西祁县举行的第五届王维诗歌节，张效东在大会上作"寻找'辋川二十景'"的主题发言。

• 2019 年出版的本年度研究会会刊《蓝田文化研究》中刊载刘弇《"辋川真迹"书家究竟是谁》一文。该文是根据中国王维研究会副会长张进教授的提示，经会刊副主编阮新正、刘弇等查证大量历史文献和网络信息，反复考证甄别，终于查明历代县志记载的明刻《王维辋川图》组碑题首"辋川真迹"的书法作者为郭忠恕系误记，而真正的作者是金石、书法家郭宗昌。

• 2020 年 7 月，蓝田县作家协会主席曾宏根所著《诗佛王维与辋川》由西安出版社出版发行。

• 2020年9月18日，《陕西日报》所属的"群众新闻"栏目发布短视频新闻作品《行走渭河·蓝田辋川，诗佛王维住了14年》，该视频是由蓝田县王维文化研究会会长张效东出镜于辋川现场协助拍摄的。

• 2020年9月27日，由西安电视台主持人李朵主持的《长安说》视频直播平台，于辋川王维手植银杏树下进行有关王维辋川文化宣传直播，蓝田县王维文化研究会会长张效东出镜协拍，有7万多名网友收看了节目。

• 2020年10月21日，《华商报》在辋川进行王维别业实地探访现场直播，全国约150万名网友通过网络视频直播观看了节目。蓝田县王维文化研究会会长张效东及西北大学古代文学教研室讲师陶成科联袂出镜支持直播。

• 2020年11月20日，中国王维研究会挂靠单位西安文理学院文学院院负责同志，文学院教授、中国王维研究会副会长张进，文学院教授、中国王维研究会副会长兼秘书长高萍来辋川进行调研，蓝田县文旅局负责同志、蓝田县王维文化研究会会长张效东等陪同调研。

• 2020年12月，蓝田县王维文化研究会副会长刘弈编著的《重修辋川志校注》内部出版。

• 2021年9月至11月，为迎接中国王维研究会第九届年会暨国际王维学术研讨会的召开和与会专家学者莅临辋川参观，在蓝田县王维文化研究会的协助下，蓝田县文化和旅游体育局及辋川镇政府，在完善美丽乡村建设的基础上，对王维墓、王维孟城坳故居以及鹿柴、金屑泉、白石滩、欹湖等部分"辋川二十景"遗址，设置了指示标识牌，并刻立了王维、裴迪诗文碑石。

• 2021年11月6日，中国王维研究会第九届年会暨国际王维学术研讨会在西安召开（因疫情线上、线下结合，西安为线下会场），蓝田县王维文化研究会会长张效东，副会长刘弈、韩诠劳、朱永林各携带一篇学术论文参加会议，张效东应邀在大会上作《擦亮王维辋川这块唐诗丰碑》主题报告。本次4篇论文被收入中国王维研究会所编《王维研究》（第九辑）出版。

• 2021年11月25日，由中央电视台摄制的《跟着唐诗去旅行·王维长安》纪录片在央视纪录频道首播。该片是在蓝田辋川开机并以王维辋川遗迹实景为重点摄制的。蓝田县王维文化研究会会长张效东、副会长刘弈出镜与著名学者郦波配合摄制。

• 2022年5月8日，应蓝田县王维文化研究会邀请，中国王维研究会副会长张进教授、副会长兼秘书长高萍教授、资深王维研究学者梁瑜霞教授等来辋川，对唐代时王维进出辋川的路径和蓝关古道进行实地考察，蓝田县王维文化研究会会长张效东，副会长刘弈、韩诠劳，秘书长赵利陪同考察。

• 2022年10月23日，蓝田县王维文化研究会会长张效东受邀赴西安交通旅游广播电台，就王维辋川文化作了一期记者访谈节目。

• 2023年2月1日《人民日报》发表文章《蓝田，从诗里走来》（其中的《辋川》段落介绍王维辋川文化），此文系该报记者张丹华2022年6月25日深入辋川考察，并对蓝田县王维文化研究会会长张效东采访撰成。

•2023年3月6日，西安市委主要负责同志前往辋川王维别业遗址区调研历史文化遗产保护利用工作。蓝田县王维文化研究会会长张效东对王维辋川遗产、遗迹作了全面讲解。负责同志指示："蓝田文化底蕴深厚，丰富的历史文化遗产是一张金名片。要本着对历史负责、对人民负责、对未来负责的精神，深入挖掘文化价值，弘扬中华传统文化，让历史文化遗产绽放时代光彩。"

•2023年3月25日，蓝田县王维文化研究会抓住向阳公司动迁王维辋川别业遗址区企业库房的历史机遇、加紧推进恢复王维辋川别业建设事宜，呈递报告给蓝田县委、县政府负责同志批示：政府职能部门就此先行研究策划工作方案，待厂区搬迁后分步实施。

•2023年3月27日，蓝田县委、县政府主要负责同志带队到航天四院（即向阳公司），与企业就项目开发建设和老旧厂房改造利用进行座谈交流，并签订了战略合作协议。

•2023年6月15日，陕西电视台《都市快报》栏目组在王维辋川别业遗址区对蓝田县王维文化研究会会长张效东进行访谈，制作、播出了两组电视报道节目《快报记者带您寻觅王维辋川足迹，实际感受蓝田辋川的诗意与浪漫》之"千年手植银杏树篇"和"金屑泉篇"。

•2023年8月7日，由中央电视台"跟着书本去旅行"剧组摄制的《诗画终南·辋川行》（上、下集）在央视科教频道首播，其出镜嘉宾由蓝田县王维文化研究会会长张效东与陕西师范大学王伟教授联袂担任。该片是首次完全以王维辋川遗迹实景制作的影视作品。

· 2023年9月，蓝田县王维文化研究会副会长韩诠劳编撰完成《新编辋川志》，预计2025年内正式出版。

擦亮王维辋川这块唐诗丰碑

——在中国王维研究会第九届年会暨国际王维学术研讨会上的主题报告

尊敬的各位领导、各位专家学者：

很荣幸能代表我们蓝田县王维文化研究会在这样一个高规格大会上发言。

自从1200多年前，一个盛唐这位不朽灵魂踏上辋川这块土地，蓝田就与伟大诗人王维结下了不解之缘，辋川也因此成为盛唐文化和唐诗的一块丰碑，从而享誉古今，驰名中外。王维在辋川留下了一笔丰厚的文化遗产，使其成为国内王维文化遗存最多的地方，宛如一座开挖不尽的黄金富矿。

从唐玄宗天宝初年（742）到唐肃宗乾元元年（758），王维在辋川居住了至少15年，并与其母都终葬辋川。王维身后，留下了两处故居遗址、两处墓葬遗址和闻名遐迩的辋川别业"二十景"名胜地。其中保留有王维手植银杏树的飞云山王维故居，初名清源寺，后更名鹿苑寺，有僧人住持并一直存续至20世纪60年代，在"三线建设"中被拆毁。现在存世的王维关于辋川的诗作约70首，其中许多篇什和《辋川图》被认为是中国山水诗、山水画的巅峰之作，是中华优秀传统文化宝库中的璀璨明珠，深刻塑造了后世的文学创作与民族审美品格。

王维辋川文化，是底蕴厚重的蓝田地方文化最璀璨的篇章。明清时，蓝田地方政府编撰了两部《辋川志》，修建了王右丞祠，镌刻了20方包括《辋川图》在内的王维诗画和名人题跋纪念碑石。王维身后，历朝历代前来辋川凭吊王维踏访山水遗迹的仕宦名流、文人雅客接踵而至，留下无数动人的诗篇文赋，使辋川无愧于"中国诗谷"、"文学圣地"的美誉。

除了这些有形的文化遗产，王维还在辋川留下一笔宝贵的精神财富，愈发受到在现代社会生活的人们的珍视。王维辋川诗画中恬静淡泊、高雅绝俗的意蕴，无不浸润着中华民族的精神涵养和审美追求。王维辋川山水田园的生活方式，成为国人亲近自然山水、崇尚闲适生活的一个样板。王维的生活情趣和他揭示的人生意义，对当代社会生活有着重要的启示与借鉴。改革开放以来，络绎不绝涌进辋川的游众，有不少人就是困扰于现代都市生活的浮躁喧嚣，来辋川寻觅那份亲近自然的山水慢生活的本真。下一阶段，我们拟将王维辋川恬淡、闲适生活方式申报国家非物质文化遗产。

近年来，蓝田县持续推进全域旅游事业。蓝田县王维文化研究会于2018年应运而生，在政府职能部门的支持下，研究会对王维辋川文化遗产和遗迹做了较为系统、全面的挖掘、梳理和研究，基本摸清了王维辋川文化的底子，取得了一系列重要研究成果。包括有：通过反复深入的实地调查，找到了已湮灭在历史尘埃中的王维墓遗址；通过文献考证和实地勘察，确定了王维孟城坳故居遗址的具体位置，和绝大部分"二十景"的原址，其中就有按照王维、裴迪诗文线索奇迹般地从地下挖出了王维、裴迪饮用过的金屑神泉；编辑出版了主要以王维辋川文化、四吕乡约文化的交流、研究为宗旨的泛学术期刊《蓝田文化研究》，经营专门的公众号编发了大量网络宣传文章；写作了一批研究性和梳理性文字成果，包括近10篇王维辋川研究学术论文、10万字的王维辋川文旅开发背景资料，出版了或即将出版《〈重修辋川志〉校注》《历代蓝田诗选析》《钱起研究》等学术研究著作，并开启了新的《辋川志》的编撰工作；经常到学校、机关、社区、军营开展文化讲座，几十次组织县内外文化爱好者到辋川实地考察；现在正在推进以王维名诗原创地深度体验为特色的辋川研学、游学活动等。研究会的上述工作，推动王维辋川文化研究和弘扬出现了新局面，大大提高了王维和辋川的知名度和影响力，受到国家级媒体和社会各界的肯定和赞扬。央视9套、10套取材我们的研究工作摄制了两部纪录片；《人民日报》《陕西日报》《华商报》等深入辋川采访或网上直播；还应邀到西安交大、山西祁县做学术报告和学术交流。

30年前，参加首届王维诗歌研讨会的代表们，向政府和社会发出了保护王维辋川历史文化遗迹、修复王维辋川别业的强烈呼吁。多年来，老一辈的王维研究学者，为此倾注了大量的心血，其拳拳之心和殷殷之望令人动容。陈贻焮先生因病未能出席首届会议，于是郑重写了修复辋川别业的建议信，随后于1995年，在罹患绝症之际，仍然来了一趟梦寐萦怀的辋川。师长泰先生无数次亲临辋川勘察，为中国王维研究会的肇基和多届年会的召开，奉献了大量的心血和辛劳。陈铁民先生在蓝田县王维文化研究会成立大会上解释他为什么不顾酷暑和年迈前来参会时讲的一句话，特别令我们受到鼓舞。他说，我们全国的王维研究组织，只有两家，除了中国王维研究会，省级的没有，县级的只蓝田一家，我怎么能不来表示支持呢？蓝田县委、县政府，也为此做了许多的尝试性和基础性工作，多次研究部署辋川保护开发工作，历届县领导带领相关部局负责人多次与航天四院探讨协商军民共建，投入大量资金和人力推进辋川诗画小镇建设。今春，县委、县政府还批示："县王维研究会需要什么样的支持，县委县政府就给予什么样的支持"。

现在，放眼全国，不管是现实中还是网络上，越来越多的人对王维和王维辋川别业表现出恒久的兴趣和热情，众多的王维研究者、爱好者，写文章，作诗画，发呼吁，提建议，网络上这类文章和音视频、书画类作品浩如烟海，一个全民阅读王维热正席卷神州大地，历史和时代强烈呼唤王维纪念建筑的早日落成。但是，由于"三线建设"带来的遗址被占、地方财政困难等历史、现实问题，和秦岭生态保护对于开发建设的政策性限制等原因，王维辋川景区的文旅开发至今不能正式提上议事日程。但是，面对唐代大诗人纪念馆独缺王维和唯有蓝田有资格打造王维纪念馆的现状和现实，我们深感这是我们义不容辞的历史使命和责任担当，纵使千难万阻也要义无反顾努力去做。

  各位领导，各位专家学者！辋川成就了王维诗魂，王维亦铸就了辋川不朽。感恩上天赐予了我们王维的辋川这笔丰厚的文化遗产。作为蓝田地方文化工作者，我们既感到荣耀，也意识到肩上的历史责任。我们蓝田县王维文化研究会全体同仁，愿与包括与会各位专家学者在内的所有热爱王维的朋友一道，同心携手，砥砺前行，更加努力地深耕辋川这块文化沃土。我们决心继承前辈学者的遗愿，不辜负全国学界和广大群众的殷切期望，再接再厉，矢志不渝，努力擦亮王维辋川这块唐诗丰碑。我们要更好地配合、支持蓝田县委县政府的辋川开发工作，争取一切有利的条件和机会，推动王维辋川别业的保护和开发，促成王维纪念馆的最终建成，让几代学者和全国人民的殷切期盼成为现实，让王维和他的辋川，走出蓝田，走向全国，走向世界，走进更多人们的心里！

蓝田县王维文化研究会会长　张效东
2021 年 11 月 6 日

行冬日辋川，品山中色彩
——跟着唐诗宋词去旅游

初冬时节，走进蓝田辋川，便进入色彩的世界。

75岁的张效东踩着秦岭林间晨露，在漫山草木中寻觅历史的痕迹。身为本土文化学者，张效东的退休生活，与1300年前的王维结下不解之缘。

说起王维，必谈辋川。汉唐之际，蓝田作为长安京畿之地，境内蓝关古道，连接帝国南北。天宝三载（744），醉心林泉的王维，购得宋之问蓝田别墅，幽居此地十四载。在纵深20余里的辋川谷地，过着亦官亦隐、畅游山林的闲逸生活。

"王维的山水诗卓绝千古，其中的数十首为隐居辋川时所作。"顺着山溪上行，张效东一路侃侃而谈。此行一路跋山涉水，只为一睹《山中》美景。

行至荆峪沟附近，山岭崖壁的红枫映满山野。不远处，松林苍翠，草木苫发。溪流岸边，金黄色野菊花缀满山径。虽然天已寒凉，但这初冬山涧里，仍是色彩缤纷。

"《山中》一诗，就像一幅画，画家绝对是'调制色彩'的高手。'空翠'为背景，'白石'为前缀，'红叶'掩映其间。不是春光，胜似春光。"眺望山中美景，张效东不禁感慨，"千年时空流转，秦岭山林色彩色调冷暖、明暗相宜，仿佛从未改变。"

青山绿水，让人赏心悦目，也温润滋养着伟大的灵魂。王维隐居于此，与友饮酒赋诗，与僧谈经论道，与邻共话桑麻。徜徉山水间，诸多闪耀文学史册的诗作，如汩汩山泉流淌而出。

当年，王维与好友裴迪一道，以"辋川二十景"为题材，各写20首同题唱和诗，编成《辋川集》。这些诗，赋予各景点以浓郁的思想感情。在张效东看来，它们由报国无门的悲郁，转为淡远超脱的宁静，再回归到禅佛境界。字里行间，埋藏着诗人的高洁理想。

隐居辋川十余载，王维身后留下了大量珍贵遗迹和后世纪念的石刻。然而，由于年代久远，世事沧桑，如今仅余一株银杏古木巍巍挺立，相传其为王维手植。其余遗迹，已经荡然无存。

跟随张效东的脚步，来到王维故居遗址，看见这株银杏古木高20余米，金色树叶在微风中摇曳生姿。历经千年沧桑，古木虽已臂折膛空，却依然苍劲挺拔，果实累累。轻轻触摸虬枝，仿佛穿越千年，将人们带回那个充满故事的辋川。

王维少时丧父，跟随寡母辗转迁居，后来两人曾长期共居辋川。天宝九载（750），母亲去世，王维痛不欲生。时年50

岁的他辞官离朝，回辋川为母庐墓守孝。几年后，王维将其和母亲在辋川的居所捐为佛寺，初名清源寺，后更名为鹿苑寺。鹿苑寺原址南北长270米，东西宽120米，其主体今已被毁。

　　王维长期隐居并终葬辋川，其"名人效应"大大提高了辋川的知名度。这片土地，已成为文人墨客心目中的圣地，"辋川"也成了隐士生活的一个代名词。张效东介绍说，20世纪80年代以来，日本、韩国、新加坡、美国等地的王维研究者，也跨越重洋，纷至沓来。

　　行走今日蓝田，心中默念诗篇，胸中便升腾起一幅幅"牧歌田园"。虽然这片土地上的王维遗迹大都不复存在，但其承载的超脱精神却代代相传。"天机清妙，与物无竞"，或许这就是"桃花源"的使命和意义所在。

《人民日报》记者　高炳
原载《人民日报》2018年12月1日

蓝田，从诗里走来（节录）

辋川烟雨、石门汤泉；玉山并秀、灞水环青。你见过什么样的蓝田？

——"沧海月明珠有泪，蓝田日暖玉生烟。"蓝田玉山，日光煦照，美玉精气，远察如在，近观却无。

——"云横秦岭家何在，雪拥蓝关马不前。"蓝关古道，沟通秦楚，韩愈阻雪，一腔忠愤。

——"明月松间照，清泉石上流。"辋川秋浓，诗中有画，画中有诗，让人陶醉，忘怀世事。

"终南之秀钟蓝田。"山雄、岭秀、原坦、川阔，绿海飘翠的关中平原和巍峨雄伟的秦岭怀抱之中，陕西省西安市蓝田县的古韵延绵至今，焕发新意。

辋　川

"竹喧归浣女，莲动下渔舟"。

位于蓝田县城西南约 5000 米处峣山间的辋川，王维曾在这里半官半隐，生活多年。这里是"秦楚之要冲，三辅之屏障"，也是古代达官贵人、文士墨客心醉神驰的风景胜地。

时近黄昏，日落月出，松林静而溪水清，浣女归而渔舟从。清秋佳景，风情雅趣，令人流连陶醉、忘怀世事。

"竹喧归浣女，莲动下渔舟。"诗人王维的一首《山居秋暝》，将辋川的旖旎风光和淳朴风尚灵动展现。

"辋川烟雨"为蓝田八景之冠。在《辋川集》中，王维以辋川山庄的文杏馆、鹿柴、临湖亭等"二十景"入诗。

"辋川二十景"，今天还能否寻到踪迹？

"二十景"中最难寻找，也是最具有传奇色彩的当属"金屑泉"。《辋川集·金屑泉》间接地提供了寻觅线索。蓝田县王维文化研究会会长张效东曾不懈走访，终于在一处废弃的地下设施找到了金屑泉，至今一池碧水，清可鉴人。

近年来，蓝田持续推进全域旅游发展，成立了王维文化研究会，基本摸清辋川文化的脉络，取得了一系列重要研究成果。

今年 79 岁的张效东，对辋川情有独钟。2015 年起，他和研究团队数百次对"二十景"遗址进行了实际考察和勘定，以王维、裴迪的辋川诗文为主要依据，参考史志记载、古今游记文章和中外学者研究成果，结合有关地理水文历史资料，现在已初步摸清并确认了"辋川二十景"大部分景点的原址，为遗址保护和旅游开发奠定了基础。

隐居辋川十余载，王维身后留下大量珍贵的遗迹以及后世纪念的石刻。然而，由于年代久远，世事沧桑，如今仅余一株古银杏树巍巍挺立。在辋川镇白家坪鹿苑寺遗址，生长着一棵相传为王维手植的银杏树，树高 20 余米、树围 5.20 米，树龄已超过 1300 年。

《蓝田县志》载："文杏馆遗址在寺门东，今有银杏一株，相传摩诘手植"。王维写道："文杏裁为梁，香茅结为宇。不知栋里云，去作人间雨。"每年秋天，银杏树迎来最佳观赏季，四周山峰层林尽染，秋意甚浓。

蓝田，一座诗里走出的小城。王维、杜甫、白居易、韩愈、柳宗元、刘禹锡、李商隐、欧阳修、司马光、苏轼……这些历史上的风流名士无不为蓝田添上一笔，或浓或淡，勾勒出小城独特的韵味。今人漫步于此，穿越时空，与厚重的古风遗韵重逢，也在明快的现代气息中感受新蓝田。

巍巍秦岭上，悠悠灞水间，蓝田，历经千年的雕琢，更添溢彩流光……

……

蓝田历史文化深厚，有蓝田猿人遗址、水陆庵等全国重点文物保护单位，以及"辋川二十景"、蔡文姬纪念馆、汤峪温泉等名胜古迹。诗人王维在蓝田辋川隐居 14 年，记录下"胜冠秦雍，极园林之胜"的秀美景色。文姬归汉的故事，留下许多传奇。此外，这里还有中国第一部成文乡约《吕氏乡约》，德业相劝、礼俗相交，影响了世世代代的社风民俗。

《人民日报》记者　张丹华

（原载 2023 年 2 月 1 日《人民日报》）

中央电视台纪录片

《蓝田白鹿魂·诗出辋川》旁白、对话录（节录）

（根据开篇及第一集"诗出辋川"部分播出片字幕整理）

（2017 年 9 月 11 日 CCTV10 首播）

出镜：张效东，蓝田县文化学者，简称"张"；曾璇，蓝田县文化局干部，张效东辋川田野调查助手，简称"曾"。

旁白：央视《蓝田白鹿魂》摄制组。

旁白：从远古至今，这方土地为何吸引来众多的身影？又如何成就了美玉和美食的盛宴？《探索·发现》即将播出《蓝田白鹿魂》上集——

旁白：有人说，秦腔唱响的时候，听到的是来自土地的声音，热辣高亢，或悲怆苍凉，如同这里走过的历史，悲喜荣辱，全被关中大地八百里秦川唱尽了。单是跻身在秦岭脚下的一座县城，便可追溯至历史的源头。仅这一点，已然是别处无可比拟的了！

旁白：蓝田，是陕西省会西安下辖的一个区县，与西安相距20多公里。它的东南方，连绵巍峨的秦岭与西北面广阔雄浑的白鹿原相对而立，渭河的支流灞河、浐河横贯全境。如此格局，呈现出有别于城市的更为质朴、粗犷的原始风貌。我们接下来要讲的，就是发生在这片土地上的故事。

旁白：自然界具有冻结时间的神奇魔力，它把古老的实物封存至今，只为印证土地与文明的休戚相关。蓝田，作为人类文明在全球最早的缔造地之一被载入了历史。

旁白：与历史应和的是古老传说。传说中这里是中华始祖母华胥氏的故乡，按照《列子·黄帝》中的记载，女娲以及三皇都是她的后裔。她引领的母系氏族，开创了渔猎、农耕，孕育了文明。据说中华的"华"字，就取自"华胥"。显然在历史和传说的两极，蓝田都处在时间的起点。

旁白：认识一个地方，往往从这里的路开始。这是蓝田县境内最古老的路，中国最早的"国道"之一——蓝关古道，始于商周时代，至今超过3000年历史。出咸阳城，白鹿原是它温和、平实的起点，进入秦岭北麓后，转而开掘于山脊峭壁之上，纵横南北，直及荆楚。

旁白："云横秦岭家何在，雪拥蓝关马不前"。蓝关，驿路上的关隘，因地处蓝田而得名。1100多年前，唐代诗人韩愈在漫天风雪中立马蓝关，悲愤难行的时候，这条路因为一场大雪，从此被人们记住。其实，千百年来，百姓商贾，文人将军，一代代人途经古道，与此同时也在蓝田地界留下了太多故事。但也许因为韩愈的诗篇太著名了，人们只记住了蓝关古道的名字，反而忽略了路上的行者。他们从哪里来，到哪里去，与蓝田交错间留下了什么？1000多年前的那场大雪，把更多关于蓝田的故事全藏于雪中了。

字幕：【诗出辋川】

曾璇画外音：我叫曾璇，今年22岁，大学刚毕业，在蓝田县文化局工作。他，是张老师，是我的师父。我们今天要去的地方，叫辋川。

【画面】张、曾出发前往辋川。

旁白：辋川，蓝田县偏南进入秦岭北麓的重要川道。两面青山，一湾碧水，奇花古藤，瀑布溪流，野物时隐时现，天籁若有似无，恍惚间忘情也忘语。古人说，"终南之秀钟蓝田，茁其英者为辋川"，偌大一片终南山的好处，全让这逶迤20多里的幽谷独自担当了。

【画面】张效东带领曾璇进行田野调查，穿行在辋川的山水和峡谷中。

旁白：辋川的美是天生的，但世人知道辋川，都是因为1000多年前的一个人的缘故——他就是唐代诗人王维。因为生逢大唐由盛转衰时期，这位曾经意气风发的边塞诗人，满腔抱负，却历经磨难。所以在盛世的余晖里，他选择了和同时代李白等人不同的道路，告别了"大漠孤烟直，长河落日圆"时的豪情万丈，一个转身，投入天地自然的怀抱，从此隐居辋川，效仿晋人陶潜，开始了洒脱自在的田园生活。

张：你看见那个了没有？你看，底下是一股清澈的泉水，上边长满了松树，这就是他的《山居秋暝》中的……

曾："明月松间照，清泉石上流。"

张、曾："竹喧归浣女，莲动下渔舟。"

张：你看他把辋川写得多么美丽，把山村的一群姑娘写得多么优美。这实际上寄托着他的一种感情在里面，他厌倦官场，追求山村的这种宁静美好。像这种诗，王维在辋川写了60多首。他在这儿形成的美学境界，对中华民族的审美观念的构建，对后世的文学创作，都产生了深远的影响。所以辋川成了人们心目中的一块文学圣地。

曾璇画外音：其实，师父不说这些我也知道，这正是我来这里的原因——寻找传说中的"辋川二十景"。

【画面】张效东在曾璇的搀扶下正在走过河面的列石。

旁白：据记载，王维在辋川开发了20处卓越的园林景致，被后人称为"盛冠群雍，为天下园林之最。"

【画面】辋川山川美景。

旁白：王维分别以20处景致为题创作了20首诗，我们今天熟悉的"空山新雨后，天气晚来秋"，或者"人闲桂花落，夜静春山空"[1]，都来自"辋川二十景"。后来这20首诗歌，与裴迪写辋川的另20首合为《辋川集》，成为中国山水田园诗的巅峰代表。

【画面】辋川图，蓝田县文管所所长阮新正在用放大镜察看石刻《辋川图》拓片镜头。

---

[1] "人闲桂花落，夜静春山空"出自王维的诗《鸟鸣涧》，不属于《辋川集》之"辋川二十景"。

旁白：此外，王维精于绘画，他还以"破墨"的手法绘制了一幅《辋川图》，用浓淡相宜的水墨，将"辋川二十景"的线路、位置、情景，详细地绘于画中。这幅画被称为南派水墨山水画的开山之作，王维也因此被尊为中国"文人画"的鼻祖。

【画面】蓝田县文管所所长阮新正在用放大镜察看石刻《辋川图》拓片镜头。

旁白：现代人希望美景在现实世界里复原。可是古画业已消失，虽然在蓝田县文管所里有清人临摹下的残片，但画面模糊不全，无法确认这是否是取自王维的原作。

【画面】张效东在图书馆查找资料。

旁白：能够提供线索的只有古诗，可是王维的诗中充满了禅意，就像是为真实的辋川罩上了一层面纱，现在又该如何揭开面纱呢？

【画面】张效东带领团队考察白石滩。

张：王维有一天傍晚，从这里路过的时候，看到"清浅白石滩，绿蒲向堪把。家住水东西，浣纱明月下"，有一群姑娘在这儿洗衣服⋯⋯

曾璇画外音：有人说，师父是蓝田最有学问，也是最严谨的先生。即便如此，在我看来，这也太难了，这就像在大山里寻宝，手里却没有地图，即便有，也根本看不清样子。

旁白：整个辋川，就是一道依山而立的山涧，在其中又有大大小小几十处河谷，有的如刀削般陡峭，有的如盆地般开阔。

【画面】张效东坐在山坡上沉思。

旁白：在一处河谷，老张待了很久。"木末芙蓉花，山中发红萼。涧户寂无人，纷纷开且落。"这首诗的名字叫《辛夷坞》，说的是辛夷花三月开花时山谷寂静无人的景象。这也是《辋川集》中极为著名的一首。

【画面】张效东对照地图，对曾璇指点和介绍周围的山川地形。

旁白：辛夷坞显然是个明确的地名，但现在的辋川，并没有这个名字，按照诗中的描述，显然是大片开花，铺满河谷，这需要开阔的地方。

张：当地老百姓讲，过去这个地方，满山谷都是辛夷树和辛夷花。

曾：那他为什么叫"坞"呢？

张：这个"坞"说的是什么地形特点呢？就是四边高中间低，这样的地形就叫"坞"。你看这儿这地形，你看这个山梁，和这边这个山梁，都呈半圆形，在后边和前边，基本上形成一个封闭状的（坞形）、中间这一片凹下去的地形，所以这就是个"坞"形。相邻的景点，下边有一个"竹里馆"，翻过这个梁头，就是王维的故居辋川山庄。下边是辋河，这是一个封闭的山沟，长满了辛夷树，开满了辛夷花。虽然说现在没有辛夷树了，但是这个遗迹还在，我们到这儿似乎也能想象当年的情景，将来这个地方，我们也会恢复起来的。

曾璇画外音：那次，我们一共在山里待了一周，之前已经用去了几个月。最后，师父确认出"辋川二十景"中超过半数的位置。对于蓝田人来说，这是一件大好事情。经过重新修缮，人们有机会再见到王维诗中的景象。前几天师父说，还要去辋川，去寻找剩下的景致。我说，随时奉陪。

旁白：中国文化有着丰富的底色。尽管在时间的长河中，曾经的很多亮点被遮掩，或已然褪色，但如果我们足够坚持，足够严谨，能够对古老文化怀有热切探索的心理，我们便有机会得见历史的鲜艳。即便那天很遥远，但至少值得为它继续下去，又或者那一天并不遥远！

中央电视台纪录片

《跟着唐诗去旅行·王维长安》旁白、对话录(节录)

（根据播出片字幕整理）

（2021年11月25日 CCTV9 首播）

出镜嘉宾：郦波（南京师范大学文学院教授，硕士生导师。南京师范大学中国古典文学与文化博士，汉语言文学博士后）

协拍学者：张效东（蓝田县王维文化研究会会长）、刘弈（蓝田县王维文化研究会副会长）

旁　　白：郦波

旁白：在唐代诗人中，王维被称为"诗佛"，但却是一个用情很深的人。

西安古称长安，是十三朝的古都，是中华文明的发祥地与丝绸之路的起点。盛唐大长安是世界经济的中心，也是诗歌的中心。王维生命中最辉煌的时光，都与这座城市密不可分。

我将以这里为起点，透过他的诗歌，开始一场行走与感悟的旅程。王维，我们知道他就生活在长安以及长安附近，尤其他后来隐居终南山和辋川，这也是他创作上最重要的一段时期。

……

告别长安，我迫不及待地踏上去辋川的旅途。诗人王维过着双重生活，一重身份是官员，一重身份是隐士。

1000多年过去了，我们是否还能找到王维当年隐居的那些美妙山川呢？

蓝关古道

郦　波：啊，这地方好漂亮，真是无限风光啊！

张效东：对，我们站的这个地方，就是蓝关古道。唐代的时候，有许许多多诗人，都从古道上过，在这个地方留下了很多的诗。

郦　波：这就是著名的唐诗古道？

张效东：对，我们把这儿就叫"唐诗道"。

刘　弈：张九龄被排挤罢相以后……

郦　波：对，去做荆州刺史。

刘　弈：对，奉使南行经玉山……

郦　波：也是走的这条蓝关古道？

刘　弈：我当年送信就是走的这条路。

郦　波：刘老，您原来是邮递员呀。那这片山林包括辋川……您也是经常跑的吧？

刘　弈：是啊，我20岁就当邮递员，一般山里这条路（来回要走）4天。

郦　波：也从岭上走？这岭上也好像还有路，你看——

刘　弈：每当我从这个岭上边看到了辋川，就想起了王维的"明月松间照，清泉石上流"，非常向往辋川。

郦　波：那个地方是不是就是辋川？

张效东：对，有人家的地方就是辋川。

张效东：在我们蓝田人看来，王维就是蓝田人，我们就把王维看成是我们县上的人。王维在我们县上隐居了14年，留下了大量宝贵的历史遗迹，（但）现在已经几乎是消失殆尽。

郦　波：几乎消失殆尽了？！没想到辋川还是没有王维故居。

张效东：不光故居找不到了，王维墓葬、王维母亲崔氏的墓葬，现在都荡然无存。

旁白：身为蓝田人，张效东不甘心王维的遗迹就此湮灭在历史尘埃里，于是发愿，在有生之年一定要找到王维的"辋川二十景"。这些年，张效东一心扎根在研究中，查阅了大量资料，钻研方志、古籍，结合实地考证，硬是用脚步丈量出诗中每一处地址的原址，确立了"辋川二十景"的具体方位。

哑呼崖（鹿柴）

张效东：上边那个村子叫"哑呼崖村"。这个沟叫"哑呼崖沟"。这就是"二十景"的"鹿柴"所在地。

郦　波：哦，鹿柴。为什么叫"哑呼崖沟"呢？

张效东：这里边有个传说，据说王维就在这个地方养鹿，从上边这个村子请了个哑巴给他看鹿。结果有一天，有个大老虎来了，哑巴大吃一惊，大吼一声，天摇地动，老虎被吓跑了。从此，这个哑巴也就会说话了。

郦　波：情急生智啊。

张效东：对。后来这个村子就叫"哑呼崖村"，这个沟就叫"哑呼崖沟"。

郦　波：（吟诵）"空山不见人，但闻人语响。返景入深林，复照青苔上。"这时候就是"返景入深林"的时候了？

张效东：对。为什么是"返景入深林，复照青苔上"呢？因为这个沟道，是一个东西（向）沟道。早晨的时候，太阳从（沟）东口可以照进来；到了正午的时候，被南边的这一排大山挡住了。到了下午的时候，从上边这个谷口照进来——"返景入深林"。

郦　波：这个沟是东西向，您讲的早晨它从东边可以照进来，然后等到下午或接近傍晚的时候，它再从西边这个谷口照进来。还有人提出来，这个"景"是不是通假字通"影"？我曾经也疑惑过。来到（这里）才知道，真的是通假字通这个"影"，是光影重新照进来（张效东：对！）我跟中（小）学生讲的时候，有个小学生问我一个问题，问得特别好。他说："空山不见人，但闻人语响"，只要听到人的声音，说明还是有人，就算林子再茂密，多少应该看到一些稀稀疏疏的人影啊。

张效东：因为，这个沟是一个石沟，没有地，没有房，也就没有人。王维到这里以后,"空山不见人"。但走完这个沟以后,上边马上就变成土地,土山,有地,有人,有村。那(上)边的人声,隐隐约约地传到下边了——"但闻人语响"。

旁白：今天的辋川,成为一座座普通村庄,王维的"辋川二十景",已经湮灭在历史中。张效东需要一点点地辨认,寻找。

官上村（孟城坳）

郦　波：这个地方应该是?

张效东：这个村子叫"官上村",就是王维说的那个"孟城坳"。

闫家村

张效东：这是王维辋川别业最北端一个村子。从这儿往上150米的地方,就是"金屑泉"。

郦　波："日饮金屑泉,少当千余岁。"

张效东：这是"白石滩"。

郦　波："清浅白石滩"啊。

张效东：辋川这个地方,水多,泉多。

官上村（宫槐陌）

张效东：这个地方,就是最大的一棵唐槐（生长）的地方。它有多大?三四个人……（郦波：三四个人合抱）合起来那么大。

郦　波：那这个真是上千年的……

张效东：绝对是唐槐。所以王维在诗里写"仄径荫宫槐"（郦波：仄径荫宫槐。）

旁白：张效东老师，他原来只是一个中学老师，退休后去寻找王维的足迹，去寻找《辋川集》中所写到的"辋川二十景"。在这个过程中，我既对王维的诗歌产生了新的认识，也对张老师这样的人生感到莫大的敬佩。

鹿苑寺（王维故居）

郦　波：啊，鹿苑寺！……哎呀，"文杏裁为梁"，这就是那棵大银杏树啊！

张效东：对，相传为王维手植的大银杏树。

郦　波：哦，这是一千好几百年了？

张效东：1200多年了。现在，全国各地到这儿来瞻仰、缅怀王维的（人们），这就是唯一的寄托。

郦　波：鹿苑寺，就是最早的清源寺吗？

张效东：对，清源寺。

郦　波：《新唐书》里（说），他是把他的故居捐出来作了寺。

张效东：王维去世不久，白居易两次到南方（去）做官，晚上都在这个地方借宿。因为这是蓝关古道的西支线，白居易就是从这儿（经过），到商洛，然后（再）南去。

郦　波：（时间）再往前，杜甫（杜子美）也曾来找（王维），但是访右丞未得。杜子美应该晚上是不是也住在附近？

刘　弈：杜甫来的时候，应当是乾元元年（758）的秋天，九月九……

张效东：这是故居的西墙。（王维墓）就在这个西墙外，距离这个银杏树60米，他的墓葬就在这个地方。

郦　波：这里看五六十米，就在这个房子下面？

张效东：对，就是在这个白房子的下边压着呢。

郦　波：……这个真是让人感慨呀！现在，其实这个房子下面就压的是王维墓！

张效东：对。

郦　波：大概再有一个月，这棵银杏树叶一黄了，那肯定漂亮了。

张效东：对，特别漂亮，好看。

郦　波：（吟咏）"文杏裁为梁，香茅结为宇。不知栋里云，去作人间雨。"

旁白：这棵大银杏树的旁边，相传当年曾是王维隐居的茅屋，据说他死后也埋葬在这里。1000多年后，只留下了这棵大树。

……

旁白：我经常讲，一方水土养一方人。我们这方神州沃土，滋养了华夏的儿女。那么，在我们身上，毫无疑问会有这种滋养，会有这种延续。只是有时候你可能没意识到。我们跟着唐诗到长安，接触了很多的当地人，我印象特别深。像杨烨吧，其实他很有才华的一个小伙子，在碑林奉献出自己的青春岁月。你比如说张效东老师，在辋川寻找王维的足迹，他们因为都对这片土地的热爱，他血液里头有一种本能在流淌。所以，唐诗只是一个引子，生命才是最鲜活的内容。那个独属于华夏文明的烙印，才是我们最终的归宿。

中央电视台纪录片

《诗画终南·辋川行》（上、下）旁白、对话录

（根据播出片字幕整理）

（2023 年 8 月 7 日 CCTV10 首播）

出镜嘉宾：王　伟　陕西师范大学教授

　　　　　张效东　蓝田县王维文化研究会会长

出镜学生：陕西师范大学文学院三位博士研究生（以下统称"同学"）

旁　　白：央视《诗画终南》摄制组

【上集】

旁白：唐代诗人王维隐居辋川，其地址就在今天的陕西省西安市蓝田县。王维在辋川置办辋川别业，创作组诗《辋川

集》，并依景绘出《辋川图》，成就了一诗一画相映成趣的佳作。《辋川集》中就有我们熟悉的《鹿柴》："空山不见人，但闻人语响。返景入深林，复照青苔上。"1000多年过去了，王维的辋川到底有多美，今天的鹿柴又是什么样子呢？每每读到《辋川集》，陕西师范大学文学院的同学们，都会思考这些问题。他们的老师王伟教授，也曾无数次地讲授《辋川集》的文学之美，但如何让同学们深刻理解王维诗歌的特点呢？王老师决定带同学们走进辋川，走进那个被王维歌唱和描绘过的桃花源。

辋川镇河口村辋河大桥王维诗廊

王伟：唐代大诗人王维在这个地方隐居，创作了大量山水田园诗歌，其中《辋川集》最为著名。《辋川集》一共有王维20首诗。

《白石滩》。白石滩指的是王维隐居的辋川的一段河滩："清浅白石滩，绿蒲向堪把。"

《辛夷坞》。辛夷坞也是辋川的一个景点。

旁白：旅行的第一站，王老师带同学们来到了王维《辋川集》中写到的欹湖（遗址）。这里曾经是一片浩渺的湖水，王维在《欹湖》一诗中写道："湖上一回首，青山卷白云。"如今，沧海桑田，山还在，水却干涸了。同学们辨认着桥上的诗句，这些诗都收集在《辋川集》中，除了王维的20首诗，还收录了王维的好友裴迪唱和的20首诗。每首诗均以辋川山水命名，如《欹湖》《鹿柴》《辛夷坞》等等。这些地方景色优美，都是王维和裴迪一起游玩过的地方。每处地方，王维都细心描绘成图，集成了20处美景的《辋川图》。如此一诗一图，呈现出"辋川二十景"的诗意世界。可惜时光久远，王维亲手画的《辋川图》已散失，如今留下来的是临摹之作，五代末宋初画家郭忠恕的《临王维辋川图》就是其中之一。《辋川图》中的20景都在哪里呢？王老师联系到蓝田县王维文化研究会会长张效东。张老师为了寻找"辋川二十景"，10多年里，几乎踏遍了辋川的山山水水。

欹湖遗址

同　学：我很想知道"辋川"这个名字是怎么来的呢？

张效东："辋"是个什么意思呢？"辋"，就是车轮的外框，像这个（指看），像这个轮子，这个外框，是圆的吧。

张效东：就是说四山环列如"辋"。站在这块儿，最能看到这个（景象）。四面这个山峦，它环列成像一个巨大的车轮一样，站在这里，你可以转着看一下啊，四山环绕如"辋"。

张效东：辋川的"川"，就是"平川"的意思。辋川是"秦岭七十二峪"里边最宽最平的一个峪子。

王　伟：可以说是非常形象地把这个地形和地理的名称完美结合在了一起。

同　学：那这个欹湖的名字是怎么来的呢？

张效东："欹"是不平的意思。这个湖底是倾斜的，所以叫"欹湖"。

王　伟：经过了上千年地理和地貌的变迁，关中地区逐渐由原来的比较湿润的地方,也慢慢变成干旱的地方了。

旁白:"辋川"之名,源于特殊的山形地貌,将这里围成一个相对封闭的世外桃源。隐居辋川时,王维已逾不惑之年,在门下省担任左补阙,负责向皇帝进谏。此时的王维,经历了仕途的坎坷,开始思考人与自然的关系。心中逐渐迷恋《辋川集》中《竹里馆》描述的生活:"独坐幽篁里,弹琴复长啸。深林人不知,明月来相照。"

张效东:王维有一个很浓厚的"桃源情节",终其一生都在寻找他心目中的桃花源,终于在40多岁的时候,与人间仙境辋川相遇了。

王　伟:结缘了。

张效东:辋川在唐代这个峪口没有打通,是一个封闭的峪子,加上有一面十里大湖,青山绿水,特别幽僻,是离长安最近的一处世外桃源。

同　学:辋川的自然条件这么优越,那在这里隐居的人多不多呢?

张效东:唐代在辋川隐居有名的就是两个人,前一位是宋之问,后一位就是王维,很少。为什么呢?唐代时候,辋峪是一个封闭的峪子,它这个峪口没有开,人们要进入辋川的话,要从两边相邻的峪子里边翻过好多大山才能进来。

同　学:王维来这隐居,他是辞官之后来的,还是说他一边做官,然后偶尔过来游玩一下呢?

王　伟:王维和此前的孟浩然,和此前的隐逸诗人陶渊明有所不一样。陶渊明他的隐逸完全是立志要做一个隐士,而王维他要的是半官半隐的，就是既要享受隐士的乐趣，同时也要来做官。

旁白：唐朝的官员假期很多，这恰好为王维半官半隐的生活提供了可能。在《辋川集》序中，王维写道："余别业在辋川山谷，其游止有孟城坳、华子冈、文杏馆……"根据诗集中的线索，书本旅行团出发，去寻找王维隐居辋川的新家——孟城坳。诗中写道："新家孟城口，古木余衰柳。"在《辋川图》中，孟城坳群山环绕，山坳中有几棵大柳树。1000多年过去了，孟城坳现在是什么样貌呢？张老师带着大家来到了一个名为"官上"的小村庄。

孟城坳遗址

张效东：这儿原来是一个关城。这个关城是谁建的呢？是南北朝时候宋武帝刘裕。王维把这个叫"孟城"，王维写诗叫《孟城坳》。"坳"是啥意思？就是说这个地形四边高，中间低，山间一块平地，就叫"坳"。孟城坳这个"孟城"，就是指的这座关城。刘裕建关城以后，唐朝有一个有名的诗人叫宋之问，他来到这个地方，给自己建了一个"蓝田山庄"。后来王维把这个庄子盘下来了，这是王维进入辋川以后的最早的一个居所，我们把它叫作"王维孟城坳故居"。

官上村村民劳作画面

旁白：眼前的小村庄，交通便捷，村民生活闲适，今昔对照，变化非常大。

同　学：他这个《孟城坳》里提到了"新家孟城口，古木余衰柳。"

王　伟：因为王维看着孟城坳这个关城已经荒芜了，而唯有一些柳树。宋之问在唐高宗，特别是在武后朝，权势熏天，红极一时。但到了当时唐玄宗时期，也就是王维做官这个时候，宋之问已经可以算是销声匿迹了。如果再向前追溯到刘裕的话，比宋之问的功业更大，因为做过皇帝的，而今到了唐朝来看，刘裕的那个关城也已经荒芜了。因此，所谓的历史上的功名，所谓的宏图霸业，所谓的这个权力，在历史的面前的都不过是过眼烟云，到最后都是灰飞烟灭。

同　学：所以说王维在想到他们的时候才会说"空悲昔人有"。

王　伟：是的。

旁白：《孟城坳》看似是写新家，其实在慨叹命运的无常。一问一叹之间，便是诗人的哲思：功名如浮云。《辋川集》从第一首诗《孟城坳》开始，便在这一诗一图中展开了王维的隐居生活。孟城坳的新家偶尔也会有客人光临，比如《辋川集》中的《临湖亭》中就写道："轻舸迎上客，悠悠湖上来。当轩对尊酒，四面芙蓉开。"这种待客的情景，是王维隐居生活中难得的一点热闹。王维的好朋友裴迪，也搬到辋川居住，与王维做起了邻居。裴迪很崇拜王维，他比王维小10多岁，两人亦师亦友，一起游赏赋诗，成就了《辋川集》40首唱和之作。

接下来书本旅行团要去寻找"辋川二十景"中最著名的"鹿柴"。汽车行驶在辋川山水间，当年王维和裴迪游赏其中，一定有很多跋涉的艰辛与乐趣。大约半小时后，书本旅行团来到了一条青翠的山沟。

鹿柴遗址

张效东：王老师，这个沟你来过吗？

王　伟：这个沟没来过。

张效东：我们把"鹿柴"就定到这个沟。我们把辋川好多沟都走了一遍，最后就发现，这个沟，准确地把王维那首《鹿柴》诗中的文学地理诠释了。

王　伟："空山不见人，但闻人语响。返景入深林，复照青苔上。"

张效东：那个"景"，在唐代通的"影"。还有鹿柴的那个"柴"字，也是个通假字，在王维的时代，这个"鹿柴"的"柴"，通的就是"大寨""军寨"的那个"寨"。

同　学："山寨"的"寨"。

张效东：还通一个字，就是"此致敬礼"的那个"此"字下面一个"石"字，它这个"砦"（柴）的含义就是"栅栏"。在这儿大概是王维养鹿的时候，把这个峪口拿这个栅栏"栅"上以后，把鹿圈起来了。老百姓传说这个沟道就是王维养鹿的地方，是不是养鹿不知道，但肯定这个地方有鹿。

王　伟：有鹿？

张效东：野鹿很多。前些年，我在这文化考察的时候，还见到野鹿。

旁白：眼前的这条山沟颇为狭窄，树木茂盛，与《辋川图》

中的描绘非常相似，这里可能原本就有野鹿出现，在沟的两端装上栅栏，就成了养鹿的地方。置身其中，同学们感受到了王维《鹿柴》的诗意空间："空山不见人，但闻人语响。返景入深林，复照青苔上。"裴迪的和诗《鹿柴》是这样写的："日夕见寒山，便为独往客。不知深林事，但有麢麚迹。"

同　学：在裴迪同咏王维的这首诗的时候，他提到"便为独往客"，按理说两个人不是一起出来游玩吗？为什么他又说到自己是"独往客"呢？

张效东：因为裴迪住的地方离这儿不到一里，王维住的地方离这儿还有五里。裴迪"日夕见寒山"，他在他的门口，早晚都可以看见鹿柴的这个阴面的山。他坐着小船十多分钟就可以到这来游玩，所以说"便为独往客"。他来到这里看到了什么？下面那两句诗怎么讲的呢？

众："不知深林事，但有麢麚迹。"

张效东：他来了以后不知道这边发生了什么，但是看到遍地都是鹿的脚印。为了找鹿柴这条沟，我们走遍了辋川的沟沟岔岔。只有这一条沟，能够准确地诠释王维那首《鹿柴》诗。这个沟，因为它是一个石沟。你拧过来看，它两边是石崖，路面是石路，又很狭窄，陡峭，所以就没有可以耕种的地方，也没有盖房的条件，从唐代到现在，就没有人家，所以就长满了原始森林。王维到这来了以后"空山不见人"。但是把这个沟走完以后，就走过这个垭口，走完以后，往上就天也变（阔）了，地也变了，就变成土山，土地；便有地，有房，有人人。从那个村子里边传下来的人劳作的声音——"但闻人语响"。

张效东：另外，这个沟是一个正东正西的方向，早晨太阳从沟的东边照进来……

王　伟：（指）那边是西边？

张效东：（指）那是西，这是东。

张效东：早晨太阳从东边可以照进来，然后到了正午的时候，太阳就躲在这个悬崖的后边。南边这排山峦像一堵墙一样，把太阳就遮住了。这沟里边非常荫蔽，长满了青苔。到下午的时候，太阳从上峪口再一次照进来了。这就是"返景入深林，复照青苔上。"只有这个地方完美地诠释了王维这首诗。

旁白：看似浅白易懂的《鹿柴》，原来暗藏玄机。同学们不由得庆幸起来，如果不是置身于诗人的创作空间，怎么会有如此独特的生命体验呢？同学们好奇的是，这种奇妙的光影变化，王维是怎么发现的呢？他是从早到晚一整天都流连在这里？还是在无数次往返中，无意看到的呢？

同　学：我发现王维在很多诗里面都写到了"空"字，比如说"郡邑浮前浦，波澜动远空。"

同　学："人闲桂花落，夜静春山空。"

同　学：还有"兴来每独往，胜事空自知。"

同　学：还有"山路元无雨，空翠湿人衣。"他为什么要这么频繁的用到这个"空"字呢？

王　伟：对，我们要理解"空"，首先得了解王维的思想。王维也是一个虔诚的佛教徒，在佛教思想当中，"空"就是事物的本质。在王维的这首诗歌里面，"空山不见人，但闻人语响"，这个"空"，并不代表是没有，它是为了营造山林非常安静的一种美学的境界，表现出了作者内在心目当中的一种空灵的诗歌境界。苏轼说"味摩诘之诗，诗中有画；观摩诘之画，画中有诗。"应该说王维的诗歌，造就了辋川在中国文化当中的地位；辋川的自然也造就了王维写作诗歌的文学的高度，他与辋川，是一种相互成就的关系。

旁白：跟随《辋川集》和《辋川图》，同学们在辋川山水中探寻王维的足迹。1000多年前，王维来到辋川，似乎也在进行一场探寻自我的旅行。他在《孟城坳》中，感慨功名利禄如浮云："来者复为谁，空悲昔人有。"他在《欹湖》一诗中似乎进入了一种更自在、更豁达的生命状态："湖上一回首，青山卷白云。"他的《鹿柴》之旅妙不可言，在"空山不见人，但闻人语响"的空灵之境，竟然发现了"返景入深林，复照青苔上"的光影奥秘。接下来，王维的《辋川集》还有哪些有趣的诗意空间呢？

下集《跟着书本去旅行》，我们继续探寻王维隐居辋川的诗意生活。

【下集】

旁白：唐代诗人王维隐居辋川后，与好友裴迪一唱一和，创作了组诗《辋川集》，在此基础上，王维依景绘出《辋川图》，这一诗一图，呈现出诗人隐居辋川的诗意生活。比如《辋川集》中的《白石滩》这首诗写道："清浅白石滩，绿蒲向堪把。家住水东西，浣纱明月下。"简洁优美的语句，仿佛一幅美丽的图画，描绘出辋川恬静的生活场景。陕西师范大学文学院的王伟教授，曾经无数次向学生讲起《辋川集》，但是这些诗描绘的现实场景，到底是怎样一番面貌呢？王老师带着旅行团，来到陕西省蓝田县，找到蓝田县王维文化研究会的会长张效东，一起去探寻王维隐居辋川的故事。之前的旅行，大家已经踏访了王维在辋川的新家孟城坳，领略了鹿柴的空灵之美，今天，书本旅行团再次走进辋川，寻找王维在这里隐居游赏的踪迹。

张效东：我们现在要去找的地方叫"望亲坡"。

张效东："望亲坡"有一个传说，王维在辋川隐居的时候，每次到长安去上朝，就是要从这个山头翻过去，深情地回头遥望在孟城坳的母亲。然后从长安回辋川的时候，回到辋川的第一站，站在"望亲坡"这个坡头上，也是在深情地望着母亲。所以当地人就流传下一个传说，把这个坡叫"望亲坡"。

张效东：你们几个人就上吧，我就把你们送到这儿吧。我们待会儿再见！

同　学：张老师再见！

旁白：张老师年岁已高，留在山坡下等着大家。"望亲坡"的传说，已经无从考证，但辋川群山环绕，当年王维要去长安，肯定是要翻山越岭的。短暂的离开后，再次回到辋川，王维的心情非常愉悦，他在《辋川别业》中写道："不到东山向一年，归来才及种春田。雨中草色绿堪染，水上桃花红欲燃……"这首诗虽然并未收入《辋川集》，但生动描述了王维重返辋川的情形，当时正值春耕时节，遍山春色，美不胜收。

望亲坡

王　伟：大概咱们现在看到的这一片都是辋川。

旁白：山坡虽然不高，但大家爬得气喘吁吁，算是体会到了王维当年跋山涉水的艰辛。现在的"望亲坡"上，种满了小松树，视野不再开阔，但爬到高处，回望辋川，还是可以看到王维在孟城坳的家。"望亲坡"下，一条清浅的溪水流过，白石遍布在溪水两岸。经过考证，张老师认为这里很可能就是王维诗里的"白石滩"。大家来到这里，与等在这里的张老师汇合。

白石滩

张效东：你们现在玩（水）去吧！我就坐在沙滩边，看着你们玩。

同　学：好啊，我们去玩。

王　伟：这是白石滩里面的石头。

（王教授与同学们一起在辋河戏水、玩在水面漂石头的游戏）

旁白：眼前的这条溪水，位于辋川闫家村，距离王维孟城坳的家大约两三千米，河滩上白石粼粼，与两岸绿意盎然的树木相映成趣。王维《白石滩》中写道："清浅白石滩，绿蒲向堪把。家住水东西，浣纱明月下。"为了更好地呈现诗中意境，王维的《辋川图》中，也描绘出白石遍布的山林溪水，水岸边有人登船离岸。一诗一图，完美呈现出诗人眼中的景致。面对眼前的情景，大家不禁想到，当年的王维会不会赤足到溪水中去戏水呢？

王　伟：我和王维踏入了同一条河流。旧时明月，山河仍在。

同　学：“今月曾经照古人”，咱们是"今人曾踏古人河"。

王　伟：这个辋水最后就流入灞河里边，从灞河再注入渭河，渭河再注入黄河，就流到大海里面去了。

旁白：置身辋水中，再去吟诵王维的《白石滩》：“清浅白石滩，绿蒲向堪把。”大家感觉离王维诗的意境更近了一步。王维是得多么喜欢水啊，他在这里流连忘返，欣赏夕阳西下，静候皓月东升，如此才会有"家住水东西，浣纱明月下"这样的诗句。那么，张老师是怎么确定这里就是王维诗中的"白石滩"的？

张效东：你们刚才在这玩水，水很清吧？

王　伟：这个水非常的舒服，尤其在这个季节，你看满川都是白石头。

同　学：如何确定我们眼前的白石滩就是王维笔下的"白石滩"呢？

张效东：我们在寻找白石滩的时候，是从王维《白石滩》诗里边找到了三把"尺子"。用这三把"尺子"量了一下，20里辋河，只有这一块地方符合。为什么？王维说"清浅白石滩，绿蒲向堪把"，这个水是清的、浅的，而且能长着绿蒲。能长绿蒲的地方，水流一定是很缓慢的。如果是湍急的水，就没有绿蒲了。这是"第一把尺子"，就是水流平缓。

王　伟：那个"绿蒲向堪把"，就像你的头发，洗头的时候那个头发垂在水里面，拿手能够握住，不仅非常多，而且非常长。

张效东：就是写春天的时候，（蒲草）已经长到一定程度了，这么一抓就是一把，才出来那个芽芽儿，你就抓不住，就不是"向堪把"。

王　伟：就像我这个头发，你们都抓不住。

张效东："家住水东西，浣纱明月下"，就是有一群姑娘，有的住在水的东边，有的住在水的西边，然后在明月的下边，在一块"浣纱"——这就是第二把"尺子"，就是河谷一定比较宽阔，两边有可以建筑房屋的（条件）。再一个（"尺子"）就是，既然是一个景点，就要有相当的规模。我们就根据这三条，把20里辋河从上到下"篦"了一遍，结果发现：上游没有，中游，也没有。只有这个地方，才可能形成白石滩。现在经过1000多年以后，白石滩的面貌也有很大改变，现在只剩下有大概这10亩地大小这个滩，但是白石粼粼，还有那么一点"味道"。

旁白：王维心中的"桃花源"，水是必不可少的。他的早期作品《桃源行》中就写道："坐看红树不知远，行尽青溪不见人。"王维选择辋川隐居，也是因为这里有欹湖，溪水也随处可见。《辋川集》中的《金屑泉》一诗，也有一眼波光粼粼的泉水："日饮金屑泉，少当千余岁。"王维的《辋川集》和《辋川图》中，因为有水，山也变得灵动起来，成就了王维的"诗中有画、画中有诗"的独特风格。

王　伟：苏轼对于王维的这个评价，就成为中国历史，或者是文学史上对王维诗歌和王维绘画的一个定评。我们谈到王维的画就是"画中有诗",我们谈到王维的诗就是"诗中有画"。《白石滩》这首诗,我们会发现,首先是作画要有构图,再其次作画还要有色彩。第三的话,还有一种意境。我们会发现,"清浅白石滩"首先里面有一个颜色——白石,然后就是"绿蒲向堪把",就是白色的石头和绿颜色的水草,这两个色差本来就比较大,这就形成了一种鲜明的一个对比。然后再说"家住水东西,浣纱明月下",整个白石滩,就是一片被皎洁的月光所覆盖,远远看上去,整个就是一个洁白的天地。

旁白:王维的《辋川集》和《辋川图》,一诗一图,向人们展现出一幅幅恬淡的画面。其中的《竹里馆》一诗写道:"独坐幽篁里,弹琴复长啸。深林人不知,明月来相照。"由诗中可知,诗人独自坐在幽深的竹林中,弹琴,长啸,沉醉其中,忘记了时间的流逝。偶尔,辋川也会有客人来访,《临湖亭》中写道:"轻舸迎上客,悠悠湖上来",这一幅幅诗意的画面,传达出诗人对自然对生活的热爱,无形中有一种抚慰人心的力量。相传,宋代词人秦观久病不愈,朋友给他送来了王维的《辋川图》,秦观品诗赏画,病逐渐好转。看来,美好的诗词和绘画,确实让人获得极大的精神愉悦。

王　伟:王维则更多的是用山水诗来抒情,通过写山水诗,来表达他对自然的亲和,对于山水的喜爱,和他对于俗世或者凡尘的一种远离。在这片天地当中,自然越是优美,那么尘世越就卑微,自然越是美好,王维的内心就越是平和。

张效东:你们现在想象一下这首诗描写的那个画面:清的

水，白的石，绿的蒲，亮的月，还有一群美丽的少女，多么优美的一个画面！这表明了王维对大自然的一种热爱。

王　伟：他妻子早年的亡故，他的父亲的早逝，包括自己事业就是仕途的这种变迁，都给他的人生造成了很大的一种困惑或者挫折，但是王维并没有选择一种消极或者是一种郁闷的做法，而更多的是他把生活里面的一些不如意，放到自然田园的山水当中去，用美好的山水景色来涤荡自己内心的这种郁闷。

旁白：王老师的激情讲述，让同学们走进了王维的诗意空间。隔着1000多年的时光，书本旅行团与王维坐在同一片白石滩上，吟诵王维的诗歌，感受诗歌背后的精神力量，以及诗人面对人生挫折的超然态度。这种人生状态，正如王维在《欹湖》一诗所写："湖上一回首，青山卷白云。"让大家好奇的是，王维再次回到辋川，他为何要离开桃花源般风景优美的孟城坳？他当时搬到了哪里呢？书本旅行团离开白石滩，沿着辋河一路向东南方向行驶，十多分钟后，来到了辋川峪谷的王维飞云山山居所在地。这里有一棵1200多年树龄的古银杏树，据传是王维亲手所植。

飞云山故居遗址

张效东：我们现在来到这个地方叫"王维飞云山故居遗址"，因为周围这个山叫"飞云山"。它是处在辋峪的最尽头，古代的时候，这个大山到这儿是并不通行的，辋河就从这儿流过。

王　伟：就在这个山谷中间？

张效东：对，确实是一个远离红尘的地方。这儿是真正的深山僻壤，幽谷绝涧。

张效东：这是一棵王维手植银杏树。

张效东：王维从孟城坳那个故居迁到这儿来，原因是那个地方太嘈杂了，人烟太稠密了。王维在辋川期间，主要还是住在这个地方时间比较长。

旁白：短暂离开一年，王维再次回到辋川，发现孟城坳虽然风光无限，却有些喧嚣。这种热闹，在《辋川别业》中也可以看到："披衣倒屣且相见，相欢语笑衡门前。"听说王维归来，邻居们争相来见，非常热闹。这种热闹对常人来说是亲切，但对王维母子而言，却有些不适。可能是因为他们母子崇尚佛教，反倒是《竹里馆》中所写的"深林人不知，明月来相照"更符合他们对居住环境的要求。王维几经寻找，终于决定把家搬到飞云山，在这里，他建起简陋的房舍，生活也发生了一些变化。

张效东：他在这儿住的时候，前后发生了两件大事。一件大事就是天宝九载（750）的时候，他的母亲去世，他从朝廷里边辞掉了所有的官职，回辋川为母亲守孝两年多。这两年多，就是王维在辋川真真正正地隐居下来了。这期间他也很少写诗或作文。第二件大事，就是天宝十四载（755年）的时候，"安史之乱"爆发。"安史之乱"爆发以后，王维没有跟上唐玄宗，扈从不及，最后被俘，和300多唐朝的官员一块儿被押到东都洛阳。

王　伟：东都洛阳？

张效东：对，洛阳。经过这一次"安史之乱"的变故，王维精神上受到了很大的打击……

王　伟：步入老年状态了。

张效东：对。在这种情况下，他再也没有心情回到辋川悠游山水了。

旁白："安史之乱"中，王维被安禄山俘虏到洛阳后，他宁可吃药变成哑巴，也不愿为叛军效力。悲愤中，王维写下了一首诗，"万户伤心生野烟，百官何日再朝天？"皇帝看到这首诗后赦免了王维。王维虽然免于处罚，并且升了官，但他似乎一直生活在内疚中，此后再没回过飞云山。

银杏树的叶子黄了又绿，绿了又黄，再也没能等到王维回来。在去世前，王维将飞云山居所捐为寺庙，名为"清源寺"，后来更名为"鹿苑寺"。

相传，寺庙墙上，原本绘有王维的《辋川图》，图中的"辋川二十景"历历在目，孟城坳、华子岗、文杏馆、鹿柴、竹里馆、白石滩……一幅幅隐居的恬静画面，再配上《辋川集》中的诗"深林人不知，明月来相照"，"清浅白石滩，绿蒲向堪把"……一诗一图，以自然涤荡苦闷，以山水抚慰人心，留给后世一片美好的精神家园。

后　记

　　盛唐大诗人王维隐居辋川是中国文学史上的一件大事，但学界过去尚未形成系统性的研究与总结。历经千年，其文化遗存多湮没于历史尘埃，亟须开展抢救性挖掘、整理和研究。新中国成立以来，前后虽有10多位中外学者曾不同程度涉猎这一领域，但显然都不可能长期驻留辋川进行深入探考。而蓝田地方受人才、财力、认识等因素的制约，或力有不逮，或重视不足。我作为一个蓝田人，对任由王维辋川宝贵文化遗存在时光中渐趋湮没，抱愧不已。终于，历史为我提供了一次机遇。于是"君子不恤年之将衰"，不揣绠短汲深之陋，慨然以之为己任，义无反顾地走进了辋川。时光荏苒，倏忽十载春秋。回首走过的路，迷茫与惊喜同在，艰辛与收获并存。承蒙学界同道抬爱，终于能够带着我们的研究成果走进国家级学术交流平台，论文也忝列于中国王维研究会《王维研究》。书稿杀青之际，我回望来路，掩卷长吁，终于赶在目脑昏瞀之前，完成了这个对于我来说并不轻松的历史任务，算是给先贤和历史有了一个交代。

难以忘怀的是为我们研究工作和拙作撰写提供诸多助益的社会各界朋友们。

首先要感谢的是中国王维研究会和蓝田县王维文化研究会同仁们的大力支持。中国王维研究会副会长张进教授，副会长兼秘书长高萍教授，资深王维研究学者杨军教授、梁瑜霞教授，都对本书的编写给予鼓励和指导。特别是作为新中国王维研究事业开拓者的陈铁民先生，慨然赐序，鼎力推介，还指正了十余处错讹。诚如蓝田县王维文化研究会副会长刘弈先生所说："陈先生乃王维研究权威，此书能得其为序，如龙点睛，难能可贵。陈先生年高事繁，能在短时间看完文稿，实在令人崇敬。序文也十分中肯，异于名家应酬之作。"（另需说明的是，本书中多处王维诗文的释读考辨，主要参考了陈铁民先生的有关著作）陈铁民先生对王维研究事业至诚至真的惓惓之忱，令我感戴莫名。蓝田县王维文化研究会的刘弈、韩诠劳、朱永林等同仁，长期以来为本书付出的辛劳亦不可胜言。从一定意义上说，这本书的出版并非我个人的私事，它凝聚了众多朋友满腔热忱的关切和诚心实意的付出。无论是耄耋长者、青年文友，还是学界耆宿，他们对王维辋川和拙作表现出的厚爱和支持令人动容：白家坪村86岁老人褚文西提着手术尿袋，坚持到现场指认王维墓室遗址。86岁的王宏章、83岁的马福荣、82岁的刘向东、76岁的苏文蔚、68岁的蔺玉昌、62岁的张世民等人，每当我有重要文章或研究成果发布，常有热情的赞语或诗帖发到群里。贾缠旺、支世孝、刘宝堂、朱锋等几位先生留言说，他们"捧读"我的文章有时多达三四遍、四五遍，刘宝堂老人留言里还有"爱不释手""挑灯夜读""凌晨捧读"的话，著名作家白描先生也说他"认真作了笔记"。陕西省考古研究院85岁高龄的戴应新研究员，除了留下"先生倡导擘画，身体力行，厥功至伟，我县有人，君其证也"如许鼓舞激励之语外，作为唯一在世的知情者，还主动撰文钩沉了当年"三线建设"时省考古人员亲历王维墓被掘毁现场的一段珍贵史实，从而为考订并确认湮没已久的王维墓提供了关键佐证。西安散文作家高志华先生，陕西师范大学出版总社副总编辑、编审康维铎先生，就本书的框架构思、行文风格、书名拟定等反复研讨。甚至本书书名的确定，也经十余位朋友深度参与、反复推敲而成。有几位素未谋面的青年读者留言，称自己是我文章的忠实读者，因长期阅读受感染，也爱上了王维，爱上了辋川，甚至成了年轻"维粉"。凡此种种古道热肠与深情厚谊，都令我备感温暖与动容。

为本书的资料搜集、疑难考辨、文稿审校提供支持并付出辛劳的朋友还有：阮新正、薛全性、梁丹、王养军、成小舟、王晓兰、李绪文、王海霞、王福安、马晓毅、陈乐媛、樊念龙、樊旭萍、高健、王高峰、韩夏、李毅娜、王西强、王西霞等。朋友们的每一条微信留言、每一份点点滴滴的付出，我都铭记于心。

特别感谢本书责编晏藜女士，她以对王维诗学的虔诚，融于编辑专业的严谨与温润之中，在全书编校过程中倾注了大量心血和匠心独运的智慧。

还要感谢我的家人，长期毫无怨言地支持我这项"义务奉献型"研究，三代人都欣然参与了书稿校阅和初稿的文图排版等工作。

限于本人学识与资料所囿，书中疏漏讹误恐难避免，恳望专家学者不吝指正。

张效东

2025年仲夏于枕葟轩